I0127177

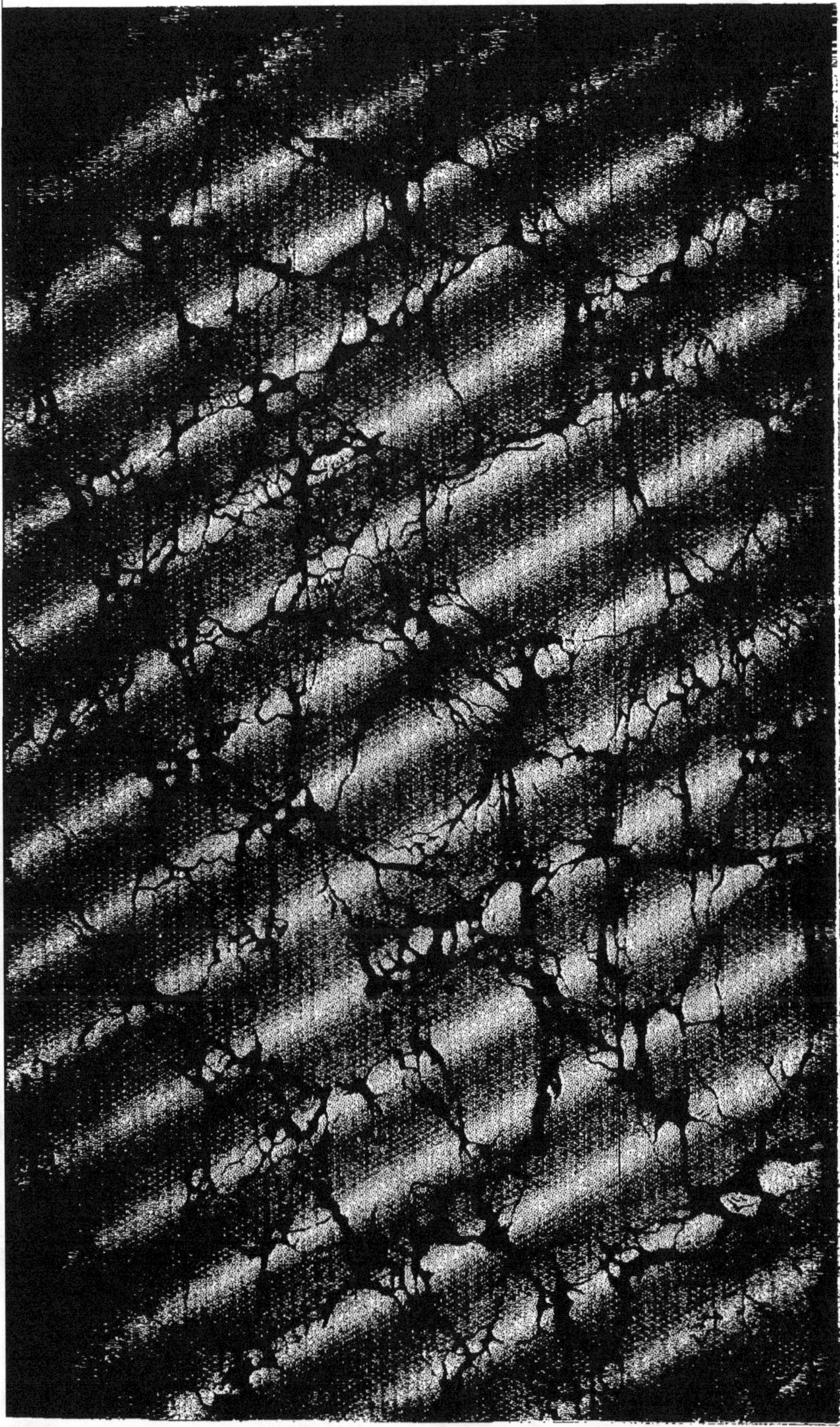

E. MARTIN REL.

LA

FORTIFICATION

DE CAMPAGNE

APPLIQUÉE

OUVRAGES DU MÊME AUTEUR

ÉTUDE SUR LES FORMATIONS & LES MANŒUVRES DE L'INFANTERIE, A PROPOS DE LA RÉVISION DES RÈGLEMENTS BELGES. — Bruxelles, 1868.

CONSTRUCTION & EMPLOI DES DÉFENSES ACCESSOIRES. — 2e édition, ornée de IV planches. — Bruxelles & Paris, 1874. — (Cet ouvrage fait partie de la collection des *Conférences militaires belges.*)

FORTIFICATION PASSAGÈRE. — TRAITÉ DES APPLICATIONS TACTIQUES DE LA FORTIFICATION. — 2 volumes avec un atlas in-folio de XVII planches. — Paris, 1874 & 1875.

LA FORTIFICATION DE CAMPAGNE APPLIQUÉE

OU

GUIDE PRATIQUE
POUR LES TRAVAUX DÉFENSIFS

PAR

H. GIRARD

CAPITAINE EN PREMIER DU GÉNIE
PROFESSEUR D'ART MILITAIRE & DE FORTIFICATION PASSAGÈRE
A L'ÉCOLE MILITAIRE DE BRUXELLES

BRUXELLES
SPINEUX & Cie, ÉDITEURS
2, RUE DE NAMUR, 2

PARIS	ST-PÉTERSBOURG
J. DUMAINE, ÉDITEUR	SCHMITZDORFF
LIBRAIRIE MILITAIRE	LIBRAIRIE DE LA COUR IMPÉRIALE
30, RUE & PASSAGE DAUPHINE	C. ROETTGER, SUCCr

1876

Brux. Typ. de Mlle Weissenbruch, 45, rue du Poinçon.

TABLE DES MATIÈRES

A

CHAPITRE II

SUR LES PROPRIÉTÉS TACTIQUES DES TERRAINS ONDULÉS

I

CHAPITRE III

HYPOTHÈSE

CHAPITRE IV

CONSIDÉRATIONS GÉNÉRALES SUR LES RECONNAISSANCES

CHAPITRE V

DU PROGRAMME

CHAPITRE VI

DE L'EXÉCUTION

CHAPITRE VII

RAPPORT SUR LA RECONNAISSANCE DU TERRAIN A L'EST DE BRUXELLES

CHAPITRE PREMIER

Description du terrain — Tracé de la ligne de front

Pages.

CHAPITRE II

Positions assignées aux ouvrages

1 — FORT N° 1

2 — FORT N° 2 ET LUNETTE A

3 — FORT N° 3 ET LUNETTE B

Pages.

CHAPITRE II

Position de combat

CHAPITRE III

Positions d'avant-postes

CHAPITRE IV

Défenses accessoires

CHAPITRE V

Inondations

CHAPITRE VI

Artillerie de position

Pages.

CHAPITRE VII

Cantonnements

CHAPITRE VIII

Chemins de colonnes

CHAPITRE IX

Mesures de surveillance

CHAPITRE IX

CONSIDÉRATIONS GÉNÉRALES SUR L'EXÉCUTION DES PROJETS

3 — Du mémoire

CHAPITRE X

DES PROJETS
DE RETRANCHEMENTS TERRASSÉS

1 — Des projets de terrassements

2 — Des projets de blindages

Notice explicative sur le projet de redoute annexé à cet ouvrage

CHAPITRE XI

DES PROJETS DE RETRANCHEMENTS NON TERRASSÉS

APPENDICE

I

II

FIN DE LA TABLE

PRÉFACE

Parmi les nombreux enseignements que nous ont apportés les guerres de la seconde moitié de ce siècle, il n'en est pas qui se présente avec un caractère d'urgence plus accentué que la nécessité du développement de l'instruction professionnelle dans les armées. Aussi n'est-il point de pays où cette question ne soit l'objet des préoccupations de l'autorité militaire, où les plus grands et les plus louables efforts ne soient tentés par chacun pour la résoudre.

Instrument de la force en temps de guerre, l'armée doit être pendant la paix l'école de guerre de la nation, école où tous les citoyens viennent successivement apprendre à défendre leur pays et à contribuer à l'édification de sa grandeur. C'est de l'application plus ou moins heureuse, plus ou moins complète de ce principe que dépendront, à l'avenir, les destinées des nations, et cette définition du rôle de l'armée en temps de paix justifie l'importance qu'on attache aujourd'hui aux méthodes d'instruction et d'éducation destinées à transformer le plus complétement et le plus rapidement possible les citoyens en soldats; mais non moins importantes sont celles qui ont pour but de former et de perfectionner le corps d'officiers, — cette ossature permanente du grand organisme militaire, — dont la paix fait des éducateurs, dont la guerre fait des conducteurs et des chefs, auxquels les méthodes de guerre modernes imposent une tâche de jour en jour plus lourde et plus étendue.

Quel était, en effet, le rôle de l'officier dans un passé qui n'est pas bien loin de nous? En dehors des généraux et de ceux auxquels des fonctions spéciales attribuaient une part dans le commandement, l'officier n'était qu'un engrenage destiné à transmettre la volonté motrice supérieure jusqu'aux derniers échelons de la hiérarchie. Encastré, pour ainsi dire, dans une ligne de bataille roide, inflexible, il recevait des ordres et les faisait exécuter. Ce que l'on exigeait de lui, comme du soldat, c'était l'obéissance passive, et n'était pas besoin d'une grande somme de connaissances techniques pour devenir un officier de troupes accompli.

Mais aujourd'hui le rôle de l'officier a dépassé ces étroites limites. A chacun, dans sa sphère d'action étendue ou restreinte, échoit une juste part d'initiative; tous ont à remplir une fonction subordonnée dans l'ensemble, mais créatrice dans le détail. L'obéissance passive a cédé la place à « l'obéissance intelligemment active, » seule capable de faire converger vers un but commun tous les éléments moraux et matériels dont l'ensemble forme la plus haute expression de l'armée : c'est dans le concours de toutes les intelligences et de toutes les volontés que les méthodes de guerre modernes placent l'espoir du succès.

De simple comparse dans le grand drame militaire (qu'on nous permette cette comparaison), l'officier est donc devenu acteur, — plus qu'acteur même, car loin d'avoir à répéter servilement ce que d'autres ont écrit, il doit improviser sans cesse tout en demeurant dans la donnée générale de l'action. Il en résulte que les connaissances naguère encore suffisantes pour mettre l'officier en état de remplir les devoirs de sa profession, ne le sont plus aujourd'hui, et qu'elles doivent non seulement gagner en étendue, mais encore et surtout se transformer dans leur essence intime pour satisfaire à des exigences inconnues jusqu'ici.

Dire que le caractère dominant de cette transformation doit être d'imprimer aux études professionnelles une impulsion plus vivante et plus pratique, ne serait que répéter ce que cent autres ont dit avant nous. On commence à comprendre que la guerre étant le but final et immanent de toute armée, c'est vers les choses de la guerre que doivent tendre sans cesse les méthodes d'instruction et d'éducation militaires; que c'est à cette condition seulement que les travaux de la paix peuvent remplacer l'expérience des champs de bataille, et qu'une pratique constante peut seule faire de l'armée un instrument toujours prêt pour l'action, en l'établissant et en la maintenant dans un état permanent de préparation à la guerre.

Mais qu'est-ce que la pratique? Cette question mérite qu'on l'examine, car il ne suffit pas d'être d'accord sur les mots lorsque les idées qu'ils représentent sont mal définies. Or, tel est le cas qui se présente ici. Pour quelques uns, — nous n'osons dire pour le plus grand nombre, — l'antagonisme scolastique entre la théorie et la pratique subsiste encore : pour eux, la théorie est un amas incohérent de considérations prétendûment générales et faussement philosophiques, sans but réel comme sans portée pratique [1]; pour eux, par opposition, la pratique est la science du détail poussé jusque dans ses minuties les plus extrêmes, dans ses nomenclatures les plus arides; pour eux, le théoricien plane dans les nuages, trop au-dessus de notre vallée de misères pour être capable de prendre une part active à nos luttes; pour eux, l'homme pratique doit se contenter de ramper modestement sur le sol, dût-il se trouver arrêté par le premier fossé qu'il rencontrera sur sa route.

[1] Tels sont les grands principes, sur lesquels on a essayé de fonder une tactique théorique, et dont v. Decker signale la prétentieuse et puérile inanité. Que croit-on apprendre, en effet, en disant que « chaque soldat doit être placé de manière à faire la meilleure application de son arme, » que « chaque position doit être choisie de manière à ne permettre que le moins de pertes possible, » que « l'ordre qui facilite l'action directe de nos armes est le plus fort, » et que « celui qui paralyse entièrement cette action est le plus faible, » etc.? Voir, pour de plus amples développements : v. Decker, De la tactique des trois armes, trad. par de Brack, p. 68.

S'il nous était donné de choisir entre ces deux alternatives, notre embarras serait grand sans doute ; mais heureusement nous n'en sommes pas réduit à une telle extrémité. Il est un autre moyen d'établir, non l'antagonisme entre la théorie et la pratique, mais leur accord parfait et leur corrélation intime. Pour ceux qu'anime un esprit vraiment philosophique, la théorie est le moyen, la pratique le but. La première est du domaine du SAVOIR, la seconde de celui du POUVOIR. La première s'apprend dans les livres, la seconde s'acquiert sur le terrain et dans le polygone. La première seule n'est rien, mais elle est indispensable à la seconde, qui est tout[1].

Cette conception des conditions générales de l'art, basée sur un examen attentif de son but et de ses moyens, est féconde dans ses résultats, et rien ne le prouve mieux que la facilité avec laquelle s'en déduisent les conditions spéciales de la théorie et de la pratique.

[1] Parmi les idées fausses qui règnent sur les conditions relatives de la théorie et de la pratique, il en est une tellement répandue qu'elle est passée en proverbe : « Savoir, c'est pouvoir, » répète-t-on sans cesse, comme si la science la plus consommée suffisait à faire des hommes pratiques ! Ne serait-il pas plus vrai de dire : « Pouvoir, c'est savoir, » puisque l'exécution comporte nécessairement la connaissance de ses moyens ?

La théorie, cessant d'être considérée comme une pure abstraction, ne peut plus chercher sa voie en dehors de l'expérience, qui est l'expression dernière de la pratique. Or, l'expérience est de tous les temps : celle du passé s'appelle l'histoire; celle du présent se traduit en faits dans le polygone et sur le terrain d'exercices. La théorie doit donc tenir un compte égal des enseignements de l'histoire et des faits nouveaux qui, successivement soumis à la consécration de la guerre, entrent dans l'histoire à leur tour. La théorie doit embrasser à la fois le général et le particulier, l'ensemble et le détail, sans jamais craindre de s'élever trop haut ni de descendre trop bas, parce que si, d'une part, la moindre impossibilité matérielle suffit pour faire échouer la plus belle combinaison, de l'autre, le détail n'ayant d'importance que relativement à sa fonction dans l'ensemble, sa connaissance isolée, quelque approfondie qu'elle soit, place celui qui la possède dans la situation d'un soldat pourvu d'armes excellentes, mais ne sachant ni quand ni comment il doit s'en servir.

Traitée à ce point de vue, la théorie devient une mine renfermant les matériaux de toute nature nécessaires pour préparer la solution des problèmes qui peuvent se présenter. Ces problèmes, c'est à la pratique qu'il appartient de les résoudre par un choix judicieux et une mise en œuvre habile des matériaux que la théorie a classés et réunis. Ici donc, le travail cesse d'être l'assimilation de la pensée d'autrui pour devenir essentiellement personnel, et tout ce que le professeur ou le chef peut faire, c'est de le diriger dans la voie de l'application directe aux choses de la guerre, en dehors de laquelle on ne rencontre que déception et vanité.

Il ne suffit pas, en effet, que la pratique comporte un travail personnel pour atteindre son but. C'est déjà beaucoup, sans doute, que d'exercer l'intelligence à tirer quelque chose de son propre fonds; mais il est bien autrement complet et avantageux de faire porter ses efforts sur les questions mêmes que soulève journellement la marche des opérations. De là résulte la nécessité de faire reposer tout exercice pratique sur une hypothèse de guerre précise et vraisemblable, et de le faire traiter dans des conditions se rapprochant autant que possible de celles qui se présenteraient en campagne.

Il n'est pas de branche de l'art militaire qui

n'offre matière à des exercices semblables. Les voyages d'état-major, les reconnaissances relatives au service de sûreté, les manœuvres entre corps opposés, le jeu de la guerre, d'autres innovations encore, introduites récemment dans les méthodes d'instruction de la plupart des armées, marquent le début d'une période où les travaux de la paix deviendront l'image fidèle de ceux de la guerre. Ce que d'autres ont fait pour la stratégie, pour la logistique, pour la tactique, nous avons essayé de le faire pour la fortification de campagne, en recherchant une formule d'exercice pratique qui fût l'expression complète et exacte d'un problème de guerre[1].

[1] Depuis plusieurs années déjà, l'enseignement de l'École militaire est entré dans cette voie. Chaque année, les élèves de la section du génie, sous la direction de leur savant professeur, le major Lasserre, se rendent dans les environs de Liége pour étudier le terrain sur lequel ils ont à projeter des ouvrages de fortification permanente. Ils visitent également la forteresse de Diest, dont ils doivent faire un projet d'attaque et de défense. Les reconnaissances spéciales, la tactique proprement dite, la fortification passagère elle-même, ont d'ailleurs été depuis longtemps l'objet d'exercices sur le terrain dans le même établissement. Enfin, le cours de fortification donné précédemment à l'École de guerre par le lieutenant-colonel Wauwermans était complété par un travail concernant l'investissement de Termonde dans une hypothèse d'opérations qui ne différait pas sensiblement de celle que nous avons adoptée. Nous puisons dans ces

Plus que toute autre partie de l'art, peut-être, la fortification se prête à des travaux de ce genre. La raison en est la ligne de démarcation nettement tranchée qu'on y constate entre le travail intellectuel et l'exécution proprement dite. Tandis qu'en tactique, par exemple, la direction et l'exécution sont tellement liées entre elles qu'il est impossible de résoudre le moindre problème sans faire manœuvrer des troupes, — ou des jetons qui les représentent, comme dans le jeu de la guerre, — en fortification, au contraire, le moindre retranchement doit avoir été l'objet d'une étude complète avant que la pioche n'entame le terrain. Il en résulte qu'à proprement parler la pratique de la fortification comporte deux phases distinctes : la création du projet, qui est du ressort exclusif de l'officier, et son exécution, travail de polygone où le soldat a plus encore à apprendre que le chef, et qui, point essentiel à noter, n'influe en aucune façon sur la valeur plus ou moins grande de la conception intellectuelle.

précédents la certitude que notre manière de voir sur la nécessité des exercices pratiques est généralement partagée, et l'espoir que ce Manuel contribuera à en répandre le goût et l'application dans l'armée, en facilitant leur direction et leur exécution.

Sans nier l'importance, la nécessité même d'exercer les troupes de toutes armes (sauf celles de cavalerie) à remuer la terre, nous pouvons donc établir que les travaux préalables à l'exécution d'un retranchement forment par eux-mêmes un tout complet. Or, ils constituent un exercice pratique d'une réalisation facile, soit dans les écoles, soit dans les régiments : une bonne hypothèse de guerre, la pleine campagne, une carte topographique, voilà tout ce qu'il faut à l'officier pour produire, dans son ensemble et dans ses détails, un projet exactement semblable à ceux qu'il aurait à exécuter en temps de guerre.

Nous avons dit que c'était à la théorie à rassembler les éléments de la solution de questions pratiques semblables. Tel a été le but que nous avons eu en vue en rédigeant notre « Traité des applications tactiques de la fortification. » Il ne nous appartient pas d'examiner si nous l'avons heureusement atteint : entre la conception et l'exécution s'étend une route longue et parsemée d'obstacles, qu'on ne surmonte ni sans efforts, ni sans fatigue, ni sans défaillances, et que connaissent seuls ceux que la recherche de la perfection obsède. Tel qu'il est cependant, nous croyons que notre « Traité » renferme une somme de considérations générales, de faits historiques et de renseignements techniques suffisante pour qu'un problème quelconque de fortification passagère puisse être abordé et résolu par leur secours. Si nous ne nous abusons pas sur ce point, il donne tout ce qu'on peut raisonnablement demander à la théorie, tout ce que celle-ci est capable de donner.

Mais la pratique elle-même demande à être guidée. Dans les exercices de cette nature, il est nécessaire que le professeur ou le chef prenne, pour ainsi dire, par la main l'officier qui va se heurter pour la première fois aux difficultés des choses, qu'il lui montre comment il est possible de les vaincre, qu'il lui indique les points sur lesquels doit se porter son attention et en sépare ceux qui sont dénués d'importance, qu'il lui signale les renseignements à recueillir, la manière de se les procurer, et précise la forme dans laquelle on doit les fournir; en un mot, qu'il lui apprenne les conditions que doit remplir le travail pour répondre aux nécessités de la guerre.

Un « Manuel pratique » rédigé dans cette vue

est le complément indispensable de tout traité théorique, complément dont nous avons indiqué la nécessité dans une note placée à la fin de notre ouvrage sur la fortification passagère. Dans cette note, nous annoncions la publication d'un volume supplémentaire destiné à compléter notre travail par l'application directe des principes qui y étaient exposés à diverses hypothèses tactiques et topographiques, et dans lequel la question si importante des reconnaissances et des projets devait être résolue non seulement au point de vue théorique, mais encore d'une manière précise et pratique, par la présentation de rapports et de projets traités dans leur ensemble et dans leurs détails. Ce plan était vaste, et sa réalisation aurait exigé un temps considérable. Plusieurs années auraient été nécessaires pour rassembler les éléments d'un tel ouvrage, pour en composer et imprimer le texte, pour en dresser et graver les nombreuses planches. Dans l'intervalle, les élèves qui suivent nos cours à l'École militaire de Bruxelles auraient manqué d'un guide propre à les diriger dans leurs travaux, et cela pendant un temps d'autant plus long que, chargé de donner les cours de tactique, de stratégie, de logistique, etc., au même établissement, nous nous trouvions dans la nécessité de suspendre nos travaux relatifs à la fortification passagère pour traiter successivement ces autres branches de l'art dans le caractère nouveau que leur ont imprimé les dernières guerres.

C'est ce qui nous a engagé à publier dès aujourd'hui ce Manuel, destiné d'abord à servir d'introduction à la série d'applications que nous nous proposions de réunir. Mais ce motif n'est pas le seul qui ait fixé notre résolution. Profondément convaincu de la nécessité d'imprimer à l'instruction professionnelle du corps d'officiers un caractère plus pratique que celui qu'elle revêt aujourd'hui, afin de le mettre à la hauteur de la mission qu'il aura à remplir dans un délai peut-être plus rapproché qu'on ne se plaît communément, en Belgique, à le supposer, nous avons voulu soulever dès aujourd'hui la question devant le public militaire et, joignant l'exemple au précepte, donner pour une des branches de l'art un itinéraire tellement précis et complet de la route à suivre, qu'on pût s'y engager sans crainte de s'égarer en chemin. Mais en attendant que les travaux pratiques prennent officiellement la place à laquelle ils ont droit à côté des études théoriques dans les connaissances exigées des officiers, en attendant que ces mêmes travaux remplacent dans les régiments certains détails de service dont l'utilité est loin d'être démontrée, nous pouvons recommander les exercices qui font l'objet de ce volume à tous ceux qu'animent l'amour du métier des armes et la volonté de se préparer aux redoutables éventualités de la lutte. Ils trouveront à y appliquer les connaissances les plus variées et recueilleront une ample moisson de faits de nature à les compléter. Nous ne parlons pas seulement ici des officiers du génie, dont ces travaux constituent la spécialité, mais aussi de ceux appartenant à l'infanterie et à l'artillerie, car la fortification passagère est devenue un problème complexe où l'élément tactique occupe une place au moins aussi considérable que l'élément technique et qui offre même, sur les questions de tactique p ure l'avantage de se présenter sous une forme plus matérielle et partant plus facilement saisissable. Nous pouvons, en outre, affirmer par expérience que nul exercice topographique, fût-ce même un levé, n'est aussi propre que ces exercices à faire connaître les propriétés des formes du terrain, à cause de la distinction qu'on est forcé à chaque instant d'établir entre les accidents principaux, secondaires, etc. Enfin, l'art aussi important que difficile d'exprimer sa pensée, soit par la plume, soit au moyen de croquis, s'y acquiert pour peu que l'on y cherche l'occasion de perfectionner son style et d'apprendre à manier le crayon.

Nous devons ajouter que, si ces exercices sont fructueux, ils présentent, par contre, de très-grandes difficultés lorsqu'on les aborde pour la première fois. Il est rare qu'exécutés dans ces conditions, ils n'offrent pas seulement des erreurs manifestes, mais même de grossières absurdités, et tel officier qui est capable de passer convenablement un examen théorique ou d'exécuter avec succès des plans d'ouvrages projetés par d'autres, ne produit qu'un travail au-dessous du médiocre lorsqu'il doit y mettre du sien. Nous nous sommes heurté à cet obstacle dans notre enseignement, mais nous n'avons pas cru devoir nous y arrêter. A ceux, en effet, qui argueraient de ce fait pour condamner nos errements, nous pourrions répondre qu'un établissement supérieur d'instruction militaire n'est pas destiné à former de « brillants sujets, » mais bien à procurer un fonds de connaissances sérieuses et solides, qui accompagne l'officier dans les diverses phases de sa carrière et lui donne la possibilité de se maintenir constamment à la hauteur de sa mission. Nous dirons plus : cet insuccès relatif est la preuve la plus évidente de la nécessité d'exercices semblables, car plus les difficultés en sont grandes, plus il importe de les avoir mesurées et combattues. Cette vérité ne peut être méconnue que par cette classe, malheureusement trop nombreuse, d'hommes qui croient tout facile parce qu'ils ne savent pas assez pour connaître les difficultés des choses. D'ailleurs, il est indispensable de préparer l'officier pendant la paix à tout ce que l'on peut exiger de lui en temps de guerre, et la nécessité de cette préparation est d'autant plus grande que son objet est moins susceptible d'improvisation.

Nous avons introduit dans ce Manuel pratique un chapitre théorique traitant de l'application de la fortification passagère aux terrains ondulés, chapitre qui remplace dès maintenant, dans le cours que nous professons à l'École militaire, les considérations sur le même sujet exposées dans

2

notre « Traité des applications tactiques de la fortification » (voir part. II, p. 381 à 389). En disant, dans la préface de cet ouvrage, que nous nous reposions sur nos successeurs du soin de perfectionner notre cours, nous ne comptions guère sur la bonne fortune d'y apporter nous-même une amélioration que nous considérons comme très-importante. La théorie des applications de la fortification au terrain que nous y avions exposée, péchait par sa base même : malgré tous nos efforts, nous n'étions pas parvenu à nous dégager suffisamment de l'ancienne formule fortificative du retranchement unique et continu, et, d'un autre côté, notre étude, arrêtée dans son essort par une hypothèse spéciale, ne s'était pas élevée jusqu'à la conception générale des propriétés tactiques que présentent les terrains ondulés.

Depuis lors, de nombreux travaux exécutés sur le terrain avec le concours de nos répétiteurs, MM. les capitaines Fisch et Combaz, nous ont fait pénétrer plus profondément les secrets de l'art et nous ont prouvé que la question si vaste et si indécise, à première vue, de l'application à un terrain ondulé quelconque des nombreuses lignes successives qui constituent actuellement une position retranchée, pouvait être l'objet de considérations aussi précises dans leur énoncé que générales dans leur application. Dans cette nouvelle théorie, nous avons hardiment abordé ce difficile problème et, sans espérer l'avoir complétement résolu, nous croyons cependant être arrivé à un résultat tel que tout officier, après nous avoir lu attentivement, pourra sans hésitation aucune organiser défensivement un terrain qu'il verrait pour la première fois, et cela par une simple application de formules aussi faciles à saisir qu'à mettre en pratique. Nous serions d'autant plus heureux de voir nos lecteurs partager cette opinion sur la supériorité de notre nouvelle théorie que, celle-ci étant le résultat direct d'études pratiques faites sur le terrain, elle serait un puissant argument en faveur de la thèse que nous soutenons ici sur la haute importance de la pratique venant compléter la théorie, et la corrigeant même en ce qu'elle a de défectueux.

Nous ne voulons pas terminer cette préface sans remercier le général Liagre, commandant de l'École militaire, du concours bienveillant qu'il n'a cessé de nous apporter, en nous autorisant à mettre à l'essai notre méthode d'enseignement et en nous en facilitant les moyens. Nous espérons que ce n'aura pas été en vain et que, grâce à la largeur de vues de notre savant chef, nos élèves emporteront dans l'armée des connaissances théoriques et pratiques répondant aux nécessités des méthodes de guerre modernes.

CHAPITRE PREMIER

GÉNÉRALITÉS SUR LA PRATIQUE DE LA FORTIFICATION PASSAGÈRE

CHAP. I.

Distinction à établir entre la théorie et la pratique.

La connaissance de tout art d'application — tel que l'art de la guerre en général et, en particulier, la fortification passagère, qui en constitue une des branches principales, — comporte l'étude de sa théorie et celle de sa pratique.

La théorie expose les faits et les principes qui en découlent; la pratique consiste dans la solution effective de problèmes par l'application judicieuse des enseignements de la théorie.

Pratique de guerre et pratique de paix.

Les études théoriques fécondent les loisirs de la paix; les connaissances pratiques semblent être plutôt le fruit de l'expérience de la guerre; mais depuis que l'état de paix est devenu l'état normal de l'Europe et que les armées peuvent être instantanément appelées à décider du sort des nations sans autre préparation que celle du polygone et du champ d'exercices, il est nécessaire de remplacer l'expérience de la guerre par des travaux qui en offrent une image aussi fidèle que possible. On peut même prétendre que lorsque cette condition est suffisamment remplie, l'expérience de la paix est, en un certain sens, plus complète que celle de la guerre; car, n'étant pas soumise à la nécessité d'une exécution rapide, elle permet une étude plus approfondie des questions à traiter et, pouvant embrasser des applications aussi nombreuses que variées, elle procure une « expérience générale » plus instructive que « l'expérience restreinte, » que tout officier peut seulement acquérir dans le cours d'une campagne.

Supériorité relative de celle-ci.

Quoi qu'il en soit de cette supériorité, il ne nous est pas donné de choisir : la pratique du temps de paix s'impose à toutes les armées, et plus encore à celles des pays neutres qu'aux autres; mais pour qu'elle atteigne son but — qui est de constituer une préparation efficace à la pratique de la guerre, — il faut nécessairement qu'elle joigne à la condition de porter sur de véritables « problèmes de guerre, » celle de s'attacher à les résoudre dans la forme même que la guerre impose. Traités

Conditions auxquelles elle doit satisfaire.

dans cet esprit, les exercices pratiques exécutés soit dans les écoles, soit dans les régiments récompensent, par leurs résultats, celui qui s'y livre du travail qu'ils lui ont coûté, et leur étude complète et approfondie constitue un acheminement certain vers la solution des questions que la marche des opérations soulève à chaque pas. Dans tout travail d'application, une importance égale doit donc être attribuée à la manière de poser le problème et à celle de le traiter, et nous nous proposons, dans ce chapitre, d'exposer nos vues sur ces deux points, en prenant pour texte de nos développements les exercices pratiques de fortification passagère exécutés chaque année par les élèves des diverses sections — infanterie et cavalerie, artillerie et génie — qui suivent nos cours à l'École militaire de Bruxelles [1].

But du présent chapitre.

[1] Outre le travail d'application dont il est question dans le texte, les élèves qui suivent le cours exécutent, après chaque leçon, des croquis se rapportant aux matières qui y ont été traitées. Ces croquis sont, chaque fois qu'il est possible, la traduction d'un petit problème; mais lorsque la leçon ne comporte pas d'application pratique immédiate, — comme cela a lieu, par exemple, pour la partie historique, — l'élève se borne à reproduire un plan d'ensemble ou de détail, mais à une échelle différente de celle des croquis qu'il a sous les yeux et en supprimant tous les accessoires pour mieux faire ressortir les points principaux. L'utilité de ces croquis est évidente, notamment au point

CHAP. I.

Hypothèse.

Toute application pratique repose sur une donnée soit réelle, soit hypothétique. Pendant la guerre, cette donnée est établie par l'état des opérations et par les indices que l'on peut recueillir sur leur marche ultérieure; pendant la paix, c'est au professeur ou au chef à la fournir. Dans ce dernier cas, nous la désignons sous le nom « d'hypothèse, » et c'est par l'examen de ses conditions que nous allons commencer.

Règles pour la composition des hypothèses.

En ce qui concerne la fortification passagère, il est relativement facile de créer une bonne hypothèse de guerre, car le champ de cette branche de l'art est immense. Cependant, cette facilité est plus apparente que réelle, car toutes les questions de l'espèce ne se prêtent pas également bien à des développements pratiques. Parmi ces questions, il y a donc un choix à faire, choix qui exige de la part du chef beaucoup de tact et un coup d'œil exercé. Ce n'est pas tout : toute opération de guerre comporte nécessairement un but et des moyens que l'hypothèse doit indiquer soit expli-

de vue de la préparation au grand travail qui s'exécute à la fin du cours. — Voir, à la fin de l'ouvrage, le programme détaillé de ces exercices journaliers.

citement, soit implicitement. Or, l'indication du but ne revêt le caractère de précision indispensable qu'à la condition de faire de l'hypothèse une phase particulière d'une opération supposée ; et quant aux moyens, leur indication comporte toujours un travail préparatoire, travail qui peut parfois être considérable.

Telles nous paraissent être les seules considérations générales qu'il soit possible d'émettre sur la composition des hypothèses. Il ne faut d'ailleurs pas perdre de vue que cette partie du travail incombe entièrement au chef qui ordonne ou dirige l'exercice, et c'est à lui à se servir de sa connaissance approfondie de la matière pour examiner jusqu'à quel point un problème peut être fructueux pour le subordonné chargé de le résoudre[1]. Cette appréciation, reposant sur une étude complète et antérieure de la question, sera, au surplus, singulièrement facilitée par ce que nous dirons plus loin sur la partie du travail attribuée exclusivement à l'élève.

[1] Pour simplifier le discours, nous donnerons fréquemment, à l'avenir, le nom de « professeur » au chef, et celui « d'élève » au subordonné, bien que, dans notre opinion, les travaux d'application soient tout aussi nécessaires dans les régiments que dans les écoles.

CHAP. I.

Hypothèse admise dans cet ouvrage.

L'hypothèse choisie pour servir de thème aux développements de cet ouvrage consiste dans l'investissement de Bruxelles, supposé fortifié d'après les principes modernes de la fortification provisoire. Sa préparation a nécessité : 1° un travail de reconnaissance d'après lequel nous avons déterminé les emplacements des différents forts ayant vue sur la zone de terrain choisi pour les exercices ; 2° la supposition d'un ensemble d'opérations aboutissant à l'investissement de Bruxelles dans des conditions déterminées, qui sont celles d'un blocus simple avec circonvallation opéré par l'armée belge entière, la forteresse étant occupée par un corps d'armée ennemi assez considérable pour tenter des opérations extérieures ; 3° l'indication de la force et de la composition de la partie de l'armée belge destinée à occuper le secteur d'investissement désigné[1].

Ces divers points recevront les développements nécessaires dans une partie subséquente de ce

[1] Il est à peine besoin d'ajouter que le terrain choisi pour les exercices doit être soigneusement reconnu par le professeur avant d'y conduire les élèves, par le chef avant d'examiner les travaux produits par ses subordonnés ; mais c'est là une préparation personnelle, qui n'a rien de commun avec celle de l'hypothèse.

travail. Nous nous contenterons de dire, dès à présent, que, dans la forme sous laquelle elle a été présentée, cette hypothèse a satisfait à toutes les exigences de l'application pratique et que, par conséquent, elle peut être proposée comme exemple, sinon comme modèle.

Autres thèmes d'hypothèses.

Rien ne serait d'ailleurs plus contraire à notre pensée que de prétendre confiner les travaux d'application dans l'étude des investissements. Le lecteur trouvera dans notre « Traité des applications tactiques de la fortification[1] » de nombreux thèmes d'hypothèses. Leur examen ne tardera pas à lui faire reconnaître que ce sont les exercices se rapportant à la fortification de campagne qui se présentent dans les meilleures conditions, les problèmes de fortification provisoire se rapprochant trop de la fortification permanente et ceux de fortification improvisée ayant un caractère trop fugitif. Toutefois, cette préférence n'implique pas une exclusion, et il est certain que, dans l'étude des opérations de fortification improvisée, les officiers d'infanterie et d'artillerie trouveront d'excellentes occasions de développer leurs connaissances pratiques.

[1] Notamment part. IV, p. 384 et suiv.

CHAP. I.

Exercice pratique.

L'hypothèse a posé les termes d'un problème dont l'exercice pratique a pour but de chercher la solution, laquelle doit être traitée et présentée dans une forme et dans des conditions qui se rapprochent, autant que possible, de celles de la pratique de la guerre. Où chercher cette forme et ces conditions si ce n'est dans l'examen des divers incidents qui se succèdent dans une opération réelle, des nécessités multiples qui en résultent et qu'il faut satisfaire, des obstacles de tout genre qui s'élèvent et qu'il faut tourner ou renverser? Or, cet examen exige qu'on saisisse, pour ainsi dire, la pratique de la guerre sur le fait, en faisant agir sous les yeux les différents acteurs qui y concourent et en se mettant successivement au lieu et place de chacun : du chef qui ordonne le travail, pour y trouver des renseignements qui lui sont nécessaires ; du subordonné qui est chargé de recueillir ces renseignements, de les coordonner et, par l'adjonction des matériaux que lui procure son instruction théorique, d'en faire un tout complet et propre à une fin pratique. Cette voie expérimentale est la seule qui puisse conduire au but, et elle nous y conduira d'autant plus sûrement qu'elle nous permettra de diviser la solution en

Voie expérimentale pour en déterminer les conditions.

parties tout à fait distinctes, qui deviendront dès lors plus faciles à aborder et à résoudre.

Opérations successives d'un investissement.

Reprenons, en effet, l'hypothèse dont il a été question plus haut et examinons les événements qui vont se succéder depuis l'apparition de l'assiégeant devant la forteresse jusqu'au moment où le cercle de retranchements se sera définitivement fermé autour de l'assiégé.

La division[1] désignée pour occuper le secteur d'investissement est en marche; ses avant-postes repoussent ceux de l'ennemi, s'établissent aussi près que possible de la forteresse, sur des emplacements favorables et, pour peu que les troupes aient l'habitude et les moyens de remuer la terre, elles se couvrent aussitôt par des tranchées-abris, à défaut d'autres couverts. Ces travaux préliminaires échappent à l'analyse fortificative et rentrent, à proprement parler, dans le domaine de la tactique pure. Ces premières positions seront

[1] Nous disons « division » et non « corps d'armée, » parce que, si nos renseignements sont exacts, le principe divisionnaire est celui qui serait adopté par l'armée belge en cas de mobilisation. D'un autre côté, un secteur de corps d'armée présenterait une étendue trop considérable pour qu'on pût l'étudier dans tous ses détails.

d'ailleurs bientôt abandonnées pour d'autres, qui se relieront mieux au plan d'occupation définitif. Mais le général commandant, qui marche à l'avant-garde, ne tarde pas à arriver sur les lieux; il imprime une direction d'ensemble aux mouvements

Reconnaissance du secteur.

qui s'exécutent et, suivi de son état-major, il se hâte de reconnaître le terrain dont la défense est confiée à ses troupes. Il a bientôt fait de distinguer les lignes de défense successives que présente la position, de se rendre compte de l'importance défensive des obstacles matériels qui s'y rencontrent, et, pesant le pour et le contre, s'éclairant de l'avis des tacticiens, des artilleurs et des ingénieurs qui l'accompagnent, il arrête dans son ensemble un plan d'occupation que des travaux défensifs viendront successivement compléter.

Le premier acte de l'organisation défensive du secteur est donc une RECONNAISSANCE, reconnaissance que nous appellerions volontiers « défensive, » si ce terme n'était pas affecté à des opérations de guerre toutes différentes.

Rapport sur la reconnaissance.

Or, il importe que ce premier travail laisse une trace matérielle. Le général commandant charge donc son chef d'état-major ou — puisqu'il s'agit ici d'un objet rentrant plus spécialement dans les attributions du génie — son commandant du génie de rédiger un RAPPORT sur la reconnaissance exécutée. Tout en exigeant que ce rapport lui soit remis dans un bref délai, le général prescrit à son commandant du génie de parcourir de nouveau le terrain pour fixer avec plus de soin les emplacements des ouvrages à établir, pour préciser les obstacles du terrain à occuper et à mettre en état de défense, pour fournir aussi certains renseignements supplémentaires concernant, par exemple, les chemins de colonnes à construire, les inondations qu'on prévoit pouvoir tendre, les défenses accessoires à employer de préférence, eu égard aux ressources du pays, les points favorables à l'établissement d'observatoires, les localités convenables pour le cantonnement des troupes ou les endroits propres à les faire camper, etc. Au texte du rapport doit d'ailleurs être jointe une carte topographique qui l'éclaircit et le complète par l'indication approximative, au moyen de signes conventionnels, des travaux défensifs à établir.

Le rapport sur la reconnaissance ainsi revue et complétée est l'objet d'un examen attentif de la part du général commandant, qui y fait les changements et les annotations qu'il juge convenables,

CHAP. I.

et qui prescrit aussitôt à son commandant du génie de prendre les mesures nécessaires pour procéder à l'exécution des travaux défensifs dont la nécessité est reconnue. Ces mesures consistent à dresser des PROJETS détaillés des ouvrages à construire, projets qu'il est indispensable de compléter par des renseignements divers concernant, par exemple, le temps nécessaire à l'exécution, le nombre d'hommes qu'on peut y employer, la nature du sol, les ressources que présentent les localités voisines en bois de charpente, débité ou sur pied, en matériaux de fascinages, etc. Or, comme le temps presse, comme il importe aussi d'entamer les travaux simultanément sur divers points du secteur qu'il faut se hâter de garnir de ses principales défenses, le commandant du génie, chargé nominalement de dresser les projets, répartit le travail entre tous les officiers qui lui sont adjoints pour la circonstance. Pour les officiers du génie de la division, il réserve les ouvrages qui, devant être exécutés de toutes pièces, exigent des connaissances techniques approfondies; aux officiers d'infanterie, il assigne les travaux de mise en état de défense des obstacles du terrain, villages, fermes, châteaux, parcs,

Projets des ouvrages à élever.

Leur distribution entre les officiers des diverses armes.

enclos, abatis sur place, tranchées-abris, etc.; il répartit les batteries entre les officiers d'artillerie. Ces projets, après examen du commandant du génie, sont transmis au général commandant qui, après les avoir examinés à son tour, en ordonne l'exécution. Telle est la seconde phase de la mise en état de défense du secteur, après laquelle il ne reste plus qu'à procéder à l'exécution matérielle.

Leur exécution matérielle sort du cadre de ce travail

Mais cette troisième et dernière phase se heurte à des difficultés pratiques insurmontables. Il est impossible, en effet, de promener la pelle et la pioche sur des terrains qui n'appartiennent pas à l'État. Tout ce que l'on pourrait faire dans ce sens serait de créer, dans chaque garnison, un polygone où les troupes seraient exercées à l'exécution des retranchements; mais ces travaux auraient un caractère pratique tout autre que ceux dont nous venons de nous occuper et ne pourraient en aucun sens les remplacer. La théorie en a d'ailleurs été exposée dans un précédent ouvrage, et la pratique peut s'en acquérir dans les polygones sans qu'il soit nécessaire de s'y étendre davantage. Au surplus, la valeur d'une reconnaissance ou d'un projet, considérée soit intrinsèquement, soit au point de vue de la préparation à la guerre,

CHAP. I.

ne dépend en aucune façon de la suite matérielle qu'on y donne, et c'est pourquoi nous mettrons celle-ci définitivement hors de cause.

Parties distinctes que l'analyse expérimentale y fait découvrir.

La description que nous venons de faire des opérations de la mise en état de défense d'un secteur d'investissement est-elle bien l'expression de la réalité de la guerre? Nous croyons pouvoir répondre affirmativement, du moins en ce qui concerne la marche générale du travail. Ce n'est pas dire que tous les investissements aient été conduits de cette manière; mais tous ceux qui ont été bien dirigés on dû l'être d'après une méthode rationnelle et par conséquent, à quelques détails près, d'après celle que nous venons d'exposer. Sans aucun doute, la distinction si nette que nous avons établie entre la « reconnaissance » et le « projet » s'efface partiellement sous l'influence des événements qui se précipitent : les ouvrages les plus importants au point de vue de la défense peuvent être entamés avant que leurs projets aient été élaborés dans tous leurs détails; les travaux les plus rudimentaires peuvent même être exécutés sans qu'aucun projet écrit ou dessiné n'ait été dressé; mais il n'en résulte pas moins que ces phases sont intellectuellement distinctes, et si la pression des événements peut obliger à les confondre matériellement pendant la guerre, c'est une supériorité du travail de paix que de permettre de les disjoindre pour les mieux étudier séparément.

Cette distinction, tout au moins intellectuelle, entre la reconnaissance et le projet ne peut d'ailleurs être méconnue par ceux qui cherchent, dans la connaissance du travail de la pensée, le moyen de guider celle-ci vers un but réel. Dans la langue militaire, « reconnaître » c'est voir et apprécier ; « faire un projet, » c'est produire une création qui s'adapte à ce qu'on a vu et apprécié, que le projet soit le résultat écrit d'un travail de plusieurs mois, ou qu'il se réduise à un ordre verbal donné au milieu du feu de l'action.

Limite à laquelle doit s'arrêter l'analyse.

Dans cet ordre d'idées, on pourrait même pousser l'analyse plus loin et prétendre, avec raison d'ailleurs, qu'un projet lui-même comporte un travail de reconnaissance. Il est évident, en effet, que l'élève, chargé de projeter une redoute, une batterie, sur un point déterminé, d'organiser la défense d'un village, d'un obstacle quelconque du terrain, doit d'abord se rendre sur ce point

CHAP. I.

pour en examiner les conditions de site, ou visiter le village pour suppléer aux indications nécessairement incomplètes de la carte topographique. Ces opérations constituent à coup sûr des reconnaissances. Mais la méthode analytique cesse d'être avantageuse lorsqu'on veut la pousser trop loin. De même que, pour apprécier les propriétés défensives d'un terrain, il faut savoir concentrer son attention sur ses accidents principaux et ne pas la laisser s'égarer dans le détail de ses ondulations secondaires, de même aussi l'analyse cesse d'être fructueuse et devient un pur pédantisme lorsqu'après avoir établi une ligne de démarcation entre les phases réellement distinctes d'une opération, elle veut aller jusqu'à diviser les phases mêmes qui forment un tout inséparable. Or, c'est ce qui aurait lieu pour les projets, dont l'exécution embrasse nécessairement l'ensemble des renseignements à recueillir et des plans à dresser pour la création des ouvrages auxquels ils se rapportent[1]; ce qui nous permet de conclure que l'investissement d'une forteresse ne comporte que

[1] Ainsi, par exemple, un officier envoyé avec des troupes pour mettre un village en état de défense, reconnaît la position, décide des mesures à prendre et en dirige l'exécution par trois opéra-

deux genres d'opérations devant faire l'objet de travaux distincts.

Fonctions attribuées au professeur et à l'élève : Dans la reconnaissance ;

Ces deux genres de travaux que nécessite la pratique de la guerre peuvent être reproduits pendant la paix avec la plus grande facilité. Il suffit, pour la reconnaissance, que le professeur se substitue au général commandant dans les fonctions qui lui ont été attribuées dans notre analyse, et que les élèves, chacun séparément, prennent la place du commandant du génie auquel nous avons confié la rédaction du rapport et la recherche des renseignements destinés à le compléter. Telle est, du moins, la marche à suivre dans les premiers exercices ; mais dans les travaux subséquents, les officiers doivent être complétement abandonnés à eux-mêmes, tant pour la reconnaissance que pour la rédaction du rapport.

Dans l'exécution des projets.

En ce qui concerne les projets, le professeur, agissant comme commandant du génie, répartit les travaux entre tous les élèves, avec cette différence que la distinction établie en temps de guerre entre les travaux à attribuer aux officiers

tions intellectuelles distinctes, mais en fait simultanées et tellement liées les unes aux autres que l'analyse la plus minutieuse indiquerait difficilement où les unes finissent et où les autres commencent.

CHAP. I.

des différentes armes doit disparaître dans les exercices de paix : quel que soit son uniforme, l'officier doit pouvoir faire le projet d'une redoute, d'une batterie, doit savoir mettre en état de défense un obstacle du terrain. Le temps n'est plus où chacun pouvait se confiner dans la spécialité de son arme, et si nous avons admis que l'ingénieur devait être tacticien en attribuant au commandant du génie de la division une part considérable dans le travail de reconnaissance, nous voulons aussi que le fantassin et l'artilleur soient ingénieurs quand les circonstances l'exigent.

Conclusions.

Toutes les questions de fortification passagère ne se prêtent pas également bien à cette séparation si utile entre la reconnaissance qui représente l'élément tactique du travail, et le projet qui en est la partie plus particulièrement technique. C'est ce qui a lieu particulièrement pour la fortification improvisée. Il est alors nécessaire d'apporter certaines modifications aux indications qui précèdent; mais ce serait nous écarter de notre but que de quitter le terrain d'une hypothèse déterminée pour nous lancer dans des considérations trop vastes pour être suffisamment précises. Nous admettons donc que le travail d'application comporte les deux éléments que nous avons indiqués, éléments dont nous examinerons successivement, et dans des chapitres séparés, les conditions tant générales que particulières à l'hypothèse que nous avons choisie. Nous n'hésiterons pas à entrer dans tous les développements nécessaires pour faciliter l'exécution matérielle du rapport et des plans d'exécution, afin que ce Manuel ait le caractère d'un guide réellement pratique. Mais, auparavant, nous allons présenter quelques indications sur les propriétés tactiques des terrains ondulés, tel que l'est celui qui sert aux exercices pratiques de nos élèves et que représente, à l'échelle de 1/40,000 et au moyen de courbes de niveau équidistantes de 5 mètres, la carte topographique jointe à cet ouvrage.

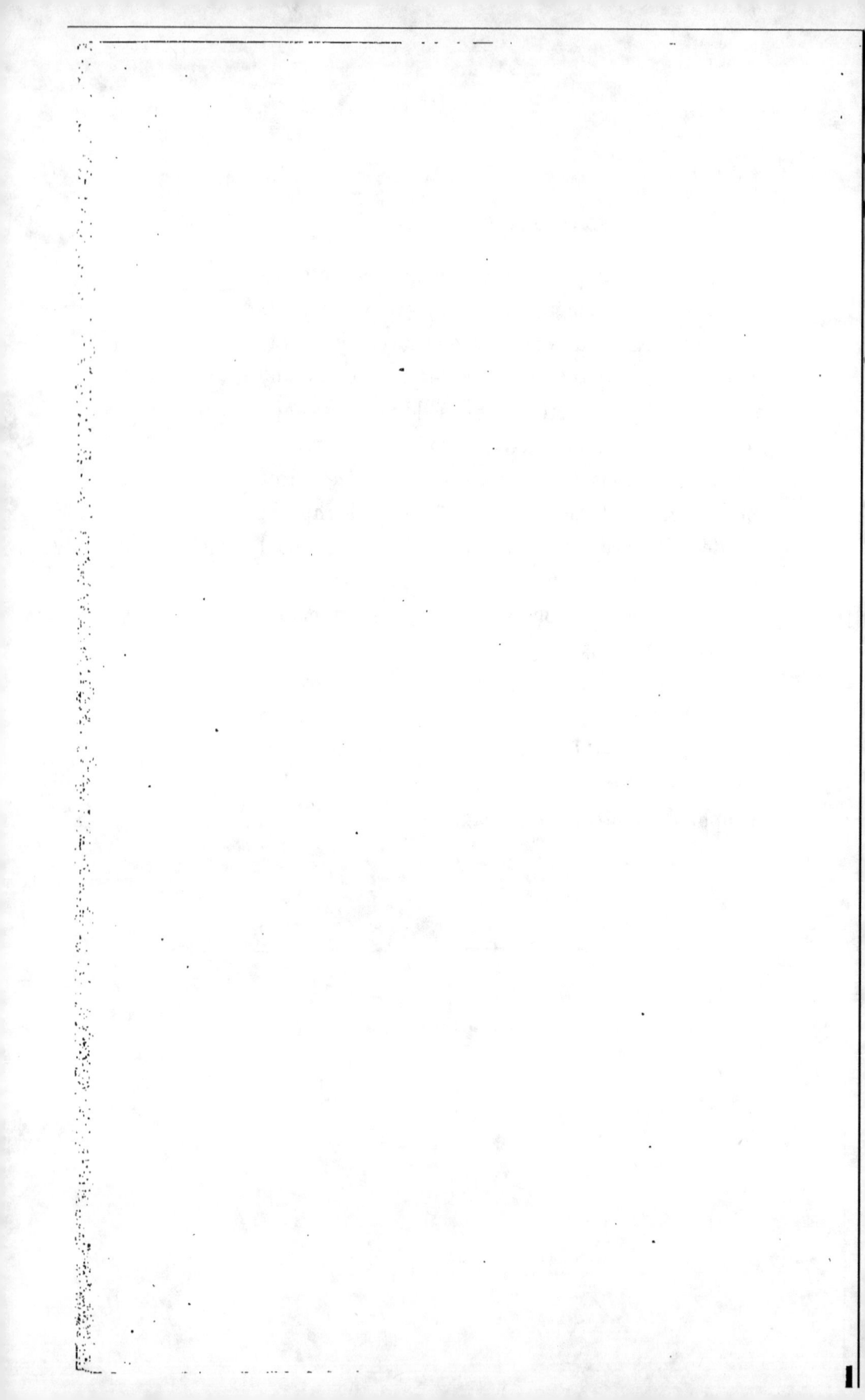

CHAPITRE II

SUR LES PROPRIÉTÉS TACTIQUES DES TERRAINS ONDULÉS

CHAP. II. — Connaissances préalables que cette étude exige.

La connaissance des propriétés tactiques des retranchements élevés sur un sol indéfiniment plan et horizontal, celle des modifications que ces propriétés subissent par suite de l'existence de pentes transversales ou longitudinales, celle enfin des limites d'inclinaison des pentes où ces propriétés cessent d'exister, permettent d'aborder l'étude de l'application de la fortification aux terrains accidentés, terrains que la nature présente sous les aspects les plus divers.

On sait que ce n'est qu'exceptionnellement que le terrain offre l'aspect d'une plaine unie, dans ce cas presque toujours horizontale : le plus souvent,

CHAP. II.

il présente des accidents dont la diversité est si grande, qu'il semble impossible, à première vue, de poser des règles tant soit peu précises pour guider l'ingénieur dans l'application de la fortification à ces formes variables à l'infini; mais un examen attentif permet de classer les sites accidentés en catégories se distinguant par des propriétés communes qu'une étude approfondie fait découvrir.

Site plat et sites accidentés.

C'est ainsi que l'on arrive à séparer d'abord le « site plat » des « sites accidentés, » et à distinguer, parmi ces derniers, diverses catégories, dont les principales sont : 1° le « site ondulé, » qui offre une succession de vallées et de hauteurs, de plis et de mamelons, en un mot, des ondulations plus ou moins larges, à pentes variables, mais toujours douces et souvent propres à la culture. Le sol y est concave dans les parties basses, convexe dans les parties élevées; les plateaux y sont étendus, presque plats, et les thalwegs peu inclinés. Ces terrains proviennent généralement d'alluvions plus anciennes que les terrains plats, et ils rappellent, par leurs formes onduleuses, leur origine neptunienne; — 2° le « site de montagnes, » qui présente des formes très-tourmentées,

Caractères du site ondulé;

Du site de montagnes;

caractérisées par des pentes roides et inégales, par des escarpements atteignant parfois une hauteur considérable, par des mamelons à plateaux étroits, souvent par des étagements de plateaux successifs. Ces terrains accusent, par leurs déchirements où affleure sans cesse le roc, les cataclysmes plutoniens qui les ont soulevés en déchirant l'écorce terrestre primitive; — 3° le « site de marais, » praticable seulement par les chaussées qui s'y croisent; — 4° le « site de polders, marches ou salines, » qui offre de vastes étendues de terrains inondables, protégés contre l'invasion des flots par des digues; — 5° « le site de dunes, » déserts sablonneux et arides, mamelonnés comme au hasard, privés de ces vallées continues nécessaires ailleurs pour offrir un écoulement aux eaux, inutiles ici où les eaux se perdent dans les sables; — 6° enfin, on peut ajouter à cette nomenclature les « sites mixtes, » formés par la réunion de deux ou de plusieurs des sites qui viennent d'être décrits, et particulièrement du site ondulé et du site de montagnes. Toutes ces catégories de terrains présentent des propriétés tactiques spéciales; mais nous nous bornerons ici à étudier celles du site

Du site de marais;

Du site de polders;

Du site de dunes.

Sites mixtes.

CHAP. II.

ondulé, auquel appartient le terrain choisi pour nos exercices dans les environs de Bruxelles.

Propriétés absolues des positions.

Lorsqu'un observateur parcourt un terrain ondulé en l'étudiant au point de vue de ses propriétés tactiques, il ne tarde pas à constater que si, de certaines positions, il domine de vastes étendues, cet avantage de voir au loin est acheté par une découverte incomplète de l'espace intermédiaire; que si d'autres points, au contraire, il découvre complétement le sol dans toute la zone qu'embrasse son regard, c'est que cette zone est limitée par des hauteurs voisines dominant la position où il est placé. Cette propriété, qu'offre un point quelconque de permettre à l'observateur qui y est établi de découvrir le terrain environnant dans certaines conditions, constitue ce que nous appellerons la « propriété absolue » de ce point, par opposition aux « propriétés relatives » dont nous parlerons plus loin [1].

L'examen des propriétés absolues des positions

[1] Nous aurions de beaucoup préféré ne pas introduire de nouveaux termes dans la technologie militaire; mais nous avons été obligé de le faire en traitant un sujet que la théorie n'a guère abordé jusqu'ici. L'importance de la question nous justifiera d'avoir dérogé pour cette fois à nos habitudes.

a acquis une haute importance depuis que les perfectionnements apportés à l'artillerie ont complétement modifié la tactique de cette arme. « Voir au loin » est maintenant pour elle un point capital auquel elle sacrifie volontiers la découverte du terrain intermédiaire. L'infanterie, au contraire, étant devenue essentiellement l'arme de la « défense rapprochée[1], » doit occuper des positions où son genre de puissance défensive peut exercer tous ses effets par une découverte complète du terrain qui s'étend en avant d'elle. En outre, dans le but de se soustraire autant que possible au tir de plein fouet de l'artillerie ennemie, l'infanterie ne doit pas rechercher des positions

[1] Bien que la zone d'efficacité du feu de l'infanterie se soit considérablement élargie dans ces derniers temps, l'expression de « puissance défensive rapprochée » que nous attribuons à cette arme, n'en est pas moins exacte; car le mot « rapproché » est essentiellement relatif, et il est employé ici en opposition avec la « puissance défensive éloignée » de l'artillerie. D'un autre côté, l'infanterie doit découvrir « tout » le terrain compris dans la zone d'efficacité de son feu, sous peine d'être paralysée, condition tout à fait inutile pour l'artillerie qui connaît trop bien l'inefficacité de sa mitraille sur des tirailleurs armés de fusils à tir rapide pour s'engager avec eux dans un combat rapproché. Nous devons, au surplus, considérer tous ces faits comme connus du lecteur; car, nous ne saurions trop le répéter, l'étude de la fortification passagère exige, de nos jours, une connaissance préalable et complète de la tactique : on n'est plus ingénieur militaire qu'à la condition d'être tacticien.

CHAP. II.

qui présentent des champs de tir étendus; elle choisira, de préférence, celles où l'artillerie ennemie ne peut l'atteindre qu'en venant se placer dans la zone d'efficacité de son feu, car elle sait que nulle batterie ne peut s'y maintenir assez longtemps pour lui causer un dommage sérieux. On voit par là que les propriétés absolues, qu'un point du terrain doit présenter pour être propre à l'établissement d'une batterie, sont opposées à celles que réclament les retranchements élevés pour l'infanterie : l'artillerie s'établira de préférence sur les plateaux d'où la vue s'étend au loin; l'infanterie dans les vallées et sur leurs versants, où la dépression du sol fournit un abri naturel contre le tir aux grandes distances, et où l'inconvénient d'être dominé par les pentes opposées est largement compensé par l'avantage d'un champ de tir proportionné à la portée du fusil.

Leurs propriétés relatives.

D'un autre côté, un point du terrain ne doit pas être considéré seulement sous le rapport de sa convenance pour telle ou telle arme. Le caractère distinctif de la tactique moderne est la succession des efforts qu'amène le combat en profondeur et qui se traduit, dans la défensive, par l'occupation de plusieurs positions successives. La fortification passagère, n'étant que l'application de l'art défensif à la tactique, doit suivre celle-ci dans sa nouvelle évolution et, par conséquent, abandonner son ancienne forme « linéaire, » qui correspondait à la tactique linéaire du siècle passé, pour en revêtir une nouvelle en harmonie avec la tactique moderne. A la ligne de défense unique que présentaient jadis les positions retranchées, doit donc se substituer une succession d'ouvrages fixant sur le terrain, au moyen de la pelle et de la pioche, les diverses lignes de l'ordre de combat, — tirailleurs, soutiens, réserve, corps de bataille, — et en correspondance technique avec l'importance relative de ces lignes. Or, dans le choix de celles-ci, il faut non seulement tenir compte de l'action des ouvrages qui les constituent sur le terrain en avant, mais encore de l'appui qu'elles peuvent mutuellement se prêter. Sans doute, cet appui dépend, en partie, de la distance qui les sépare, mais il ne résulte pas moins des formes du terrain intermédiaire. Nous pouvons en conclure qu'à côté de l'étude des propriétés absolues du terrain doit se placer celle des relations existant entre les positions successives qu'il présente, c'est à dire l'étude de ses « propriétés relatives. »

CHAP. II.

C'est donc à un double point de vue que nous allons examiner les caractères généraux des terrains ondulés. Mais, auparavant, il est nécessaire de poser encore une distinction. Une ondulation de terrain, formant une position défensive ou une partie de position, peut être occupée parallèlement, ou perpendiculairement, ou enfin obliquement à ses courbes de niveau. Nous allons examiner ces trois cas en commençant par le premier sur lequel il y a le plus de choses à dire.

Cas divers d'occupation d'une ondulation de terrain.

I

Cas où la position est parallèle aux courbes de niveau.

Lorsqu'une position est établie parallèlement aux courbes de niveau d'une ondulation de terrain, les lignes de défense successives s'échelonnent du plateau vers le vallon[1]. C'est là un principe tactique sur lequel nous croyons inutile d'insister.

1 Ce n'est pas sans raison que nous employons le terme de « vallon » et non celui de « vallée. » En effet, dans tout ce que nous allons dire, nous supposerons que les plateaux sont assez rapprochés pour avoir des relations tactiques, — ce qui a généralement lieu dans les terrains ondulés, — et, par conséquent, que les plis de terrain qui les séparent sont d'une assez faible largeur. Lorsqu'il n'en est pas ainsi, c'est à dire lorsque la vallée est très-large, elle doit être organisée défensivement, d'après les principes applicables aux vallons en ce qui concerne ses parties situées à proximité des plateaux, d'après les règles établies pour les terrains plats quant à la partie intermédiaire sise hors de portée des hauteurs.

L'observateur désireux de suivre toutes les lignes de défense naturelles se porte donc d'abord sur la partie la plus élevée du plateau, c'est-à-dire sur la ligne de faîte (A), que nous désignerons par le terme de « crête du plateau. » De là, sa vue s'étend sur les plateaux voisins jusqu'à leurs

Crête du plateau.

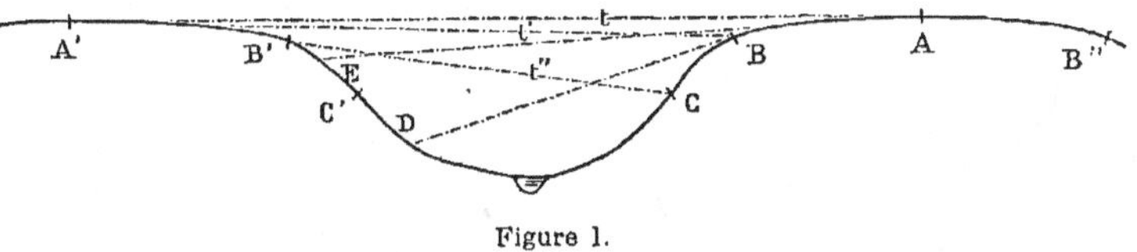

Figure 1.

crêtes respectives (A'), et embrasse le plateau lui-même, tant en avant (vers B) qu'en arrière (vers B''); mais la vallée BB' est dérobée à ses regards. Le plateau, légèrement convexe, est d'ailleurs généralement large par rapport au vallon, et ses pentes, que nous désignerons sous le nom de « versants du plateau, » sont excessivement faibles.

Versants du plateau

Dans une combinaison défensive, cette position est donc d'une très-grande importance. Elle joint à la défense éloignée, assurée par la découverte des plateaux voisins, une défense rapprochée qui s'étend sur toute la surface du plateau lui-même,

CHAP. II.

en avant, de A vers B, latéralement dans toutes les directions, et en arrière, de A vers B″, de telle sorte qu'une ligne de défense formée de redoutes établies sur cette crête n'a rien à craindre d'une attaque enveloppante. De plus, le versant postérieur AB″ du plateau offre un espace dérobé aux vues de l'ennemi, espace où les réserves trouvent un couvert jusqu'au moment d'entrer en ligne[1].

Bord du plateau.

Après avoir constaté ces faits, l'observateur descendant, de A vers B, le versant antérieur du plateau, ne tarde pas à perdre de vue le versant postérieur AB″; mais à mesure qu'il avance, son regard pénètre de plus en plus dans la vallée. Tout à coup, la pente s'accentue tout en demeurant convexe, et si l'observateur fait quelques pas de plus, il cesse, en se retournant, d'apercevoir

[1] Le camp retranché de Düppel présente un exemple trés-remarquable d'une position établie sur la crête d'un plateau, et l'on peut dire qu'en général c'est sur cette crête que doivent s'élever les « points d'appui principaux » d'un systéme défensif. Cette régle n'est cependant pas absolue : lorsque les points d'appui ne sont point destinés à recevoir de l'artillerie, — ainsi que cela se présente dans la fortification improvisée, — il peut être plus avantageux de les placer en des endroits moins exposés aux feux éloignés des batteries ennemies, feux auxquels leur armement ne permet pas de répondre. —Voir, à ce sujet, notre « Traité des applications tactiques de la fortification, » part. IV, p. 337 et suiv.

le plateau dont il aura dépassé la limite : pour nous, en effet, le plateau finit là où le sol se dérobe aux vues prises de sa crête. Cette position remarquable, dont nous allons examiner les propriétés tactiques, pourrait être appelée la « crête du versant de la vallée; » mais nous préférons lui donner le nom plus simple de « bord du plateau. » Les lettres B, B′ et B″ indiquent sur le croquis, les diverses crêtes de l'espèce.

Le bord du plateau a pour propriétés absolues : 1° de découvrir les plateaux voisins, sans en être notablement commandé dans le cas assez général où les plateaux ont à peu près la même hauteur; 2° de découvrir une partie plus ou moins considérable du versant opposé du vallon ; 3° enfin, de découvrir latéralement à toute distance, et en arrière jusqu'à sa crête, le plateau dont il forme la limite. Sa propriété relative est de recevoir la protection de tout ouvrage établi sur la crête du plateau ou sur son versant. Cette position est donc éminemment favorable à l'établissement de batteries, balayant les plateaux voisins de feux plus rapprochés que ceux partant de la crête du plateau, et découvrant, en outre, à revers une grande partie du versant opposé du vallon, quelquefois même son thalweg; mais par contre, elle est peu propre à l'établissement de la ligne de défense principale, — dont les ouvrages doivent utiliser, autant que possible, les ressources combinées de la mousqueterie et de l'artillerie, — parce qu'en avant d'elle s'étend un espace non battu, et parce qu'en arrière ne se rencontre nul abri rapproché pour les réserves.

Versant du vallon.

Reprenant sa marche, l'observateur descend le « versant du vallon » en suivant une pente qui s'accentue de plus en plus. A mesure qu'il avance, sa découverte devient de plus en plus complète, mais aussi de plus en plus limitée, car la crête B' ne tarde pas à lui cacher le plateau auquel elle appartient. Un moment arrive enfin où le terrain rapproché se présente devant lui comme un glacis qu'il découvre entièrement : il est arrivé à la « crête militaire. »

Crête militaire.

Par la définition même que nous venons d'en donner, la crête militaire est une position très-avantageuse pour l'infanterie, puisqu'il n'existe point d'espace non battu en avant d'elle; elle est même la plus favorable de toutes lorsque le vallon ne dépasse pas en largeur la portée efficace de la mousqueterie, car alors l'infanterie qui y est établie est protégée par la crête B′ (où les batteries ennemies ne peuvent s'établir) contre les feux d'artillerie provenant du plateau A′, et des diverses positions du vallon qui réunissent ces avantages, c'est celle qui est le moins dominée. En ce qui concerne le terrain en avant, elle se trouve dans d'excellentes conditions relatives, puisqu'elle découvre le sol en entier ; mais il n'en est pas de même en arrière : ainsi que nous le verrons plus loin, il existe entre la crête du versant du vallon et la crête militaire une zone qu'il n'est pas possible de battre par des retranchements établis parallèlement aux courbes de niveau du terrain. Malgré cet inconvénient, et à moins que le versant AB du plateau n'ait une profondeur telle qu'il puisse constituer à lui seul tout le champ de bataille, il est indispensable d'occuper la crête militaire C pour défendre le vallon et pour protéger les batteries établies en B sur le bord du plateau.

L'observateur, quittant la crête militaire pour descendre plus bas dans le vallon, passe par une suite de points dont les propriétés absolues sont les mêmes que celles de la crête militaire, mais dont les propriétés relatives sont plus avantageuses,

CHAP. II.

attendu qu'ils reçoivent une protection efficace de cette crête, et même, à partir d'un certain endroit, du bord du plateau. Par contre, à mesure que ces points se rapprochent du mamelon opposé, ils sont de plus en plus dominés. Toutefois,

Propriétés défensives du fond du vallon.

cessant de ne tenir compte que des formes mêmes du terrain pour porter son attention sur les obstacles qui le couvrent, l'observateur rencontrera le plus souvent dans le fond du vallon, une excellente ligne de défense formée par un cours d'eau, par des plantations d'arbres longeant ses rives, par des fermes, des usines et, à intervalles, par des villages, des parcs, des châteaux. Cette nouvelle ligne de défense ne doit pas toujours être occupée; mais quand elle peut l'être, il en résulte plus d'avantages que d'inconvénients, car elle présente des obstacles faciles à défendre et qui, par suite de la hauteur des couverts qu'ils offrent, ne perdent guère de leur valeur défensive à être fortement dominés.

Occupation éventuelle du bord du plateau opposé.

Enfin, lorsque les circonstances comportent l'occupation du vallon tout entier, l'observateur remontant le versant opposé rencontre d'abord la crête militaire C′ qu'il dépasse sans s'arrêter, car elle n'offre aucune propriété remarquable dans le sens ascendant; mais il pousse ses investigations jusqu'à la crête B', cette position étant importante, soit que l'on y établisse des postes destinés à surveiller le plateau, soit que l'on y construise des retranchements pour une ligne de tirailleurs, dans le but d'engager un combat traînant avec l'ennemi dès que ses troupes franchiront la crête A' du plateau sur lequel il est établi.

Cas particuliers qui peuvent se présenter.

Les indications qui précèdent reposent sur de nombreuses observations faites sur des terrains ondulés, observations dont le lecteur peut aisément contrôler l'exactitude et la généralité; toutefois, il faut se garder de leur attribuer un caractère d'universalité qu'elles ne possèdent pas. Ainsi, il peut arriver que le versant du vallon ait une pente sensiblement uniforme, ce qui fait évidemment coïncider le bord du plateau avec la crête militaire; il peut arriver aussi qu'au lieu d'un vallon, ce soit une vallée, dépassant en largeur la portée du fusil, qui succède au plateau : dans ce cas, la dépression de terrain cesse d'offrir à ceux qui l'occupent une protection contre les coups de plein fouet de l'artillerie ennemie. Lorsque ces cas particuliers ou d'autres analogues se présentent,

CHAP. II.

c'est à l'ingénieur à examiner le parti qu'en peut tirer la défense, en les discutant de la même manière que nous avons discuté le cas le plus complet et le plus général, et en faisant le meilleur emploi des principes que l'observation nous a permis de poser.

Recherche des causes des propriétés absolues;

Quoi qu'il en soit, il n'est pas moins certain que les terrains ondulés possèdent par eux-mêmes, et indépendamment des obstacles que l'on y rencontre, des propriétés tactiques excessivement remarquables, propriétés qui les rendent beaucoup plus propres à la défense que les terrains plats, où il y a une égalité complète de position entre l'assaillant et le défenseur. Nous ne croirons donc pas faire chose inutile en poussant notre examen plus avant, par l'explication géométrique des faits que nous avons relevés. Nous trouverons d'ailleurs l'occasion de tirer de cette étude des conséquences d'une importance réelle.

Dans l'examen des propriétés absolues des positions que présente le terrain, nous avons constaté que, parmi ces positions, les unes étaient favorables à la défense éloignée, d'autres à la défense rapprochée, d'autres enfin à l'une et à l'autre. Ces différences ont évidemment des causes qu'il importe de rechercher.

En ce qui concerne la défense rapprochée,

La vue d'un observateur placé sur un point d'un terrain dénué d'obstacles ne peut évidemment être limitée que par une convexité du sol formant une saillie en arrière de laquelle la campagne se dérobe à ses yeux. En n'ayant égard d'abord qu'à la défense rapprochée, nous pouvons donc dire que les terrains concaves ou plans s'y prêtent mieux que les terrains convexes, car dans ces derniers, la découverte du terrain s'arrête au point

Figure 2.

de contact C de la tangente FC, menée de la ligne de feu F à la surface du sol PS. Cette découverte est d'autant plus étendue que la forme convexe est moins accentuée et que le retranchement est pourvu d'un commandement plus considérable, car ces causes tendent toutes deux à éloigner le point de contact C de l'origine de la tangente. Or, c'est là ce qui se présente pour la crête du plateau : les ouvrages qui y sont établis reçoivent, en général, un relief en accord avec leur importance, relief qui leur permet de dominer suffisamment le plateau pour que sa convexité, toujours très-faible, soit sans conséquences fâcheuses. Les retranchements élevés sur le bord du plateau ne se trouvent pas dans le même cas, attendu que c'est précisément là que la convexité s'accentue, et c'est pourquoi ils sont impropres à la défense rapprochée. En continuant à descendre, l'observateur rencontre des pentes d'abord de plus en plus fortes, — ce qui est le caractère des terrains convexes, — puis de plus en plus faibles, — ce qui se présente dans les terrains concaves, — et la limite qui sépare le terrain convexe du terrain concave est précisément la crête militaire, essentiellement favorable à la défense rapprochée. Enfin, si l'observateur traverse le vallon et en remonte le versant opposé jusqu'à sa crête, il découvre le versant du plateau adjacent en entier, à cause de sa faible convexité.

En ce qui concerne la défense éloignée.

En ce qui concerne la défense éloignée, ce sont les tangentes t', t', t'' (voir fig. 1, p. 49) menées aux convexités lointaines du terrain qui limitent l'espace que l'on peut embrasser du regard. Mais lorsque l'ouvrage dont on veut déterminer le champ de tir est situé sur un terrain convexe, la

Limites d'éloignement et de rapprochement de la zone découverte.

zone du terrain éloigné qu'il découvre a non-seulement une « limite d'éloignement, » mais encore une « limite de rapprochement. » Cette dernière peut être déterminée avec une approximation suffisante au moyen d'une remarque que nous allons faire en nous reportant à la fig. 2, p. 57. En fortification passagère, les reliefs étant toujours très-faibles par rapport aux dimensions horizontales du terrain extérieur, on ne commet pas une erreur considérable en transportant la ligne de feu F en P, sa projection sur le sol. Dès lors, la tangente T, qui limite vers le bas la découverte du terrain extérieur, devient la ligne T′, tangente au terrain au point même où s'élève le retranchement. Prolongeant cette tangente jusqu'à sa rencontre avec le terrain éloigné, la partie de ce terrain située au-dessous de cette ligne sera évidemment dérobée aux vues de l'ouvrage. Il y a plus : ce que nous disons ici pour une coupe que nous supposons normale aux courbes de niveau étant aussi vrai pour des coupes obliques, toutes les tangentes au sol appartenant à ces coupes constituent, — ainsi que le démontre la géométrie, — un plan qui n'est autre que le plan tangent au terrain au point P. Ce plan, auquel son importance a fait donner le nom particulier de « plan d'assiette, » offre la propriété d'indiquer, par son intersection avec le sol, la limite entre les parties vues et les parties cachées du terrain éloigné. C'est par l'application de cette théorie que l'on peut constater dans la fig. 1, p. 49, que la zone du terrain éloigné, découverte de la crête B, et qui a pour limite d'éloignement la crête A′, a pour limite de rapprochement l'intersection D de la vallée avec le plan tangent au terrain au point B. Il est évident, d'ailleurs, que la position de cette intersection est très-variable, car elle dépend de l'inclinaison du sol en B, c'est-à-dire de la brusquerie avec laquelle le sol s'infléchit à la limite du plateau. Toutefois, cette théorie, reposant sur une approximation, ne doit être appliquée qu'avec discernement. Ainsi, le plan d'assiette d'un ouvrage élevé en A sur la crête du plateau, est horizontal, et cependant, grâce à sa situation exceptionnelle, cet ouvrage découvre non-seulement le versant AB, mais encore le plateau opposé jusqu'en E au lieu de n'en apercevoir que la crête comme le voudrait une application rigoureuse et inconsidérée du principe.

L'étude de la carte ne peut remplacer celle du terrain.

Cette étude géométrique des propriétés du terrain pourrait faire croire à la possibilité de résoudre un problème de fortification comme un problème de géométrie, c'est-à-dire dans le cabinet, la règle et le compas à la main, à l'aide d'une carte topographique figurant exactement les formes du sol par des courbes de niveau d'une faible équidistance. Rien au monde ne serait moins exact, car le terrain présente non-seulement les ondulations dont nous venons d'indiquer les grandes lignes, mais encore des « accidents secondaires, » dont nous parlerons plus loin et dont la carte ne permet pas d'apprécier exactement l'importance relative. De plus, un pareil travail, outre les soins minutieux qu'il exigerait, n'aurait aucune utilité pratique, car il serait impropre à former ce coup d'œil militaire, indispensable à l'ingénieur comme au tacticien, que l'étude seule du terrain peut faire acquérir. D'un autre côté, par le degré de perfection qu'elles ont atteint de nos jours, les cartes topographiques sont devenues d'un précieux secours pour les opérations sur le terrain où elles sont un guide, tandis que, dans le cabinet, elles facilitent et abrègent le travail en fournissent des indications

Ces études doivent être combinées.

CHAP. II.

sur les distances horizontales, sur les hauteurs absolues et relatives, et en rappelant à la mémoire les formes qui s'y sont effacées ou confondues. Il est donc indispensable de se familiariser avec leur lecture et de s'habituer à saisir leurs rapports avec les formes du sol qu'elles représentent, facultés qui ne peuvent s'acquérir que par une étude combinée de la carte et du terrain. Enfin, il peut arriver que l'on ait à dresser un projet d'ouvrages de campagne sans autres documents que des cartes, — circonstance qui se présente notamment lorsque l'on veut préparer une opération sur un territoire non occupé, — et à ces divers points de vue, il est utile d'examiner comment les diverses positions dont nous avons étudié plus haut les propriétés, se retrouvent dans les combinaisons si variées des courbes de niveau.

Comment les diverses positions se reconnaissent sur la carte.

La crête du plateau se détermine en traçant une ligne à égale distance des courbes de niveau portant les cotes les plus élevées. Il arrive rarement que cette crête soit exactement horizontale; elle court, le plus souvent, à travers de petits mamelons qui se caractérisent par des courbes fermées que l'on recoupe suivant leur grand axe.

Le bord du plateau se trouve à l'endroit où

les courbes, tracées à larges intervalles sur le plateau, se resserrent tout à coup pour figurer la pente plus rapide du versant du vallon. A partir du bord du plateau, les courbes se rapprochent de plus en plus jusqu'à la crête militaire, où elles recommencent à s'élargir[1] : cette crête est donc indiquée sur la carte par le rapprochement le plus considérable des courbes de niveau. Enfin, quand par exception, le thalweg du vallon n'est pas indiqué par un cours d'eau, il se trace en recoupant successivement toutes les courbes de niveau à l'endroit où elles sont le plus éloignées les unes des autres et où elles font un retour sur elles-mêmes.

Accidents secondaires du terrain.

Si les ondulations du sol n'offraient que les caractères généraux précédemment décrits, il serait plus que facile d'organiser la défense d'une position : l'application de quelques principes presque géométriques à un terrain donné permettrait de résoudre le problème. Il n'en est malheureusement pas ainsi : l'occupation défensive d'une

[1] La démonstration géométrique de ce fait est trop simple pour que nous croyions devoir la donner. Elle repose d'ailleurs sur cette observation déjà présentée, que les terrains convexes se caractérisent par un rapprochement de plus en plus grand des courbes de niveau du haut vers le bas, tandis que les terrains concaves se distinguent par la propriété contraire.

CHAP. II.

position exige plus d'art, car la question se complique par l'introduction d'un nouvel élément qui n'est autre que l'existence « d'accidents secondaires. »

En effet, de même que dans un temple grec, on voit les différentes parties d'une colonne se couvrir de sculptures délicates qui, de près, charment l'œil par la grâce de leur dessin et par le fini de leur exécution, mais qui disparaissent quand on s'en éloigne pour ne plus laisser apercevoir que l'harmonie de l'ensemble, de même les accidents principaux qui font du terrain une succession de plateaux et de vallons, présentent à leur tour des ondulations d'une moindre importance. Mais s'il est facile de distinguer le tore qui forme la base de la colonne des oves qui le décorent, il l'est beaucoup moins de séparer, sur le terrain, l'accident principal de l'accident secondaire. La raison en est que l'accident secondaire lui-même acquiert souvent une importance considérable aux yeux de l'observateur qui n'a pas l'habitude de « voir grand. » Là gît, à proprement parler, la difficulté du problème, et c'est ici que l'ingénieur, laissant de côté la technique de l'art, doit se montrer tacticien. Il doit reconnaître

CHAP. II.

les grandes lignes au milieu des détails qui les cachent, et après les avoir reconnues, accorder à chaque détail la part d'importance qui lui revient; en d'autres termes, il doit concevoir une idée large, et l'appliquer judicieusement aux détails. Cet art suprême du tacticien s'apprend non dans les livres imprimés, mais dans celui, mille fois plus beau et plus attachant, que la nature ouvre à ceux qui veulent en approfondir les secrets.

Leurs inconvénients.

Les accidents secondaires sont généralement plus nuisibles qu'utiles, car ils créent des couverts qu'on ne peut battre qu'en multipliant les ouvrages; mais il arrive souvent aussi qu'on peut en tirer parti. Par exemple, un ressaut de quelques mètres de hauteur, — tel que les terrains ondulés en présentent souvent, — permet d'établir un ouvrage entièrement en déblai, d'un commandement convenable, et dont les masses couvrantes, formées de terres vierges, sont indestructibles; un pli de terrain offre un abri naturel à un soutien, etc.

Parti qu'on peut en tirer.

Parfois aussi, les accidents secondaires fixent la position d'ouvrages qui, sans eux, pourraient occuper un point quelconque d'une ligne de défense: ainsi, une surélévation de la crête d'un plateau

Ils fixent l'emplacement exact des ouvrages.

5

détermine l'emplacement d'une redoute; un vallon secondaire, s'embranchant sur un vallon principal, fixe la position d'une seconde qui l'enfile suivant sa longueur. Parfois encore, ces accidents permettent d'établir des ouvrages qui jouissent d'avantages précieux : un éperon, par exemple, formant saillie dans la vallée, offre un excellent emplacement pour une batterie qui, prenant celle-ci en flanc, contribue largement à sa défense. Qu'on joigne à tout cela les obstacles qui s'élèvent sur la surface du sol, plantations ou lieux habités, et l'on reconnaîtra que l'organisation défensive d'une position est un problème d'un intérêt tout à la fois militaire et artistique.

Positions avantageuses qu'ils présentent parfois.

Remarque sur les reliefs des ouvrages.

L'étude approfondie que nous avons faite des propriétés tactiques du terrain, la distinction que nous avons établie entre ses accidents principaux et ses accidents secondaires, nous permettent de poser un principe d'une grande importance, que nous formulerons ainsi qu'il suit : « Les ouvrages constituant la dernière ligne d'une position doivent être établis en tenant uniquement compte des accidents principaux du terrain, car ils doivent occuper des points d'une importance générale;

à eux donc les hauts reliefs qui leur procurent une découverte aussi complète que possible des accidents secondaires et des pentes convexes. Par contre, les ouvrages formant la ligne avancée, — batteries détachées, retranchements pour les tirailleurs, leurs soutiens et leurs réserves, — doivent suivre le terrain dans ses moindres sinuosités en profitant de tous les accidents favorables qu'il présente, en un mot, « se mouler au sol » de manière à atteindre leur but avec des reliefs très-bas et, par conséquent, avec une faible dépense de moyens d'exécution et avec une solidité que les reliefs élevés ne procurent qu'au prix de travaux considérables. »

II

Cas où la position coupe perpendiculairement les courbes de niveau.

Passons actuellement à l'examen du deuxième cas que nous avons promis de traiter, c'est à dire celui où la ligne de front de la position coupe les courbes de niveau du sol perpendiculairement à leur direction. Dans ce cas, l'assaillant placé à cheval sur les ondulations, — qu'il faut nécessairement supposer d'un profil uniforme et d'une direction constante pour l'examen théorique auquel nous nous livrons, — occupe une position identique

CHAP. II.

à celle du défenseur, car il peut développer ses forces sur les mêmes plateaux, sur les mêmes versants, dans les mêmes vallons. Si donc l'on n'avait égard qu'aux attaques et aux feux directs, les conditions de la lutte seraient exactement les mêmes qu'en terrain horizontal, puisque, ces mouvements de troupes et ces feux s'exécutant le long de courbes de niveau rectilignes, il n'y aurait pas plus d'angles morts en avant des ouvrages que de couverts pour le défenseur. Mais les propriétés tactiques des ondulations se retrouvent tout entières dès que l'on a égard à l'appui latéral que se prêtent les différents retranchements d'une même ligne, c'est à dire aux feux de flanc et obliques, et c'est, par conséquent, à ce point de vue qu'il importe surtout d'étudier le cas actuellement en discussion. Il en résulte que si c'est dans l'examen des propriétés absolues des diverses lignes de défense et des relations tactiques entre celles-ci que nous avons recherché les principes applicables au premier cas, c'est dans l'étude de l'appui réciproque des éléments de chaque ligne considérée isolément que nous trouverons les principes applicables au second : les propriétés tactiques du terrain se font sentir, dans le premier,

Les propriétés du terrain s'y font différemment sentir.

suivant la profondeur de la position; dans le second, suivant son développement.

Aussi, dans chaque ligne, les ouvrages établis sur les crêtes des plateaux sont-ils de beaucoup les plus importants, car leur protection latérale s'étend, à la fois, sur les versants des plateaux qu'ils couronnent et sur les versants collatéraux des plateaux voisins; ils constituent, en réalité, les clefs de la position, car ils dominent les autres parties de la ligne de défense et c'est pourquoi l'assaillant ne peut manquer d'y faire converger tous ses efforts. Les bords des plateaux ont, eux aussi, une importance tactique très-considérable, car les ouvrages qu'on y élève battent non-seulement les plateaux voisins jusqu'à leurs crêtes, mais encore les versants du vallon qu'ils bordent, versants qu'ils découvrent réciproquement à revers; de plus, l'angle mort que la convexité du sol crée sur un de leurs flancs ne constitue plus un inconvénient sérieux, puisqu'il est battu, à revers par les ouvrages de la crête opposée, longitudinalement par les retranchements qui continuent la ligne à travers le vallon. Par contre, les crêtes militaires perdent considérablement de leur importance, laquelle gît tout entière dans la suppression

CHAP. II.

d'un angle mort qui ne présente ici aucun danger. Enfin, les ouvrages placés dans les vallons mêmes, ou sur leurs versants jusqu'aux crêtes militaires, les enfilent suivant leur longueur ; il peut donc être utile d'y établir de l'artillerie, contrairement à ce qui a lieu dans le premier cas.

Leur influence sur la constitution des diverses lignes.

Nous avons déjà dit, et nous ne saurions assez répéter, que la constitution technique de chaque ligne doit correspondre au rôle tactique que lui assigne l'ordre de combat. Ainsi, la première ligne, — celle des tirailleurs, — doit présenter des retranchements assez nombreux ou assez étendus pour permettre d'utiliser un grand nombre de fusils; à ces retranchements on donne, tant par raison d'économie que pour laisser toute liberté aux mouvements offensifs, un profil tranchéiforme. La dernière ligne, au contraire, jouant le rôle des masses compactes contre lesquelles viennent se briser les derniers efforts des assaillants, doit être formée de points d'appui solides, fermés à la gorge, et où sont prodiguées toutes les ressources de l'art de l'ingénieur. Ces ouvrages ne doivent être ni plus vastes, ni plus rapprochés que ne l'exigent leur défense propre et leur appui réciproque.

Les lignes intermédiaires, enfin, doivent présenter des propriétés tactiques se rapprochant soit de celles de la ligne des tirailleurs, soit de celles de la position principale, selon la situation qu'elles occupent dans l'ensemble.

Il résulte de cette rapide analyse que la première ligne doit s'étendre à travers les plateaux et les vallons, non sans doute sous la forme d'une ligne continue telle que l'entendait l'école classique, mais en utilisant tous les obstacles du terrain et en les remplaçant, là où ils font défaut, par des obstacles artificiels ou par des tranchées, de manière à présenter une constitution technique en harmonie avec ce rideau flottant de tirailleurs qui joue un si grand rôle dans les combats modernes. Les points d'appui, au contraire, négligeant les vallons où ils seraient dominés et où ils ne pourraient se protéger les uns les autres à cause des hauteurs qui viendraient s'interposer entre eux, se portent sur les plateaux dont ils occupent toutes les crêtes. Lorsque ces crêtes sont trop éloignées les unes des autres pour que les redoutes qui les couronnent se protégent mutuellement, alors, mais alors seulement, il y a lieu d'établir des points d'appui intermédiaires sur les versants des plateaux. Ces points d'appui, moins importants que ceux des crêtes, doivent être moins étendus, et les emplacements les plus favorables à leur donner sont les bords des plateaux, afin qu'ils contribuent à la défense des vallons, ou des positions situées à bonne portée de mousqueterie de ces bords, pour atténuer l'inconvénient de l'angle mort qui s'y prononce. Ce que nous disons ici pour la dernière ligne est applicable, jusqu'à un certain point, aux lignes intermédiaires qui, elles aussi, doivent être constituées de manière que leurs ouvrages aient une action réciproque aussi complète que possible les uns sur les autres.

On voit par là que, dans le cas dont nous nous occupons, les différentes lignes d'une position retranchée ne se présentent plus sur tout leur développement dans des conditions uniformes, contrairement à ce que nous avons constaté dans le premier cas traité. Il y a donc lieu de pousser notre analyse plus loin et d'examiner les différences constitutives qui doivent exister, dans chaque ligne, entre les parties situées sur les plateaux et celles qui s'étendent dans les vallons.

Concentration de la défense sur les plateaux.

Étant admis le principe tactique qui fait des hauteurs les clefs d'une position; étant admis que les points d'appui de la dernière ligne y doivent être établis; étant admis, enfin, que l'attaque doit se porter sur le plateau et négliger le vallon, où il n'y a que du sang à répandre sans succès décisif à espérer, on en conclut que les redoutes établies sur les crêtes des plateaux deviennent les centres de systèmes défensifs particuliers, et que les retranchements établis dans les vallons intermédiaires ne forment plus guère que des « lignes de communication, » dont l'objet le plus clair est d'empêcher les attaques d'envelopper les ouvrages établis sur les plateaux. On voit par là qu'il est possible de réaliser une économie considérable d'hommes, de matériel et de main-d'œuvre dans le vallon en y réduisant le nombre des lignes de défense; il y a plus : les retranchements qui y sont établis n'offrant aucun appui latéral aux défenses du plateau, il ne peut y avoir d'inconvénient à les retirer en arrière de la ligne de front, ce qui permet de les simplifier encore en les plaçant dans un rentrant où l'assaillant ne peut s'engager sans courir à sa perte. Il en résulte qu'une position coupant perpendiculairement à leur direction une

Défense des vallons

CHAP. II.

série de plateaux et de vallons plus ou moins nombreux, ne doit offrir une organisation défensive complète que sur les hauteurs : dans les vallées, cette organisation doit être largement simplifiée, surtout lorsque les retranchements qui s'y développent, placés en retraite par rapport à la ligne de front, sont protégés à revers par des ouvrages établis sur les bords des plateaux[1].

Défense d'une vallée d'une grande largeur.

Nous devons enfin examiner la circonstance où la hauteur se raccorde non plus avec un vallon, mais avec une vallée d'une grande largeur, — la ligne de front étant toujours supposée perpendiculaire aux courbes de niveau. Dans cette hypothèse encore, il y a lieu de suivre les indications que nous venons de donner, c'est à dire de tracer les ouvrages de la vallée en retraite par rapport à ceux de la hauteur. En effet, les premiers, dominés par l'assaillant établi sur le bord du plateau, sont relativement faibles. D'un autre côté, les

[1] La partie de l'enceinte de Sébastopol qui était comprise entre la redoute Schwartz et l'ouvrage Malakhow constitue l'exemple le plus remarquable à citer d'une position à cheval sur une succession de hauteurs et de vallons et, en même temps, la confirmation la plus complète de notre théorie.

placer sur la ligne de front même (ou en saillie sur cette ligne) dans l'espoir de procurer un appui latéral aux retranchements du plateau, ne servirait qu'à les rendre plus faibles encore sans renforcer ces derniers que la crête du versant cache aux vues prises des parties basses. Ceci s'applique à la partie de la vallée située à proximité de la hauteur ; car, en ce qui concerne la partie qui se trouve hors de portée du plateau sa défense doit évidemment être organisée d'après les principes établis pour les terrains plats.

III

Cas où la position coupe obliquement les courbes de niveau.

Sa solution procède de celle des cas précédents.

Abordons enfin le cas où la ligne de front de la position coupe obliquement les courbes de niveau du terrain. Ce cas est intermédiaire entre ceux que nous venons de traiter et, par conséquent, il doit être résolu par une combinaison des principes énoncés pour chacun d'eux. Mais, en outre, il y a lieu de rechercher si cette solution ne comporte pas l'application de principes particuliers, et c'est à cet examen que nous allons nous livrer.

CHAP. II.

Principe spécial qui lui est applicable

Les relations tactiques, tant en profondeur qu'en largeur, qui existent entre des ouvrages établis sur un plateau ne subissent pas de modifications par suite de l'obliquité de la position par rapport à sa crête; cette proposition se conçoit assez facilement pour qu'il soit inutile de la démontrer. Rien n'empêche donc de faire suivre aux retranchements des plateaux la direction de la ligne de front. Mais il n'en est pas tout à fait de même en ce qui concerne les retranchements qui traversent les vallons; en effet, par suite du manque de protection latérale que les parties basses offrent aux parties hautes, celles-ci ont un de leurs flancs en l'air, flanc que l'assaillant peut envelopper en se plaçant sur le plateau opposé et qui par là se trouve dans des conditions défavorables. On ne peut rétablir l'équilibre qu'en traversant le vallon normalement à sa direction, de telle sorte que les ouvrages établis sur les bords des plateaux, de chaque côté du vallon, s'offrent une protection réciproque équivalente. Nous pouvons en déduire ce principe, que « chaque fois qu'une position traverse obliquement des ondulations de terrain, il est avantageux, pour en équilibrer les forces, de tracer sa ligne de front en une sorte de crémaillère dont les branches soient tour à tour obliques par rapport aux crêtes sur les plateaux, et normales à la direction des thalwegs dans les vallées. »

L'application des principes exposés appartient à la pratique.

Tels sont les principes généraux que l'étude des formes du terrain, d'une part, la généralisation théorique de nos observations, de l'autre, nous ont permis d'établir. A ne considérer la question qu'au point de vue géométrique, on pourrait la croire épuisée, car une ligne de front ne peut qu'être parallèle, perpendiculaire ou oblique aux courbes de niveau d'une ondulation. Mais nous avons dit déjà que la question se compliquait de l'existence d'accidents secondaires, et nous pouvons ajouter que les accidents principaux eux-mêmes se croisent, s'embranchent les uns sur les autres et se modifient à chaque pas, de manière à offrir des combinaisons que l'analyse théorique est impuissante à embrasser. C'est là que se rencontre précisément la limite séparant la théorie de la pratique : découvrir des principes en poussant l'analyse aussi loin qu'elle peut aller, tel est le rôle de la première; appliquer ces principes à une hypothèse déterminée et, pour cela, les modifier et les compléter sans cesse, est celui de la seconde. Ce travail implique « création ; » mais cette condition est commune à la pratique de tous les arts, et l'art de la guerre n'y échappe pas plus que les autres.

CHAPITRE III

HYPOTHÈSE

CHAP. III.

Invasion supposée de la Belgique.

Une guerre ayant éclaté inopinément entre la France et l'Allemagne [1], une de ces deux puissances a violé la neutralité de la Belgique, et ses armées, traversant notre territoire, sont allées porter la guerre en pays ennemi.

L'armée belge se retire sur Anvers.

Stricte observatrice des traités qui lui prescrivent de se déclarer contre le belligérant qui franchit le premier sa frontière, la Belgique a déclaré la guerre à l'envahisseur; mais son armée, trop faible pour s'opposer à l'invasion et surprise

[1] La nécessité de renfermer dans l'hypothèse toutes les données de la question nous force à faire usage de noms propres. C'est le seul moyen de fixer les idées sur la direction des lignes d'opérations, direction dont la connaissance est indispensable tant pour justifier les mesures prises que pour projeter celles à prendre.

CHAP. III.

d'ailleurs par les événements, s'est repliée sur Anvers, où elle s'est mobilisée aussi rapidement que le lui a permis son organisation.

Profitant de ces circonstances, l'ennemi s'est établi dans le pays et s'est hâté d'y organiser un système de défense pour protéger ses derrières et ses lignes d'opérations contre toute entreprise que l'armée belge, soit isolée, soit réunie à des contingents étrangers, pourrait tenter.

Le blocus d'Anvers est jugé inutile.

Le moyen le plus simple de réduire l'armée belge à l'inaction eût été de la bloquer dans Anvers; mais l'ennemi n'a pas jugé opportun d'y recourir. Au début des hostilités, il pouvait craindre, en effet, que l'Angleterre et le royaume des Pays-Bas ne prissent parti pour la Belgique et, dès lors, le blocus d'Anvers n'aurait eu d'autre résultat que d'immobiliser des forces considérables, — l'armée belge pouvant gagner le Brabant Septentrional par l'Escaut et les polders, y faire sa jonction avec l'armée néerlandaise et les contingents anglais et, ainsi renforcée, remonter la vallée de la Meuse et le couper de sa base d'opérations par l'occupation de Maestricht, de Liége, de Namur et de Charleroy.

Un autre motif a détourné l'ennemi du blocus

d'Anvers. N'ignorant pas qu'à toutes les époques de l'histoire les Belges ont fait les plus grands efforts pour conserver leur autonomie, il s'attendait à rencontrer dans la population une hostilité sourde qu'une occasion favorable suffirait à faire éclater. Pour contenir cette hostilité à l'état latent, il devait, au lieu de concentrer toutes ses forces à l'extrémité du pays, en occuper plutôt les grands centres de population ainsi que les positions stratégiques les plus importantes au point de vue de la conduite de ses opérations, et surveiller les espaces intermédiaires au moyen de corps mobiles destinés à étouffer dans leur germe toutes les tentatives d'insurrection.

L'ennemi s'établit sur le territoire.

Aussi est-ce à ce dernier parti que l'ennemi s'est arrêté; et, tant pour réduire dans la mesure du possible son armée d'occupation que pour se procurer, en cas d'insuccès au delà des frontières belges, une ligne de défense avancée, il a entouré de fortifications provisoires ou de campagne quelques villes importantes soit comme centres de résistance en cas de soulèvement de la population, soit comme positions stratégiques commandant sa ligne d'opérations principale.

CHAP. III.

Importance de Bruxelles pour l'ennemi.

Parmi ces villes, Bruxelles a été spécialement l'objet de son attention. Par sa population nombreuse et particulièrement intéressée au maintien de la nationalité belge, par l'influence morale qu'elle exerce sur le restant du pays, cette ville serait rapidement devenue une source d'embarras pour un envahisseur qui aurait négligé de l'occuper d'une manière continue. Comme position stratégique, elle est d'ailleurs d'une grande importance pour l'ennemi : en effet, placée entre Anvers et la vallée de la Meuse, elle constitue, pour le cours moyen de ce fleuve, une ligne de défense avancée; de nombreuses lignes de chemins de fer s'y croisent dans tous les sens; enfin, située non loin d'Anvers, elle peut servir de position de retraite aux troupes chargées d'observer cette forteresse.

Il se décide à s'y fortifier.

Aussi Bruxelles a-t-il été entouré d'une ceinture de redoutes provisoires établies sur les hauteurs qui commandent cette ville, à l'est et à l'ouest, de chaque côté de la Senne; les emplacements de ces redoutes ont été choisis de manière à découvrir le mieux possible non-seulement le terrain extérieur, mais encore l'intérieur du camp retranché dans toute la zone non bâtie.

Cependant, les résultats indécis de la lutte qui se poursuit entre les armées française et allemande ont forcé l'ennemi à réduire jusqu'à la dernière limite les troupes qui occupent la Belgique, et l'armée belge, — dont la mobilisation est terminée, — saisit cette occasion favorable pour prendre l'offensive.

L'armée belge prend l'offensive.

Afin de parer à cette éventualité prévue, l'ennemi a laissé à Bruxelles un corps de troupes d'un effectif inférieur à celui de l'armée belge, mais assez nombreux pour inquiéter sérieusement ses derrières si elle tentait de se porter directement sur la ligne de la Meuse. Par là, il a espéré conserver sa ligne d'opérations intacte jusqu'à ce que de nouveaux succès lui permettent de reprendre, en Belgique, un ascendant qui lui a échappé.

Son plan d'opérations.

Ses prévisions se sont réalisées : le général en chef de l'armée belge a reconnu qu'il y aurait imprudence à marcher sur Namur ou sur Liége, — points dont l'ennemi s'est emparé et où il s'est fortement établi, — sans laisser un corps d'observation devant Bruxelles pour en contenir la garnison et couvrir ses propres lignes d'opérations, peu distantes, dans les deux cas, de cette ville. Il a également reconnu qu'ainsi réduites, ses forces

CHAP. III.

deviendraient insuffisantes pour opérer dans la vallée de la Meuse, dont l'ennemi occupe les points stratégiques et qu'il peut facilement défendre en détachant momentanément un corps de son armée principale. Le général en chef s'est donc vu forcé de plier ses combinaisons à celles de l'ennemi, et il s'est résolu à mettre le siége devant Bruxelles.

Le siége de Bruxelles est décidé

Envisageant ensuite cette opération en elle-même, le général en chef en a pesé les avantages, les difficultés et les conditions. Il a jugé que la certitude d'immobiliser un corps de plus de trente mille ennemis avec l'espoir fondé de le voir tomber tout entier entre ses mains ; que l'effet moral produit par la réoccupation de la capitale du pays ; qu'enfin, la possession d'une forteresse constituant une excellente base d'opérations pour ses entreprises ultérieures dans la vallée de la Meuse, méritaient que l'armée belge concentrât tous ses efforts sur ce siége, — seul but objectif, au surplus, qu'elle pût se proposer, car l'allié naturel et forcé de la Belgique, absorbé par le soin de sa propre défense, ne nous ayant apporté aucun secours, ne devait pas s'attendre à voir l'armée belge quitter notre territoire pour lui donner un appui que nous n'avions pas trouvé en lui-même.

Avantages de cette opération.

Considérant ensuite l'entreprise au point de vue de ses difficultés et de ses conditions, le général en chef n'a pas tardé à constater qu'elle se présentait avec un caractère exceptionnel. Le moyen le plus expéditif de s'emparer d'une forteresse de quatre cent mille âmes, défendue par une garnison étrangère et même ennemie de trente mille hommes, est un bombardement énergique qui soulève la population et qui, par là, met la garnison entre deux feux; mais ce procédé d'attaque a dû être rejeté, une armée ne pouvant ainsi attenter à l'existence et aux biens de ses propres concitoyens. Il a donc été nécessaire de choisir une autre voie pour réduire la ville : cette voie a été celle du blocus. En temps de paix, Bruxelles ne possède pas d'approvisionnements de vivres, et le passage des armées étrangères, joint à une occupation ennemie prolongée, ont épuisé le pays au point qu'il a été impossible à la garnison de réunir les vivres nécessaires pour supporter un siége de quelque durée. Instruit de ce fait, le général en chef a donc choisi ce mode d'attaque qui fera tomber la garnison entière entre ses mains sans grande effusion de sang; mais ce résultat ne pourra être obtenu que par l'établissement d'une

Elle doit consister dans un blocus.

CHAP. III.

contrevallation assez fortement constituée pour déjouer toute tentative de la garnison en dehors de la ligne de ses forts, assez solide pour l'empêcher de se faire jour lorsqu'avec l'épuisement des provisions de bouche sonnera l'heure de la capitulation.

Ce n'est pas tout. Le général en chef projetant une entreprise à proximité de la ligne d'opérations principale de l'ennemi, a prévu le cas où celui-ci, profitant d'un temps d'arrêt dans ses opérations au delà de la frontière belge, enverrait un corps de troupes sur ses derrières pour débloquer la place. Il a prévu aussi le cas où l'ennemi, ayant rassemblé une nouvelle armée pour renforcer sa situation sur le théâtre d'opérations principal, profiterait de son passage par la vallée de la Meuse pour faire une pointe vers Bruxelles. Le général en chef a jugé que, dans les deux cas, le blocus ne devrait pas être interrompu, — la continuité étant la condition essentielle d'une opération de ce genre, — et il en a conclu que l'investissement de Bruxelles devait comporter une circonvallation assez solide pour qu'une armée ennemie, même de force égale à la nôtre, ne pût nous forcer à lever le siége.

Nécessité d'une circonvallation.

Le général en chef a pensé, enfin, que la circonvallation serait d'une très-grande utilité dans le cas où l'ennemi, battu au delà de la frontière et s'en retournant par la Belgique, ferait les plus grands efforts pour ressaisir les chemins de fer passant par Bruxelles et pour relever les garnisons éparses dans le pays. Devant cette nouvelle invasion, l'armée belge serait obligée de se retirer à Anvers si elle ne pouvait se maintenir pendant quelque temps dans ses lignes, et il est hors de doute qu'elle perdrait par là tous les avantages acquis, tant à son point de vue propre qu'à celui de son allié. CHAP. III.

Telles sont les considérations qui ont amené le général en chef à mettre le siége devant Bruxelles.

Marche de l'armée belge sur Bruxelles.

L'armée belge, forte de 5 divisions, a quitté les environs d'Anvers où elle était cantonnée, et la 3e division, commandée par le lieutenant-général A, a reçu l'ordre d'occuper le terrain qui s'étend à l'est de la ville depuis Saventhem jusqu'à la forêt de Soignes, c'est à dire le « secteur Saventhem—Boitsfort. »

Secteur assigné à la 3e division.

Composition de cette division.

La 3e division se compose des 5e et 6e brigades d'infanterie, fortes chacune de 2 régiments à 3 bataillons ; — d'un bataillon de carabiniers ; — d'un

CHAP. III.

régiment de cavalerie à 4 escadrons; — de 8 batteries montées à 6 pièces (y compris une partie de l'artillerie de réserve); — de 2 compagnies du génie, — et des services accessoires dans la proportion nécessaire. Des pièces de position de 9 et de 12 centimètres, ainsi que les troupes d'artillerie de siége que réclament leur service seront, en outre, mises à la disposition du général commandant, sur la demande qu'il en fera après avoir reconnu la position.

Son effectif.

Les effectifs moyens étant de 900 hommes par bataillon d'infanterie, de 140 cavaliers par escadron, de 215 hommes par batterie montée, de 160 hommes par compagnie du génie, et les services accessoires, ainsi que les états-majors, étant portés au chiffre de 850 hommes, il en résulte que la division comporte, non compris les troupes d'artillerie de siége, un effectif total de 15,150 hommes.

Observation sur la densité du réseau d'investissement.

La position d'avant-postes comportant une étendue de 11 kilomètres, il en résulte que la densité du réseau d'investissement du secteur est de 1.4 homme environ par mètre courant. Cette proportion est faible; mais il faut remarquer que la densité du réseau ne doit pas être uniforme tout autour de la place; qu'elle doit être, au contraire, proportionnée aux difficultés du terrain. Sous ce rapport, le secteur Saventhem — Boitsfort se présente dans des conditions exceptionnellement favorables, et c'est ce qui a engagé le général en chef à disséminer ses forces de ce côté pour être à même de les concentrer davantage sur la partie ouest de la ville, laquelle se présente dans des conditions beaucoup moins avantageuses pour la défense[1].

Situations respectives des deux partis.

Les indications qui précèdent demandent à être complétées par quelques données sur la situation respective des deux partis au moment où

[1] Dans la composition d'une hypothèse, il est souvent nécessaire de s'écarter quelque peu de la vraisemblance, et cela n'offre pas un grand inconvénient lorsqu'on ne touche pas aux conditions essentielles du problème. Or, c'est ici le cas : les ouvrages à élever ne dépendent nullement de l'effectif de la division, car le principe classique qui prescrit de proportionner l'étendue des retranchements au nombre des troupes qui doivent les occuper n'est plus vrai aujourd'hui. La question doit donc être traitée indépendamment des effectifs, et c'est ce qui nous a permis de choisir un terrain assez étendu pour présenter des cas particuliers nombreux. — Au surplus, nous croyons à la possibilité de défendre le secteur Saventhem—Boitsfort avec l'effectif indiqué, et notre opinion sera probablement partagée par tous ceux qui examineront soigneusement le terrain et qui liront attentivement le chapitre XXIII de notre Traité de fortification passagère.

CHAP. III.

commence le travail d'application, c'est à dire celui où l'assiégeant a refoulé les avant-postes de l'assiégé aussi près que possible de la ligne des forts, dans le but de resserrer l'investissement et de profiter des accidents favorables du terrain. C'est ce que nous allons faire en nous aidant du plan annexé à l'ouvrage.

Vallées servant de position d'avant-postes à l'assiégé.

Les emplacements des forts provisoires qui couronnent les hauteurs situées à l'est de Bruxelles ont été déterminés d'après une reconnaissance sur laquelle nous entrerons plus loin dans tous les détails nécessaires. Nous nous bornerons donc à dire ici qu'ils occupent la crête du plateau séparant la vallée du Maelbeek de celles du Veeweydebeek et de la Woluwe. Celles-ci, s'étendant à peu près parallèlement à la ligne de front du camp retranché et s'en rapprochant même vers le sud à une distance qui n'excède pas 800 à 1,200 mètres (mesurés à partir de leurs thalwegs), constituent des positions avancées favorables à l'établissement de la ligne d'avant-postes de l'assiégé; elles présentent, en effet, des obstacles nombreux, faciles à mettre en état de défense et que l'artillerie établie sur le plateau opposé ne peut atteindre de plein fouet. Mais ces positions n'ont pas une importance moins grande pour l'assiégeant ; car si l'on se rapporte à ce que nous avons dit, dans le chapitre précédent, sur les propriétés tactiques des terrains ondulés, on voit immédiatement que le fond et les versants de ces vallées sont soustraits aux vues prises des forts, et qu'il suffirait de rejeter l'assiégé dans sa position principale pour l'enserrer de très-près et occuper une position à peu près inexpugnable.

Leur importance pour l'assiégeant.

C'est pourquoi le général commandant s'est décidé à faire les plus grands efforts pour s'emparer de ces vallées. Après s'être assuré que la forêt de Soignes n'était pas occupée par l'ennemi, il en a fait surveiller la lisière et a dirigé une partie de ses forces sur Boitsfort, par les routes de Mont-Saint-Jean à Malines et de La Hulpe. Repoussant les postes avancés de l'ennemi, ce corps s'est emparé du plateau des Trois-Tilleuls, où il a aussitôt établi une batterie, — un peu en arrière de sa crête, — afin d'enfiler la vallée de la Woluwe et de couvrir Auderghem d'obus. Une autre batterie, placée dans le rentrant que forme la forêt le long des étangs de Rouge-Cloître, n'a pas tardé à provoquer l'évacuation de Lammerendries. Les masses d'infanterie, cachées jusque-là

Le général commandant se décide à s'en emparer.

Opérations exécutées dans ce but :

Au sud de la forêt de Soignes ;

CHAP. III.

en arrière de la crête du plateau, l'ont alors rapidement franchie et, bravant à 1,600 mètres le feu des forts, elles sont descendues dans la vallon de Spoel dont elles ont chassé l'ennemi après un combat aussi long qu'acharné. Le succès obtenu sur ce point n'a pas été poussé plus avant, attendu que la partie de la vallée du Veeweydebeek comprise entre Boendael et Watermael se présente dans des conditions moins favorables à la défense que le vallon de Spoel, et qu'en outre, n'étant pas distante de plus de 800 mètres de la redoute n° 1, il serait impossible de s'y maintenir.

Au nord de cette forêt.

Les opérations préliminaires de l'investissement au nord de la forêt de Soignes, bien que s'étant accomplies avec une moindre effusion de sang, ont eu un résultat tout aussi favorable. Saventhem, situé à 4,500 mètres de la redoute n° 4, n'était pas occupé, et une démonstration a suffi pour faire évacuer Woluwe-Saint-Étienne. L'attaque des villages de Woluwe-Saint-Lambert, de Woluwe-Saint-Pierre et des localités en aval, préparée par des batteries qui sont venues se placer dans la vallée pour la battre suivant sa longueur, s'est promptement terminée à l'avantage de l'assaillant. Aussi, à la chute du jour, les seules positions que l'assiégé eût conservées en dehors de la ligne des forts étaient-elles le village de Roodebeek et la partie de la vallée de la Woluwe qui s'étend depuis Auderghem jusqu'au château de Val-Duchesse. Mais cette dernière position, bien qu'éloignée de 1,200 mètres seulement de la redoute n° 2, était intenable malgré les obstacles qu'elle présentait, car elle était enfilée dans les deux sens et prise à revers par nos troupes occupant Watermael; aussi, l'ennemi s'est-il décidé à l'évacuer pendant la nuit [1].

Évacuation d'Auderghem par l'ennemi.

Quant au village de Roodebeek, l'ennemi n'y avait d'abord laissé qu'un faible détachement, car il prévoyait que l'assiégeant ne pourrait l'occuper à cause de sa proximité (2,000 mètres) de la redoute n° 3 qui en découvre parfaitement les abords. C'est ce qu'avait également jugé le général commandant, et c'est pourquoi aucune tentative n'avait été faite pour occuper ce poste. Par la suite cependant, ayant appris que des tirailleurs logés

Roodebeek est ultérieurement rasé.

[1] En temps de guerre, cette évacuation nocturne serait accompagnée de la destruction aussi complète que possible de tous les obstacles abandonnés; mais nous supposons que, pour une cause quelconque, — imprévoyance ou ineptie, — cette précaution n'ait pas été prise. Le lecteur comprendra facilement la raison qui nous fait admettre cette hypothèse.

CHAP. III.

dans les premières maisons du village inquiétaient ses communications le long de la vallée, le général commandant a décidé de raser Roodebeek, ce qui a été exécuté la nuit suivante par un corps de troupes qui en a chassé l'assiégé et ne s'est retiré qu'après avoir mis le feu au village et avoir rendu les dégâts irréparables.

Conclusion.

La première journée de l'investissement a été si chaude que le général commandant, absorbé par le soin de diriger les opérations, n'a pu procéder à la reconnaissance qui doit servir de base aux combinaisons défensives. Le soir même, d'ailleurs, une partie du terrain à reconnaître était encore occupée par l'ennemi. Mais le lendemain, de grand matin, il est monté à cheval et, accompagné de son état-major, il a parcouru le secteur dont la défense lui a été confiée. Il a chargé son commandant du génie, le lieutenant-colonel B, de consigner dans un rapport le résultat de sa reconnaissance ainsi que certains détails supplémentaires à relever par cet officier lui-même. Les considérations relatives à cette reconnaissance et à ce rapport feront l'objet des chapitres suivants.

CHAPITRE IV

CONSIDÉRATIONS GÉNÉRALES SUR LES RECONNAISSANCES

CHAP. IV.

Reconnaissances spéciales; leur but.

On sait que la conception et l'exécution de toute opération de guerre exigent la réunion de renseignements nombreux et de diverses natures; on sait aussi que les travaux exécutés dans le but de les réunir constituent ce que l'on est convenu d'appeler des « reconnaissances spéciales, » ou plus simplement, des « reconnaissances. »

On y distingue la composition du programme et l'exécution.

Tout travail de reconnaissance comporte deux parties : la première consiste dans la détermination des renseignements à recueillir; la seconde dans l'opération même par laquelle on arrive à se les procurer. Dans toute reconnaissance, il y a donc lieu de distinguer la composition du « programme » et « l'exécution. »

CHAP. IV.

Cette distinction est toujours réelle.

Généralement ces deux parties ne sont pas traitées par le même officier : un chef compose le programme et un subalterne exécute. Mais alors même que cette division n'existe pas matériellement, — ce qui arrive lorsque le chef qui conçoit le programme de la reconnaissance procède lui-même à l'exécution, — la distinction établie n'en subsiste pas moins, quoique, en fait, elle devienne purement intellectuelle.

Conditions qui en résultent pour la théorie.

La théorie, — dont le but est ici comme ailleurs d'exposer les principes en vue de leur application directe aux choses de la guerre, — doit être établie en tenant compte de cette distinction dont tout esprit judicieux saisira facilement la portée; elle doit aborder séparément le programme et l'exécution, établir leur corrélation, et c'est à cette condition seulement qu'elle peut constituer une préparation efficace à la pratique.

But de ce chapitre.

Or, cette condition n'est pas remplie par la théorie généralement adoptée; c'est du moins ce que nous allons essayer de prouver dans ce chapitre, tant par le raisonnement que par la voie expérimentale; puis, nous efforçant de placer le remède à côté de la constatation du mal, nous rechercherons la base sur laquelle doit être établie une théorie réellement pratique des reconnaissances, et nous pousserons notre étude assez loin pour nous permettre d'aborder enfin de plain-pied l'étude du cas particulier relatif à l'hypothèse qui sert de thème à nos développements.

Base défectueuse de la théorie usuelle.

Elle n'embrasse qu'une des faces de la question.

Nous avons dit que « reconnaître » c'est « voir et apprécier. » Cette définition est exacte en elle-même, mais elle est incomplète du moment qu'on y substitue le mot « reconnaissance » au mot « reconnaître, » car elle ne vise que l'exécution, tandis que toute reconnaissance comporte, en outre, le travail préparatoire du programme. C'est cependant sur cette définition qu'on a essayé de fonder la théorie des reconnaissances spéciales : pour enseigner à voir et apprécier, les théoriciens ont considéré successivement tous les objets (ce mot étant pris dans son sens le plus général) doués de propriétés militaires ; ils ont décrit ces propriétés et les ont appréciées aux points de vue les plus divers. Or, les objets sur lesquels peuvent se porter les reconnaissances étant extraordinairement nombreux, et chacun d'eux présentant des propriétés militaires multiples, susceptibles, à leur tour, d'être examinées à des points de vue très-

CHAP. IV.

divers, il en résulte qu'un traité conçu d'après un tel plan est une œuvre aussi vaste que difficile à mener à bonne fin. Cependant, la littérature militaire est riche en ouvrages de ce genre, et l'on peut en citer plusieurs, très-estimés, où la matière est traitée ex professo avec tous les développements qu'elle comporte.

Cette théorie est insuffisante pour la pratique.

Mais quelles que soient la science et l'érudition de l'auteur, la clarté de son exposition, la justesse de ses aperçus, l'esprit judicieux dont il a fait preuve, un pareil traité, par son plan même, est impropre à une application pratique immédiate. Une reconnaissance, si peu importante qu'elle soit, embrasse toujours la considération de plusieurs objets, objets que, par contre, l'on ne doit pas examiner sous toutes leurs faces, mais bien à un point de vue parfaitement déterminé qui n'en laisse découvrir qu'un petit nombre. La détermination des objets sur lesquels la reconnaissance doit se porter, celle des points de vue auxquels ces objets doivent être envisagés, sont des questions d'une importance primordiale et sur lesquelles, cependant, la théorie reste muette. Elle est donc comparable à une mine contenant tous les matériaux nécessaires à la construction d'un édifice, mais qu'on ne peut utiliser faute de moyens pour les mettre en œuvre.

En somme, cette théorie qui prétend aborder la question dans toute sa généralité, ne l'embrasse en réalité que sur une de ses faces, et même sur sa face la moins importante : nous le prouverons plus loin ; mais dès maintenant nous allons l'apprécier au point de vue de ses résultats pratiques, et nous verrons la voie expérimentale nous conduire à la même conclusion que l'examen rationnel auquel nous venons de nous livrer.

Preuves tirées de l'expérience.

Le major Cambrelin, qui a rempli les fonctions de chef d'état-major d'une de nos divisions pendant la mobilisation de 1870-71, s'exprime en ces termes dans un ouvrage sur les reconnaissances militaires : « Dans la pratique, les « officiers opèrent le plus souvent à l'aveugle, « sans se rendre un compte exact de l'importance du service qui leur est confié. N'ayant « que des données très-vagues sur le but « général qu'il s'agit d'atteindre, ils dressent « leurs mémoires dans des formes variées à « l'infini ; ils s'attachent à des détails d'une utilité « fort contestable, et ils négligent le principal,

Les reconnaissances sont presque toujours mal exécutées.

CHAP. IV.

« qui est d'examiner la question d'un point de « vue élevé [1]. »

Encore s'agit-il ici d'une espèce de reconnaissance parfaitement définie, — c'est-à-dire d'un itinéraire, — sur laquelle il a paru de nombreux traités spéciaux. Mais les résultats sont bien plus défectueux encore lorsque la reconnaissance se porte sur un objet moins connu. Alors, privés de guide, et dans le but, à coup sûr fort louable, de remplir aussi complétement que possible leur tâche en fournissant à leur chef tous les renseignements qu'ils croient pouvoir lui être utiles, les officiers puisent, sans y regarder, dans l'arsenal de leurs connaissances théoriques, et formant un volumineux entassement de considérations générales, d'observations particulières, de faits matériels, d'aperçus divers, ils manquent complétement le but en le dépassant de beaucoup. Aussi peut-on dire qu'en dehors des exercices de découverte, — dont l'heureuse habitude commence à se répandre dans nos régiments de cavalerie et dont l'exécution, souvent répétée, se conforme rapidement aux exigences du service

[1] Cambrelin, Conférence sur les reconnaissances militaires, p. V et suiv.

de guerre, — les travaux de reconnaissance, surtout ceux qui se rattachent à des sujets vastes et d'un caractère peu usuel, sont exécutés d'après des errements qui leur enlèvent toute valeur pratique.

Conséquences, pires encore, d'un programme mal posé

Mais les résultats sont bien pires encore lorsque le chef lui-même, ne se rendant pas un compte exact des conditions d'un travail de ce genre, fournit une donnée trop vague ou impose un programme dans lequel il fait entrer sans discernement toutes les idées qui se présentent à son esprit. Dans ces deux cas, la question dont l'étude est confiée à l'officier devient un monde où celui-ci, n'ayant ni étoile polaire, ni boussole pour se diriger, arrive forcément à parler *de omni re scibili et quibusdam aliis*, sur un sujet que dix pages suffiraient à épuiser complétement. Il est inutile d'ajouter qu'alors le chef lui-même est puni de son incapacité par la difficulté qu'il éprouve à découvrir dans ce compendium le renseignement, parfois unique, dont il avait besoin et pour lequel il a imposé à son subordonné un travail considérable; il peut s'estimer heureux encore lorsque, absorbé par mille objets, l'officier n'a pas précisément négligé celui-là même qui était réellement en question, et qu'il eût été si simple de lui indiquer tout d'abord.

La cause de ces faits réside dans la théorie.

Il est évident que, lorsqu'à propos d'une des parties les plus importantes du service de l'officier les mêmes défectuosités se reproduisent avec un tel caractère de généralité, la cause n'en doit pas être recherchée dans des incapacités personnelles. Elle réside nécessairement plus haut, et puisque l'application pèche par les vices mêmes qu'un examen rationnel nous a fait découvrir dans la théorie, c'est évidemment à celle-ci que nous devons l'attribuer. Mais est-il possible de remédier à ce mal? Nous le croyons, et nous allons rechercher la nature de la transformation par laquelle la théorie arriverait, selon nous, à répondre aux exigences de la pratique.

Comment on peut la faire disparaître.

Nous venons de prouver que la théorie usuelle, qui prétend embrasser la question des reconnaissances dans toute sa généralité en exposant l'entièreté des propriétés militaires de tous les objets susceptibles d'être reconnus, est pratiquement défectueuse parce qu'elle ne l'envisage qu'au seul point de vue de l'exécution, et parce que sa généralité même produit une confusion nuisible dans l'esprit de l'officier qui se trouve dans le cas de l'appliquer. Ces deux défectuosités de la théorie usuelle, — théorie que nous appellerons « générale » en ayant égard à sa tendance et par opposition aux « théories spéciales, » dont nous parlerons plus loin, — ces deux défectuosités, disons-nous, trouvent leur origine commune dans un manque de précision, c'est-à-dire dans l'absence du caractère essentiel à toute théorie pratique.

Les théories spéciales doivent remplacer la théorie générale.

Rendre la théorie plus précise, tel est donc le but clairement indiqué, et il est facile de l'atteindre en substituant à la « théorie générale » un ensemble de « théories spéciales » se rapportant chacune à une catégorie de questions ayant un même objet et pouvant être résolues par des moyens semblables.

Avantages des théories spéciales.

Par suite de cette définition même, une théorie spéciale permet d'embrasser à la fois l'étude du programme et celle de l'exécution ; elle permet d'approfondir l'examen de la matière traitée et de rejeter toutes les considérations qui lui sont étrangères. Par là, le manque de précision disparaît. Mais les théories spéciales offrent encore un autre avantage, sur lequel il est nécessaire d'insister. Les propriétés militaires des objets peuvent

CHAP. IV.

Propriétés abstraites et propriétés relatives des objets.

être considérées à un point de vue abstrait et à un point de vue relatif. De ces deux points de vue, quel est celui qui doit être préféré? Évidemment, le point de vue relatif. Une rivière a pour propriétés abstraites de constituer un obstacle et d'être une voie de communication; mais qu'importe sa valeur comme obstacle au général qui veut s'en servir pour conduire un matériel de siége devant une forteresse, et qu'importe sa valeur comme voie de communication à celui qui veut en couvrir ses cantonnements? Veut-on un autre exemple? Les propriétés militaires d'un vallon situé en avant d'un plateau défendu par nos ouvrages ne sont-elles pas toutes différentes, selon que nous pouvons occuper le vallon ou que nous sommes contraints de l'abandonner à l'ennemi? Or, la théorie générale ne peut étudier que les propriétés abstraites; les théories spéciales, au contraire, découvrent les propriétés relatives, et offrent, en outre, cet avantage d'habituer l'esprit à ne pas se contenter de vaines abstractions et à comprendre qu'une propriété militaire quelconque d'un objet n'a de valeur que par rapport au parti que les circonstances permettent d'en tirer.

Les théories spéciales rendent seules compte de ces dernières.

Elles constituent, par leur ensemble, un exposé complet de la question.

On pourrait objecter que les objets susceptibles d'être reconnus sont tellement nombreux et divers, qu'ils peuvent entrer dans une reconnaissance à tant de titres différents, qu'il faudrait établir un nombre considérable de théories spéciales pour en rencontrer toutes les propriétés militaires. Il est facile de réfuter cette objection en observant que c'est le propre de toute théorie de poser des classifications au moyen desquelles on groupe un ensemble de faits secondaires autour d'un fait principal. Au surplus, c'est, à notre avis, se faire une étrange idée de la théorie que de lui demander des solutions toutes faites pour toutes les questions qui peuvent être posées. Demande-t-on à un traité de tactique un ordre de bataille que l'on puisse appliquer à tous les terrains? Non, sans doute; et, dès lors, pourquoi demander davantage quand il s'agit de reconnaissances? C'est dans l'étude des batailles les plus célèbres que l'on apprend la grande tactique; ce doit être dans celle de reconnaissances diverses et habilement choisies qu'on apprendra à les exécuter. Et quant à l'application à un cas déterminé, — qu'il soit question de tactique ou de reconnaissances, — il ne servira guère de s'adresser à la théorie, si ses

CHAP. IV.

enseignements n'ont pas été complétés par une étude personnelle de la matière, c'est-à-dire par la pratique.

Elles se substituent peu à peu à la théorie générale.

Depuis que les études professionnelles se sont engagées dans la voie d'une application plus directe aux choses de la guerre, l'importance, la nécessité même des théories spéciales est tellement bien sentie, que les publicistes militaires, abandonnant les anciens errements, concentrent leurs efforts sur des sujets moins vastes, mais qui, par cela même, peuvent être mieux approfondis. La littérature militaire offre déjà d'excellents traités spéciaux, qui visent directement l'application à la guerre. Les itinéraires, notamment, ont fait le sujet de travaux d'une grande valeur[1], et nous engageant à notre tour dans cette voie, nous présenterons dans cet ouvrage des considérations assez étendues sur les reconnaissances des

Théorie spéciale exposée dans cet ouvrage.

[1] Parmi les traités spéciaux appartenant à cette catégorie, nous mentionnerons particulièrement l'ouvrage déjà cité du major Cambrelin. Nous pouvons d'autant mieux recommander à nos lecteurs l'étude de cette brochure, aussi riche de faits que concise dans la forme, que nous en avons nous-même tiré un grand profit pour la composition de la partie de cet ouvrage relative aux reconnaissances.

CHAP. IV.

Principes généraux applicables à toutes les théories spéciales.

positions au point de vue de leur organisation défensive par la fortification passagère. Mais avant d'aborder cette « théorie spéciale, » nous allons exposer les principes généraux qui nous paraissent applicables à toutes les théories de l'espèce et qui en constituent, pour ainsi dire, le fondement commun.

Ces principes sont faciles à découvrir, car ils découlent directement de l'examen du rôle qu'ont à remplir les reconnaissances dans la conduite des opérations, et afin d'en rendre plus claires la recherche et l'exposition, nous en diviserons l'étude en deux parties, correspondantes à celles dont nous avons constaté l'existence dans tout travail de reconnaissance : — parties que nous avons désignées par le terme de « programme » et par celui « d'exécution. » Cette étude formera la matière des deux chapitres suivants.

CHAPITRE V

DU PROGRAMME

Nous avons assez clairement montré l'importance du programme dans tout travail de reconnaissance pour que le lecteur ne s'étonne pas de nous voir traiter cette partie de la question avec quelques développements. Les détails mêmes dans lesquels nous allons entrer viendront à l'appui de notre thèse, en faisant voir qu'une reconnaissance est un problème indéterminé et, par conséquent, pratiquement insoluble, tant que ses données n'acquièrent pas un caractère de précision convenable.

CHAP. V.

Le programme doit indiquer l'objet de la reconnaissance.

Le chef qui donne l'ordre de procéder à la reconnaissance d'un objet (ce mot étant toujours

CHAP. V.

pris dans son sens le plus large), le fait évidemment parce que certains renseignements concernant cet objet lui sont nécessaires. Son premier soin doit donc être de le désigner clairement, en d'autres termes, d'indiquer « l'objet de la reconnaissance. » Mais cela suffit-il? Non, et un exemple nous servira à le prouver d'une manière irréfutable.

Cette indication est insuffisante.

Démonstration par un exemple.

Supposons qu'un général se trouve dans des circonstances qui lui permettent ou l'obligent de faire entrer une rivière dans ses combinaisons. Le travail de reconnaissance qu'il ordonnera dans le but de se procurer les renseignements jugés indispensables aura évidemment la rivière pour objet ; et en admettant qu'il se borne à signaler cet objet, il prescrira à l'un de ses officiers de « reconnaître la rivière. »

Or, un ordre ainsi donné n'est pas exécutable. En effet, une rivière peut être considérée à des points de vue tellement nombreux, même militairement parlant, qu'un état-major tout entier ne suffirait pas à les aborder tous. Ainsi :

1° Une rivière peut servir de ligne de défense, et alors il faut en examiner la valeur comme obstacle, tant à l'époque des hautes eaux qu'à celle de l'étiage; — étudier la configuration de sa rive amie au point de vue des ouvrages à y établir, de sa rive ennemie au point de vue des couverts et des positions dominantes ou dominées qu'elle offre; — étudier ses points de passage, ponts ou gués; décider s'il faut les défendre, les détruire ou les rompre, etc., etc.;

2° Une rivière peut servir de ligne d'opérations, et alors il faut l'examiner au point de vue de sa navigabilité tant en hiver qu'en été; — rechercher les moyens de transport qu'on peut y réunir, qu'ils proviennent de la rivière elle-même ou de ses affluents; — étudier les moyens d'en créer de nouveaux s'ils sont insuffisants, etc., etc.;

3° Une rivière peut se trouver en avant d'une armée opérant offensivement, et alors il faut étudier les moyens de passage qu'elle offre, les ponts non démolis à utiliser, les ponts démolis à réparer et ceux qui ne peuvent l'être; — examiner les points favorables à l'établissement de ponts d'équipage; ou sur bateaux du commerce, et alors tenir compte des ressources que l'on peut trouver sur la partie du cours dont on est maître; ou sur radeaux, et alors examiner les ressources en bois sur pied que présentent les rives, en bois abattu que contiennent

CHAP. V.

les chantiers, les entrepôts situés sur son cours; —mesurer la vitesse du courant; — examiner les points à occuper en avant pour arrêter les corps flottants lancés par l'ennemi, etc., etc. Et dans ce cas, on ne manquera pas de remarquer que tous ces points doivent être examinés d'une manière tout-à-fait différente selon que le passage doit se faire de vive force ou non;

4° Une rivière peut se trouver en arrière d'une armée opérant dans la défensive, et alors les mêmes questions à peu près doivent être étudiées, mais à des points de vue différents;

5° Une rivière peut couler parallèlement à une ligne d'opérations, et alors il faut en surveiller la rive ennemie, en détruire au besoin les moyens de passage, ou les conserver et les défendre si l'on veut s'assurer la possibilité d'opérer sur les deux rives, etc., etc.;

6° Une rivière peut servir à tendre une inondation, et alors il faut en mesurer le débit; — examiner la partie inondable de la vallée; — décider de l'emplacement à donner aux digues de barrage et de retenue, aux déversoirs; — examiner si l'inondation doit être défendue sur ses deux bords, ou sur l'un deux seulement; —

examiner les levées de terre qui, traversant la vallée ou courant parallèlement à la rivière, peuvent être utilisées pour tendre l'inondation; — voir si l'inondation ne peut pas être tendue par une simple rupture des digues qui bordent la rivière, ou par les écluses construites dans leur massif, etc., etc.

Loin d'avoir épuisé le sujet, nous nous arrêtons toutefois ici, car toutes ces considérations, quoique jetées sans ordre sur le papier et quelque incomplètes qu'elles soient, suffisent pour prouver qu'un ordre prescrivant simplement de « reconnaître une rivière, » est non-seulement inexécutable, mais encore dénué de toute signification. Comment donc lui donner un caractère pratique, une signification réelle? Ce ne peut être qu'en limitant, par l'indication de la nature de l'opération projetée, cette signification à l'examen de l'une des questions énumérées plus haut. En d'autres termes, l'indication de « l'objet » d'une reconnaissance demande à être complétée par celle d'un « but » formellement exprimé.

Cette indication doit être complétée par celle du but de l'opération.

Exceptions apparentes

On pourrait objecter que l'officier chargé d'un pareil travail ne se méprendra jamais sur ce but, et qu'il n'étudiera pas une rivière au point de vue d'une inondation à tendre lorsqu'elle se trouve en avant d'une armée opérant dans l'offensive. Sans doute; mais la question ne se présente pas toujours dans des termes aussi clairs, et au surplus, lorsque les conditions sont telles qu'une méprise n'est pas possible, on peut simplement en inférer que ce but étant connu, l'énonciation en est superflue; mais il n'en résulte pas moins que sa connaissance constitue une donnée indispensable du problème. Il peut arriver aussi que l'objet d'une reconnaissance soit tellement usuel, que personne n'ignore quels genres de renseignements elle doit procurer. Ce cas se présente, par exemple, dans un itinéraire, où il suffit d'indiquer la route à reconnaître et les points de départ et d'arrivée pour que l'officier sache parfaitement à quoi s'en tenir sur le travail qu'il doit exécuter; mais si dans ce cas comme dans le précédent, l'énonciation du but est inutile, c'est qu'elle est implicitement comprise dans celle de l'objet.

Le programme doit être explicite.

On peut en conclure qu'en dehors de ces reconnaissances usuelles, qu'en dehors du cas, très-rare, où la situation des affaires est tellement nette et tellement connue de tous, qu'elle ne laisse place à aucune hésitation dans l'esprit de l'officier, il est indispensable que l'ordre prescrivant une reconnaissance soit aussi explicite que possible, et le nom de « programme » que nous lui avons donné exprime parfaitement le caractère qu'il doit revêtir.

Son explicité doit être limitative.

Mais dans quel sens cette explicité du programme doit-elle être entendue? Est-ce à dire qu'il faille le surcharger, comme on le fait trop souvent, en y introduisant tout ce qui se rapporte de près ou de loin à la question? Non, sans doute. L'explicité, au contraire, doit être limitative; car le chef devant s'attendre à recueillir des renseignements d'autant plus complets qu'ils embrassent un champ plus restreint, il ne doit rien négliger pour limiter le travail en indiquant avec soin les bornes que sa propre conception lui assigne. Elle doit encore être limitative en ce sens que, par l'indication précise de ce qu'il demande, le chef est sensé écarter toutes les considérations relatives à ce qu'il ne demande pas. Il en résulte qu'à moins de s'égarer dans une nomenclature sans but et sans portée pratique, un programme est d'autant plus facile à traiter qu'il pénètre plus profondément dans le détail, ou si l'on

CHAP. V.

préfère, qu'il offre un caractère de précision plus accentué.

Écueil à éviter.

Mais en allant trop loin dans cette voie, on rencontre un écueil qu'il faut éviter à tout prix : c'est d'empiéter sur la théorie en entrant dans des détails que celle-ci a précisément pour but de fouiller. Veut-on, par exemple, reconnaître une rivière au point de vue de sa navigabilité; il est superflu d'introduire dans le programme la vitesse du courant, la profondeur des eaux aux diverses époques de l'année, l'état des chemins de halage, les dimensions des passes, etc., en un mot, l'un des éléments quelconques que la théorie spéciale correspondante indique comme ayant de l'influence sur la navigabilité. En citer quelques-uns serait même rendre la reconnaissance incomplète, car ayant admis que l'explicité doit toujours être prise dans un sens limitatif, il résulterait de cette énumération même que les éléments omis devraient être considérés comme placés en dehors de la question.

Responsabilité incombant au chef.

Entre l'alternative de dire trop peu, et par là d'imposer un travail trop étendu et sans utilité pratique, et celle de dire trop, et par là de rendre la reconnaissance incomplète et partant défectueuse, il y a un juste milieu difficile à saisir, et ce n'est pas trop d'une connaissance approfondie de la matière pour s'en tirer avec avantage. Nous avons donc eu raison d'attribuer à la capacité du chef une influence considérable sur le résultat définitif des reconnaissances, et nous irons même jusqu'à dire que la partie du travail qui lui incombe est plus difficile que celle attribuée au subalterne. D'ailleurs, un chef n'a pas le droit de s'étonner d'être mal servi quand il ne sait pas lui-même ce qu'il doit demander. Cette qualité de « savoir ce que l'on veut, » si nécessaire à la guerre, est malheureusement le lot du petit nombre, car il est plus difficile de commander que d'obéir, et les travaux de reconnaissance n'échappent pas à la généralité de cette loi.

Nous présenterons dans un chapitre subséquent un ordre-programme rédigé d'après les principes que nous venons d'établir. Cet exemple complétera nos indications et achèvera de fixer l'esprit du lecteur sur cet important objet.

CHAPITRE VI

DE L'EXÉCUTION

CHAP. VI.

Parties que l'analyse fait distinguer dans l'exécution.

Le thème d'une reconnaissance ayant été posé par l'indication d'un objet, limité par celle d'un but, fixé, en un mot, par un ordre-programme conçu d'après les indications du chapitre précédent, le rôle du subalterne chargé de « l'exécution » commence. Or, tout comme la première, cette seconde partie du travail fournit matière à des considérations d'une application générale quel que soit l'objet et le but de la reconnaissance, et cette fois encore, nous aurons recours à l'analyse pour séparer l'élément matériel de l'élément intellectuel, pour distinguer dans celui-ci les diverses opérations par lesquelles la pensée s'assimile le sujet et produit une création propre à

CHAP. VI.

une fin réelle, pour dégager enfin le détail pratique, dont l'importance est si considérable. A cet effet nous constaterons, dans l'exécution de toute reconnaissance, l'existence de quatre phases, savoir : l'étude du programme, — la préparation du travail, — les opérations sur le terrain, — et l'élaboration du rapport.

Elles sont toujours rationnellement distinctes.

Cette classification n'est pas l'œuvre du hasard ; elle résulte, au contraire, d'une étude analytique approfondie de la question. On s'en convaincra d'autant mieux que l'on avancera davantage dans la lecture de ce chapitre ; aussi nous bornerons-nous, pour le moment, à faire observer que si les quatre phases signalées paraissent parfois se confondre physiquement sous la pression des événements, elles n'en ont pas moins toujours une existence rationnellement distincte. Par exemple, le rapport peut être simplement verbal (ce qui, d'ailleurs, peut se produire également pour l'ordre programme); ou bien encore, l'étude du programme, la préparation du travail et les opérations sur le terrain peuvent être confondues dans la course d'un officier d'ordonnance qui se porte au galop de son cheval sur un point du champ de bataille; mais cette confusion apparente n'ôte rien à la valeur et à la généralité de notre analyse, car, même dans cette reconnaissance tout à fait élémentaire, il y a eu, de la part du chef, ordre donné ; de la part du subalterne, compréhension de l'ordre reçu, préoccupation au sujet des moyens matériels d'y satisfaire, et nécessairement opérations sur le terrain, le tout suivi d'un rapport, c'est-à-dire d'une communication faite au chef de ce qui a été vu ou apprécié.

C'est donc en suivant la classification dont nous venons de donner les termes, que nous allons aborder les considérations générales applicables à l'exécution des reconnaissances.

1° De l'étude du programme.

Nécessité d'étudier la lettre du programme

Il semblerait, à première vue, que rien ne soit plus facile que de se pénétrer des questions posées dans un programme de reconnaissance. L'expérience prouve cependant que, soit par négligence, soit par empressement à se rendre sur le terrain, les officiers n'en font souvent qu'une lecture superficielle. Ils ne remplissent ainsi qu'une partie de leur tâche ou en dépassent les bornes en fournissant des renseignements qui ne leur sont pas demandés. Cette seconde pratique — qui trouve fréquemment sa source dans un sentiment louable en lui-même — est tout aussi condamnable que la première. Il est donc important d'attirer l'attention sur ce point capital, et une simple recommandation peut paraître suffisante pour empêcher de commettre une faute qu'il est si aisé d'éviter.

Nécessité de se pénétrer de son esprit.

Mais ce n'est pas assez que les questions posées soient matériellement comprises — ni même qu'elles demeurent sans cesse présentes à la mémoire pendant toute la durée de l'opération — pour que le chef retire de la reconnaissance les résultats qu'il en attend. Si l'on se reporte, en effet, à ce que nous avons dit des conditions à remplir par le programme, si l'on se rappelle que toute question posée a une signification non absolue, mais relative à un ordre d'idées déterminé, on arrive forcément à conclure que l'officier doit, tout en restant fidèle à la lettre, se pénétrer de l'esprit de l'ordre reçu, et s'en pénétrer de manière à se mettre, pour ainsi dire, au lieu et place du chef appelé à diriger l'opération pour laquelle la reconnaissance est ordonnée. Par cette substitution mentale, l'officier parvient promptement à envisager chaque objet au point de vue de ses propriétés relatives à l'opération projetée, et par conséquent, à produire un travail véritablement utile.

C'est ainsi que l'ordre doit être étudié et compris, et par là même, on peut voir combien la moindre reconnaissance présente de difficultés, puisqu'elle exige une assimilation complète et élevée de la matière qui en fait l'objet, combien ceux qui par un zèle mal entendu ou par le vain désir de briller, entrent dans des considérations ne se rapportant pas directement à l'esprit du sujet, prouvent leur ignorance des conditions du travail qui leur est confié.

Examen des hypothèses particulières rentrant dans l'hypothèse générale.

Ce n'est pas tout encore. Quelle que soit sa précision, le programme — à supposer même qu'il soit conçu d'une façon irréprochable — comporte une certaine indétermination, résultat de l'indétermination inhérente à toute opération de guerre projetée. Un exemple éclaircira notre pensée. Admettons qu'il s'agisse de fortifier un champ de bataille sur lequel l'armée défensive est déjà en position : sans aucun doute, il est peu de problèmes qui se présentent avec un tel caractère de précision, et cependant l'hypothèse générale —

ou si l'on préfère, la « donnée » — comporte une foule d'hypothèses particulières auxquelles on ne peut satisfaire qu'en examinant les directions probables des attaques, les points sur lesquels elles seront vraisemblablement dirigées, les mesures à prendre dans l'éventualité d'un mouvement tournant, les nouvelles positions à occuper dans le cas où la première ligne serait forcée sur tel ou tel point, les points d'appui à occuper pour protéger la retraite dans le cas d'une défaite, etc. Que d'événements à prévoir, comportant chacun une solution particulière, alors qu'il faut arriver à une solution unique et générale! L'officier doit donc savoir distinguer entre « l'hypothèse générale » dans laquelle il faut se renfermer, et les « hypothèses particulières » qu'il faut prévoir et entre lesquelles il doit se mouvoir sans franchir les limites qui lui sont assignées. Il en résulte que l'étude préalable du programme, dans sa lettre et dans son esprit, dans sa limitation et dans ses développements possibles, n'est point la partie la plus facile de la tâche du subalterne, et c'est pourtant d'elle que dépend d'abord la valeur pratique du travail tout entier.

2° De la préparation du travail.

Préparation matérielle.

La préparation du travail comporte deux parties distinctes. La première est purement matérielle et nous ne nous en occuperons ici que pour la signaler. Ainsi, l'officier doit calculer approximativement la durée des opérations sur le terrain, afin de ne pas être pris au dépourvu sous le rapport de sa monture et des bagages à emporter[1]; si une escorte l'accompagne, il doit veiller à ce que des mesures administratives soient prises pour en assurer la subsistance, etc. L'autre partie de la préparation a un caractère plus intellectuel : elle consiste dans la réunion de tous les documents pouvant faciliter la mission et dans leur étude poussée aussi loin que le permettent leur valeur et leur exactitude. Rien de précis, d'ailleurs, ne peut être dit sur leur nature ni sur les conditions qu'ils doivent remplir, car ils

Réunion et étude des documents propres à faciliter le travail.

[1] Parmi les objets dont le subalterne en reconnaissance ne doit pas oublier de se munir, — objets dont nous voudrions voir tous les officiers «réglementairement» pourvus, — signalons une boussole de poche, de 2 à 4 centimètres de diamètre. L'officier doit aussi avoir sur lui un double décimètre pour mesurer les distances sur la carte.

CHAP. VI.

sont aussi divers que peut l'être l'objet même d'une reconnaissance. Cependant, nous nous arrêterons un instant à ceux dont l'utilité est la plus générale, c'est-à-dire sur les cartes topographiques, documents qui facilitent singulièrement le travail dans la majeure partie des cas, puisqu'il s'agit, le plus souvent de reconnaître un terrain ou les accidents et les obstacles qu'il présente.

Cartes topographiques militaires.

Les travaux exécutés depuis le commencement de ce siècle par les corps spéciaux des diverses armées européennes, ont fait faire à la topographie d'immenses progrès. On peut dès maintenant prévoir l'époque où le sol entier de l'Europe sera représenté dans ses moindres accidents avec la précision et l'exactitude incomparables que peut seul donner un travail entrepris par les États en dehors de toute idée de lucre. C'est donc aux cartes militaires du pays dans lequel on opère qu'il faut avant tout s'adresser. Mais il peut arriver que l'échelle de ces cartes ne soit pas convenable pour l'objet en question, et d'ailleurs, ces cartes elles-mêmes offrent, dans presque tous les pays, des reproductions à des échelles différentes. Il est donc nécessaire d'examiner quelle

La nature de la reconnaissance fixe le choix de l'échelle à adopter.

est l'échelle qu'il est préférable d'adopter selon la nature de la reconnaissance, tant pour fixer le choix de la carte militaire à employer que pour recourir aux cartes du commerce lorsque, parmi les réductions de la première, il n'en est aucune qui satisfasse aux conditions particulières du travail.

Dissertations au sujet de ce choix.

Nous prendrons pour thème de nos développements la carte militaire de la Belgique, publiée par le Dépôt de la Guerre, aux échelles de 1/160,000, de 1/40,000 et de 1/20,000.

La première de ces réductions, que l'on a eu l'heureuse idée, dans une récente édition, de compléter par le figuré du relief, est devenue, par cette amélioration même, un guide excellent pour les reconnaissances embrassant une grande étendue de terrain. C'est, par exemple, cette carte que nous voudrions voir d'abord consulter par un officier chargé de fortifier ou d'investir un point stratégique : dans le premier cas, elle permettrait de tracer la ligne de front du camp retranché, en tenant compte des grands mouvements du sol et en négligeant les ondulations secondaires qui influent tout au plus sur les emplacements exacts à assigner aux forts sur cette ligne ; dans le second, elle remplirait le même office pour le choix des positions de combat, elle suffirait souvent pour fixer les positions d'avant-postes et, par l'étendue de terrain qu'elle embrasse, elle serait plus propre qu'aucune autre à la délimitation des secteurs à occuper par les divers corps de l'armée assiégeante. Nous ne pouvons en faire un meilleur éloge que de signaler son utilité au triple point de vue de la stratégie, de la logistique et de la tactique. Aussi pensons-nous que le Département de la Guerre a fait une œuvre excessivement utile en décidant qu'un exemplaire en serait donné à chaque officier, à charge par eux de la faire coller sur toile de manière qu'elle se présente sous une forme aussi durable que commode à transporter et à consulter [1].

La réduction à l'échelle de 1/40,000 se présente dans les meilleures conditions pour les reconnais-

[1] Convaincu de l'importance qu'acquièrent les détails pratiques à la guerre, nous nous permettrons de recommander à nos camarades de l'armée qui recevraient à l'avenir cette carte, de la subdiviser en six feuilles au lieu des quatre que présente le tirage. Les feuilles sont alors plus maniables, et l'on évite de couper par le milieu la position d'Anvers. Ce conseil nous a été donné par un officier dont nous estimons hautement le sens pratique, et nous nous sommes plus d'une fois félicité de l'avoir suivi.

sances de positions dont l'occupation a été antérieurement décidée, et nous pourrions dire que si la réduction à 1/160,000 permet de découvrir ces positions, la carte dont nous nous occupons actuellement offre toutes les facilités désirables pour les étudier dans leur ensemble, et même dans leurs détails autres que ceux dont l'examen est du ressort des opérations sur le terrain. Nous n'en voudrions pas d'autre pour reconnaître un champ de bataille ou une position défensive telle qu'un secteur d'investissement [1], pour faire le projet d'ensemble d'une forteresse provisoire, pour déterminer enfin le tracé d'une redoute ou pour fixer l'emplacement d'une batterie.

Les reconnaissances de détail nécessitent des cartes dressées à une plus grande échelle. Sous ce rapport, la réduction de la carte militaire belge à l'échelle 1/20,000 est très-avantageuse,

[1] La carte qui accompagne cet ouvrage est dressée à cette échelle, mais elle ne provient pas du Dépôt de la Guerre. Le motif en est que la carte militaire à 1/40,000 des environs de Bruxelles n'est pas encore terminée. En outre, cette carte étant monochrome et renfermant tous les détails de celle à 1/20,000, elle ne fait pas ressortir les mouvements du terrain aussi avantageusement que la nôtre, qui est imprimée à deux teintes. Cette dernière, dressée par M. Mols-Marchal, est celle dont nos élèves se servent pour la reconnaissance du secteur Saventhem—Boitsfort.

CHAP. VI.

et l'expérience nous porte à croire que sa principale utilité est de fournir des canevas pour des agrandissements que les reconnaissances de détail ont partiellement pour but de compléter. Nous verrons, dans la suite de cet ouvrage, des exemples à l'appui de ce que nous disons ici; nous ne nous y arrêterons donc pas davantage.

Parti à tirer des cartes du commerce.

Le commerce, enfin, fournit des cartes à une grande échelle, très-utiles à consulter dans les reconnaissances de détail. Parmi ces cartes, nous signalerons celles du cadastre qui, grâce à l'initiative privée d'un ancien contrôleur de cette administration, sont actuellement publiées aux échelles de 1/2,500 et de 1/5,000, selon l'étendue des communes [1]. Ces cartes sont particulièrement utiles pour les projets de mise en état de défense de villages, de l'enceinte bâtie des villes, etc.; mais on ne trouve généralement, sur les cartes du commerce, que la planimétrie, et par conséquent elles sont défectueuses au point de vue militaire. Il est donc indispensable de les compléter par le rapport des courbes de niveau, courbes que la carte militaire à l'échelle de 1/20,000 offre à une

[1] Voir Popp, Atlas cadastral parcellaire de toutes les communes de la Belgique.

équidistance de 1 mètre, — c'est-à-dire suffisamment réduite pour toutes les éventualités. D'ailleurs il est toujours prudent d'en vérifier la planimétrie dans son ensemble, par une comparaison avec la carte du Dépôt de la Guerre dont l'utilité se décèle encore dans cette circonstance.

Utilité de l'étude préalable de la carte.

On conçoit aisément à quel point une étude préalable de la carte est de nature à faciliter les opérations sur le terrain. L'officier y trouve les directions des vallées, les hauteurs relatives des crêtes, les distances qui séparent les accidents remarquables du sol; il y apprend aussi le nom des localités, de manière que lorsqu'il se présente sur le terrain, le problème qui lui est soumis a déjà perdu une grande partie de son indétermination, et que la solution en est pour ainsi dire déjà préparée, au moins dans ses lignes principales.

Avantages des cartes collées sur toile.

Ajoutons enfin qu'il est très-avantageux, au point de vue du travail sur le terrain, que la carte soit collée sur toile; et pour les travaux de quelque durée, exécutés surtout par des temps de pluie ou de vent, il est presque indispensable de tenir compte de cette recommandation. Aussi, en pareil cas, l'officier ne doit-il pas hésiter à fixer lui-même

CHAP. VI.

la carte sur une toile, s'il ne peut se la procurer toute collée [1].

Cartes imprimées sur étoffe.

Il serait préférable encore de se munir de cartes imprimées sur l'étoffe même; mais celles-ci sont rares, et de plus nous croyons que cette branche d'industrie est relativement arriérée, tant sous le rapport de la netteté de la reproduction que sous celui de la confection de tissus propres à recevoir l'impression.

3° Des opérations sur le terrain.

Les opérations sur le terrain sont facilitées par une bonne préparation.

La réunion et l'étude des documents étant terminées, l'officier se rend sur le terrain, et dès le début de ses opérations il reconnaîtra dans quelle mesure une bonne préparation est de nature à simplifier sa tâche, à guider son jugement et à

[1] Cette opération n'est ni longue, ni difficile à exécuter : la carte est découpée en rectangles de 0m15 sur 0m20 environ, lesquels sont collés sur une toile de lin ou de coton, tendue au préalable sur une table au moyen de clous fixés tout autour de l'étoffe et espacés de 0m10 au plus. La colle de farine est celle qu'il est préférable d'employer, et il faut en enduire le revers des rectangles, aussi bien que la toile. Entre les rectangles, on ménage des intervalles de quelques millimètres, assez larges pour que la carte puisse être pliée de toutes les manières possibles, le rectangle à consulter se présentant toujours à l'extérieur.

éclairer son intelligence. D'ailleurs, les objets dont l'examen peut être confié à l'officier sont de natures si diverses qu'il ne peut être question de règles précises à poser concernant le travail en lui-même. Les seuls points sur lesquels nous voulons attirer l'attention du lecteur parce qu'ils sont d'une application générale, consistent à s'efforcer de « voir juste » et de « voir grand ». Le premier point n'a pas besoin d'explications, car on conçoit sans peine que, s'il n'est pas toujours facile de voir juste, il est toujours indispensable d'y parvenir. On pourrait s'étendre davantage sur le second, car l'expérience prouve malheureusement que l'esprit humain est plus enclin à fouiller le détail des choses qu'à saisir leur ensemble. Presque toujours, les questions sont prises par leur petit côté, peut-être parce que les esprits étroits l'embrassent plus facilement. On ne saurait assez se mettre en garde contre un travers aussi commun, et d'autant plus commun que les méthodes d'enseignement tardent, en beaucoup de matières élémentaires, à s'imprégner de cette portée philosophique seule capable d'élever l'intelligence jusqu'à la compréhension synthétique des choses. Quoi qu'il en soit, en attendant que l'on

Principes généraux à observer dans ces opérations.

Nécessité de « voir juste. »

Nécessité de « voir grand. »

CHAP. VI.

s'occupe un peu plus de former l'intelligence de la jeunesse, et un peu moins du résultat immédiat — lueur fugitive qui brille un instant pour s'éteindre à jamais aussitôt après, — nous pouvons recommander les exercices pratiques bien dirigés, comme très-propres à procurer la faculté précieuse de mettre chaque chose à sa vraie place : l'ensemble, la vue générale et élevée, à la première ; le détail à la seconde, car il est subordonné à l'ensemble.

Reconnaissances qui ont pour objet l'étude du terrain.

Les reconnaissances qui ont pour objet l'étude du terrain dans un but quelconque sont de beaucoup les plus fréquentes, et par conséquent nous demeurerons encore dans les généralités en disant quelques mots à leur sujet. Nous le ferons d'autant plus volontiers que le principe de « voir grand » s'y montre avec toute son importance et toute sa netteté. Rien n'est plus difficile, lorsque l'on parcourt le terrain pour la première fois, d'en découvrir les véritables propriétés tactiques : à moins que le sol soit absolument plat et dénué d'obstacles, il existe mille accidents qui prennent une importance considérable aux yeux de celui qui les parcourt. Ce n'est que lentement que

Difficulté qu'y rencontre l'application du second principe.

l'esprit se dégage de ces sensations et s'élève jusqu'à la véritable appréciation des formes du sol, lesquelles, nous l'avons dit, possèdent en elles-mêmes des propriétés tactiques dont l'utilisation est l'art même du tacticien. Dans cette voie, les débuts sont difficiles; mais peu à peu l'on « apprend à voir, » et l'on arrive bientôt à se présenter sur un terrain quelconque avec la certitude de le comprendre.

Ces reconnaissances doivent se faire à cheval.

C'est sans aucun doute cette difficulté de saisir le terrain dans ses grandes lignes qui rend si nécessaire d'exécuter les reconnaissances à cheval. Le cheval permet en effet de franchir rapidement les accidents secondaires, et par là contribue à ce que l'on y attache moins d'importance. Cette raison peut paraître quelque peu abstraite; mais nous sommes sûrs d'être compris par tous ceux qui possèdent l'art pour l'avoir pratiqué. D'un autre côté, il est important que l'officier puisse se porter sur tous les points qui par leur position dominante, permettent d'acquérir une vue d'ensemble des accidents du sol, et ce n'est que le cheval qui permette ces déplacements à droite et à gauche souvent considérables, car les forces de l'homme sont limitées, et il arrive un

Motifs de cette recommandation.

CHAP. VI.

moment où la fatigue devient un obstacle que la volonté la plus tenace ne parvient plus à surmonter. Enfin, le cheval surélève la position de l'observateur et lui permet de découvrir le terrain par-dessus les moissons sur pied. On est d'ailleurs surpris de constater combien les quelques décimètres de hauteur que le cheval donne en plus à l'œil de l'observateur, procurent de facilités pour saisir les formes du sol.

Exception.

Nous devons évidemment faire une exception pour les exercices pratiques dans lesquels un professeur ou un chef guide ses élèves ou ses subordonnés. Dans ce cas, en effet, le premier doit avoir reconnu le terrain à l'avance, le posséder dans son ensemble et dans ses détails, et le travail perd son caractère de «recherche» pour devenir une simple «démonstration.» Les chevaux ne seraient plus alors qu'un obstacle à la facilité des explications; mais, dans tous les autres cas, le cheval est un accessoire indispensable, nous dirions presque un outil, que l'officier doit savoir manier. On voit par là l'importance qu'a l'équitation pour les officiers de toutes les armes, et par ce mot, nous ne voulons pas dire la possibilité de se tenir en selle à toutes les allures, mais cette propriété

La connaissance de l'équitation est indispensable à l'homme de guerre.

du cavalier de faire corps avec sa monture de manière qu'elle lui soit une aide et non un animal gênant dont il doive sans cesse se préoccuper. On n'est un homme de guerre parfait qu'à cette condition. C'est un puissant argument en faveur de l'utilité qu'il y aurait à monter les capitaines d'infanterie : cette mesure, quand elle n'aurait pour résultat que de répandre le goût et l'habitude de l'équitation dans l'armée tout entière, justifierait amplement le surcroît de dépenses qu'elle nécessiterait.

Conséquence.

4° Du rapport.

But du rapport.

D'après la remarque que nous avons faite précédemment, le subalterne a d'abord dû se pénétrer de la pensée du chef au point d'en arriver, par une espèce de substitution intellectuelle, à se mettre en son lieu et place. Dans l'élaboration du rapport, les rôles sont pour ainsi dire intervertis : la communication de la pensée suit une marche inverse, et c'est au subalterne à présenter maintenant ses impressions sous une forme aisément assimilable. En d'autres termes, après avoir compris, il doit se faire comprendre, et si cette dernière partie

CHAP. VI.

du travail n'est pas la moins importante, elle n'est pas à coup sûr la plus facile.

Difficultés que présente son élaboration.

C'est qu'en effet, des conditions de forme spéciales viennent se joindre à la difficulté inhérente à toute représentation écrite de la conception intellectuelle, pour faire d'un rapport militaire une tâche ardue et d'un accomplissement laborieux. Rien ne le prouve mieux que le petit nombre de travaux de ce genre qui atteignent à un certain degré de perfection, et c'est pourquoi nous entrerons à leur sujet dans des développements et dans des détails qui sembleront peut-être trop étendus ou trop méticuleux, mais dont une expérience personnelle nous démontre journellement la nécessité.

Conditions essentielles qu'il doit remplir.

La pensée constante qui doit guider l'officier pendant l'exécution de cette partie du travail est « qu'un rapport est écrit pour être lu et consulté. » Cette prescription peut sembler puérile ; dans le fait, elle l'est si peu, que le plus souvent elle est perdue de vue, et cela non-seulement dans les œuvres manuscrites d'une utilité temporaire, mais encore par des publicistes, dont maints ouvrages sont d'une lecture pénible par suite d'une mauvaise disposition des figures et des planches, ou perdent une grande partie de leur utilité par l'absence de tables des matières bien faites, indispensables cependant pour que les recherches n'occasionnent pas des pertes de temps trop considérables. Nous croyons, au contraire, notre observation tellement fondée, qu'elle nous servira de flambeau pour nous guider dans la recherche des principes généraux applicables à tous les travaux de l'espèce.

Il doit être d'une lecture facile.

Étant fait pour être lu, le rapport doit être écrit lisiblement, soigneusement même, et de plus, il doit être court, c'est-à-dire que les matières doivent en être condensées dans le plus petit nombre de mots possible. C'est qu'en effet, à la guerre le temps est trop précieux pour être dépensé dans la lecture d'œuvres indigestes et filandreuses. Croyant faire preuve de zèle, certains officiers ne ménagent pas leur encre, oubliant que la valeur d'un travail ne se mesure pas au poids et que tout ce qui n'est pas clairement pratique est enterré irrémissiblement dans les cartons des états-majors. Les errements du service de paix, d'ailleurs, ne sont pas toujours ceux qu'il convient de suivre en campagne, alors

Il doit être court.

CHAP. VI.

que la précipitation des événements donne à ceux qui doivent les diriger un tact merveilleux pour distinguer les médiocrités des hommes d'un vrai mérite.

On y parvient, non par la suppression de considérations utiles;

Il faut toutefois se garder de tomber dans un excès opposé et de supprimer, dans le but de « faire court, » des considérations réellement utiles : ce n'est pas évidemment par ce procédé facile que l'on arrive à produire une œuvre sérieuse. La brièveté du rapport s'obtient par d'autres moyens, dont nous allons indiquer les principaux :

Mais par l'observation des règles suivantes :

Écarter toute considération théorique;

A — « Écarter tout développement théorique. » Rien n'est plus commun que de voir s'étaler dans les rapports, des dissertations théoriques se rattachant de près ou de loin à l'objet de la reconnaissance. Cette méthode qui tend à donner au rapport des proportions exagérées sans aucune utilité pratique et à le transformer en cours de tactique ou de fortification, etc., est absolument condamnable, car l'officier ne doit pas perdre de vue que son travail est destiné à être lu par des chefs possédant une instruction professionnelle au moins comparable à la sienne. Ce qu'on lui demande, ce n'est ni d'exposer, ni même de discuter les principes de l'art, mais de les appliquer à un cas déterminé. Il doit donc rappeler tout au plus ceux sur lesquels il s'appuie, ou, lorsque ces principes ne sont pas nettement établis, justifier très-sommairement le parti auquel il s'est arrêté.

Être sobre d'arguments dans les discussions;

B — « Être sobre d'arguments dans les discussions. » Dans tout travail d'application, il est nécessaire d'exposer les raisons qui ont fixé le choix des mesures proposées. Il en résulte de fréquentes discussions, qu'il importe de réduire dans des limites convenables en ne présentant que les arguments pour et contre qui ont une valeur décisive. Le désir de faire partager sa conviction par le chef engage d'ailleurs l'officier à employer la même méthode. « Qui veut trop prouver ne prouve rien, » est un proverbe à méditer : il n'est pas de question, si minime qu'elle soit, au sujet de laquelle on ne puisse trouver en cherchant bien, une vingtaine de raisons dans un sens et autant dans l'autre; mais de celles-ci comme de celles-là, une ou deux tout au plus ont un poids qui entraîne la balance. Ce sont ces raisons qu'il faut soigneusement rechercher et présenter dans une forme saisissante. On conclut enfin par une

CHAP. VI.

discussion nerveuse et concise où l'argument prépondérant est mis en relief.

Combiner le texte avec les cartes et des croquis;

C — « Combiner le texte avec les cartes et des croquis. » Toutes les fois que des cartes sont jointes au rapport ou que l'officier peut renvoyer à des documents de cette nature dont il sait l'état-major pourvu, il doit combiner son texte avec les indications de la carte de manière à éviter de dire, dans d'interminables descriptions, ce que celle-ci montre avec une clarté et une exactitude dont la parole ne peut approcher. Cette observation simplifie dans une large mesure les descriptions topographiques, réduites dès lors à leur véritable utilité, c'est-à-dire à l'examen des propriétés tactiques qu'offre le terrain dans l'hypothèse donnée.

Nous irons même plus loin, en conseillant de ne pas négliger l'emploi de croquis marginaux chaque fois que quelques traits jetés sur le papier peuvent venir en aide à la pensée et faciliter son exposition. Nous voudrions que, dans un rapport, il fût admis « qu'on ne dût dire que ce qui ne peut être dessiné, et dessiner que ce qui ne peut être dit. » De cette manière, le texte, les cartes et les croquis se compléteraient les uns les autres dans un ensemble indissoluble.

Rédiger le texte dans une forme concise.

D — « Rédiger le texte dans une forme concise. » Nous ne mentionnons ici cette prescription que pour mémoire, attendu que nous aurons l'occasion d'y revenir lorsque nous traiterons du style à employer dans la rédaction du rapport.

Nous pourrions indiquer d'autres procédés encore, tendant comme les précédents à abréger le texte du rapport; mais, à notre tour, nous voulons nous résumer en ne posant que les règles principales, règles dont l'observation attentive assurera toujours à l'œuvre une concision suffisante.

Autres conditions facilitant la lecture du rapport.

La relation incessante qui doit être établie par le lecteur du travail entre le texte et les figures — cartes ou croquis — nécessite certaines dispositions tendant à en faciliter la lecture simultanée. Dans ce but, les planches hors texte doivent être détachées, numérotées et pourvues de titres indiquant leur objet d'une façon tout à fait explicite; d'un autre côté, les renvois du texte aux planches ou aux croquis marginaux doivent être mentionnés avec le plus grand soin. Des indications précises sur ces divers points seront données plus loin, car la valeur pratique d'un rapport dépend de ces

CHAP. VI.

détails matériels plus qu'on n'est disposé à le croire au premier abord.

Le rapport doit être facile à consulter.

Relativement à la seconde condition, nous ferons remarquer que, pour qu'un rapport constitue un document facile à consulter, il doit remplir certaines conditions matérielles de solidité et d'arrangement et présenter une table des matières faite avec tout le soin désirable ; il faut, en outre, qu'il se classe aisément dans les archives et qu'un coup d'œil jeté sur la première page permette de trouver instantanément le renseignement que le chef est dans le cas d'y devoir chercher.

Son élaboration comporte une partie matérielle et une partie intellectuelle.

Telles sont les conditions générales que nous semble devoir présenter un rapport, quel que soit d'ailleurs l'objet de la reconnaissance dont il est le dernier acte. Comment est-il possible de les remplir? Cette question, nous allons essayer de la résoudre, et à cet effet nous observerons que parmi ces conditions, il en est quelques-unes purement matérielles, tandis que d'autres offrent un rapport plus ou moins direct avec le travail intellectuel. Les premières peuvent être l'objet de prescriptions nettement formulées ; quant aux secondes, nous ne pourrons que jalonner la route à suivre pour atteindre le but. Les prescriptions matérielles feront d'abord l'objet de notre examen.

Partie matérielle.

Couverture; indications qu'elle doit présenter.

Le texte du rapport doit être fixé dans une couverture en papier fort (le papier à dessiner est celui qui convient le mieux pour cet objet), sur laquelle on inscrit en caractères apparents (ronde ou bâtarde) et sur le recto du premier feuillet, les indications suivantes :

A — Dans le coin supérieur de gauche, la mention de la fraction organique au chef de laquelle le rapport est adressé. Ex. : 1re armée, 3e division;

B — Au centre de la page, un titre rappelant l'objet du travail. Ex. : Rapport sur la reconnaissance du secteur Saventhem—Boitsfort;

C—Ce titre est suivi du nom de l'auteur du rapport. Ex. : Par M. X., lieutenant au 1er régiment de ligne;

D — Il convient enfin d'indiquer à la suite, et entre parenthèses, la date et le numéro de l'ordre par lequel la reconnaissance a été prescrite. Ex. : (Ordre n° 47, en date du 8 juin 1875.)

CHAP. VI.

Table des matières; son utilité.

La première page du texte est consacrée à une table des matières destinée à faciliter les recherches, table qui doit par conséquent offrir un résumé concis, exact et complet de tout ce que contient le rapport. Lorsque cette table est bien faite, elle est d'une grande utilité, car elle permet d'embrasser pour ainsi dire à l'avance et d'un seul regard le travail tout entier. Il ne serait donc pas superflu d'en dire quelques mots; mais sa composition se lie trop intimement à celle du texte pour que nous en parlions dès maintenant : nous aurons l'occasion d'y revenir lorsque nous aborderons les considérations relatives à la composition et à la rédaction du rapport.

Ses diverses parties.

A la suite du résumé du texte, la table des matières doit mentionner tous les plans-annexes, lesquels, ainsi que nous l'avons dit, doivent être détachés. Cette précaution est indispensable, attendu que ces annexes peuvent être distraites du rapport auquel elles appartiennent, et dans ce cas, la table permet de les restituer à leur véritable destination sans recherches fastidieuses. Il est avantageux aussi d'indiquer les cartes à consulter, lorsque celles-ci ne sont pas jointes au rapport. Un exemple nous servira à développer notre pensée; le lecteur y remarquera qu'afin de préciser la technologie militaire, nous désignons par le mot de « cartes, » les documents géographiques ou topographiques, et par celui de « plans, » soit ces mêmes documents portant des indications spécialement relatives à l'objet de la reconnaissance, soit des travaux graphiques entièrement manuscrits. Ex. : Annexes : Plan d'ensemble du secteur Saventhem—Boitsfort, à l'échelle de 1/40,000, collé sur toile. — Un cahier de croquis. — A consulter : Carte de la Belgique du Dépôt de la Guerre, à l'échelle de 1/160,000, feuilles comprenant Bruxelles et ses environs.

Observation sur le format à adopter.

L'usage, en certains cas réglementaire, du papier format pro-patria, est tellement entré dans les habitudes militaires que nous n'osons le déconseiller. Cependant, il serait beaucoup plus avantageux d'employer le format grand-poste, adopté par un grand nombre d'administrations et par tous les commerçants. Le motif de notre préférence est la facilité avec laquelle on peut se procurer des copies dans ce format par l'emploi d'encre à copier et de « copies de lettres, » en papier non collé, que l'on trouve partout dans le

CHAP. VI.

commerce. L'adoption de ce moyen de reproduction de la correspondance simplifierait considérablement le travail matériel des états-majors et rendrait, dans certains cas, la transmission des ordres plus rapide. Le même avantage serait assuré aux officiers particuliers qui, le plus souvent, n'ont pas de personnel à leur disposition pour prendre copie de leurs travaux, de manière qu'ils perdent un temps précieux à les retranscrire eux-mêmes ou qu'ils négligent d'en conserver la trace. Or, cette seconde manière de procéder peut avoir des conséquences fâcheuses : dans toute opération de guerre, il importe que les responsabilités soient bien définies, et d'ailleurs, un document peut se perdre ou être intercepté par l'ennemi, cas dans lesquels il est nécessaire de le reproduire ou de connaître avec précision le texte des pièces tombées aux mains de l'adversaire [1].

[1] Comme détail pratique, nous pouvons ajouter que le matériel nécessaire pour prendre copie des manuscrits est beaucoup moins encombrant qu'on se l'imagine. On fait de l'excellente encre à copier en ajoutant un peu de cassonade à l'encre ordinaire : en la rendant suffisamment « grasse, » la copie se prend avec la seule pression de la main sans qu'il soit nullement besoin de presse. On peut également obtenir de bonnes copies sans presse avec l'encre à copier en l'épaississant quelque peu par le même procédé.

Disposition du texte.

A moins de prescription spéciale, le texte peut être écrit indifféremment à tiers ou à mi-marge. Cette dernière disposition est préférable chaque fois que la matière comporte l'existence de nombreux croquis marginaux; elle est préférable aussi lorsque le temps dont on dispose permet de donner des soins particuliers à la rédaction, soins qui entraînent toujours à des corrections et à des remaniements plus ou moins nombreux. En vue de ces modifications inévitables du texte primitif — modifications qui peuvent obliger à recopier une partie du travail, — il est bon de ne couvrir que les rectos des feuillets et de laisser les versos en blanc : l'enlèvement d'un feuillet surchargé n'oblige alors à recopier qu'une seule page.

Comment on le clôture.

Le texte est enfin clôturé par la signature de l'auteur du rapport, précédée de l'indication du lieu où le travail a été exécuté et de la date de sa remise.

Disposition des plans et des croquis hors texte.

Les feuilles composant le rapport doivent être brochées de manière à former un cahier dont les pages ne puissent s'égarer; mais il faut se garder d'y fixer les cartes ou les croquis hors texte que

CHAP. VI.

l'on se trouve presque toujours dans le cas d'y adjoindre. Nous en avons dit plus haut la raison. Pour empêcher que les annexes ne s'égarent dans les bureaux ou ne se perdent dans les transports, nous recommandons le procédé employé depuis peu dans la librairie et qui consiste à fixer par ses deux extrémités une bande de papier fort sur le recto du dos de la couverture. Dans cette façon de portefeuille, les cartes sont placées chacune séparément, les croquis réunis en un cahier avec couverture et index. Cette couverture, de même que chaque carte ou plan détaché, portent outre les indications qui leur sont personnelles (si l'on peut ainsi parler), celles indiquées sub litt. B, p. 145.

Indications qu'ils doivent porter.

Conclusion.

Ces prescriptions concernant la partie matérielle du travail doivent être strictement observées dans les travaux d'école. En temps de guerre, on doit s'en rapprocher autant que le permettent les circonstances et que l'importance du rapport en justifie l'observation. Cette restriction faite, nous allons aborder des considérations d'un ordre plus élevé, c'est-à-dire celles relatives au travail intellectuel dont le rapport est le résultat écrit.

CHAP. VI.

Partie intellectuelle.

Si un rapport était une œuvre proprement littéraire, c'est-à-dire purement d'imagination, nous pourrions clore ce chapitre, car notre intention ne peut être de faire ici un cours de littérature. Mais il n'en est pas ainsi : un rapport est avant tout une œuvre scientifique, et comme tel, il est soumis à des exigences de composition qu'il importe de faire connaître. D'ailleurs, entre la pure conception de la pensée et sa matérialisation sous forme d'écrit, il existe une série d'opérations intellectuelles que les cours de littérature, préoccupés avant tout des classifications de genres et de l'étude des auteurs, négligent le plus souvent d'approfondir. Analyser cette transformation de la pensée, rechercher les moyens les plus propres à la faciliter, telles sont les questions que nous allons nous efforcer de résoudre, convaincu que c'est par cette étude seulement que peut s'acquérir l'art à la fois si difficile et si important de faire partager ses impressions et de faire pénétrer ses propres convictions dans l'esprit des autres.

But et utilité de cette étude.

Nous commencerons par distinguer dans l'élaboration du rapport deux phases, qui sont : la « composition » et la « rédaction ». Selon nous,

Phases à distinguer dans l'élaboration du rapport.

CHAP. VI.

Elles doivent être séparées.

ces phases doivent être absolument distinctes, à tel point que l'une soit complétement achevée avant d'entreprendre l'autre. Nous n'ignorons pas que cette méthode n'est guère en usage et que, le plus souvent, les idées sont fixées sur le papier au fur et à mesure qu'elles se présentent à l'esprit, sans autre guide qu'une conception vague et incomplète de l'ensemble du sujet. Mais ces errements, quel que soit leur caractère de généralité, ne modifient en rien notre manière de voir : ils nous expliquent, au contraire, le décousu et l'absence de vigueur logique que l'on remarque dans un grand nombre de travaux. La raison en est facile à concevoir : la composition d'une production scientifique est un travail d'une nature essentiellement mentale, où la plume n'a d'autre rôle que de venir au secours de la mémoire en fixant sur le papier quelques points de repère; la rédaction, au contraire, offre la combinaison d'un travail intellectuel et d'un travail pour ainsi dire manuel, où la plume remplit la fonction d'un outil indispensable. Absorbé par le soin de faire prendre corps à ses idées afin de les mouler en phrases, par celui de construire ces phrases de manière à les rendre correctes et facilement intelligibles, on reste emprisonné dans le terre à terre de l'exposition, sans parvenir à s'élever sur les hauteurs d'où l'on peut dominer les questions, saisir les rapports entre leurs diverses parties et l'enchaînement des idées simples dans lesquelles ces parties se décomposent. Il en résulte que la méthode de composer en rédigeant, parfaitement admissible pour les œuvres d'imagination, doit être bannie des travaux scientifiques. A peine une exception peut-elle être faite pour les écrivains de profession, qu'une longue pratique a familiarisés avec la traduction écrite de la pensée et auxquels la nature et l'habitude viennent en aide pour les dispenser de tout travail préparatoire.

De la composition du texte du rapport.

Le travail de composition d'un rapport peut être l'objet de considérations à la fois générales et précises, que nous allons rapidement passer en revue. Le travail sur le terrain a eu pour résultat de produire des impressions qui ont été, le plus souvent, confiées partiellement à la mémoire et partiellement au papier sous forme de notes prises soit sur les lieux mêmes, soit pendant les repos; dans ce dernier cas, elles sont plus complètes, mais parfois aussi moins

Revue des opérations effectuées et des notes prises.

CHAP. VI.

fidèles. La première opération consiste à se rafraîchir la mémoire en s'aidant de ces notes et en essayant, autant que possible, de faire revivre dans la pensée les impressions successives dont elles ont été le résumé. On cherche en même temps à coordonner ces impressions, de manière à les relier entre elles et à les embrasser dans une vue générale que l'étendue du terrain ou la multiplicité des renseignements cherchés et obtenus n'a pas permis d'acquérir jusque-là.

Classification des matières.

Cette première opération terminée, on passe à la classification générale des matières. Le travail sur le terrain a été une analyse ; le rapport doit être une synthèse — synthèse où les faits seront groupés de manière à se présenter dans cette vue d'ensemble qui est d'une si haute importance à la guerre. Cette seconde opération implique une entente complète et élevée de la question posée ; aussi est-ce celle où l'officier montre le mieux son aptitude à saisir le problème et à en présenter une solution satisfaisante.

Division du rapport en chapitres.

Cette classification se traduit matériellement par une division du texte en « chapitres » se rapportant chacun à un ordre d'idées distinct.

On trouve souvent dans le programme les éléments de cette division; mais cela n'a pas toujours lieu, et d'ailleurs, à moins d'ordre contraire, l'officier ne doit pas hésiter à modifier la classification du programme pour en adopter une autre mieux en harmonie avec le classement résultant de ses observations. Le rapport est, après tout, son œuvre personnelle, et il n'est point de méthode qui abâtardisse plus l'intelligence que celle d'étendre sa propre conception sur le lit de Procuste de la conception d'autrui.

Cette division correspondant à des ordres d'idées distincts, le nombre des chapitres ne dépend pas de l'étendue du rapport, mais de l'objet plus ou moins complexe de la reconnaissance. Ainsi, dans la reconnaissance d'une rivière au point de vue du parti à en tirer comme élément d'une ligne d'opérations, les questions relatives à la navigabilité doivent être séparées du dénombrement du matériel flottant que l'on peut réunir pour les transports; par contre, la reconnaissance de la même rivière au point de vue de la recherche des points de passage pour une opération offensive projetée, ne peut donner lieu à une division semblable, attendu que la question est unique, quel que soit

CHAP. VI.

le nombre des points de passage reconnus. Ajoutons que, pour les mêmes motifs, les différents chapitres d'un même travail peuvent être d'étendues très-variables.

Les chapitres doivent être pourvus de titres qui les synthétisent dans des expressions concises, car ils forment l'élément principal de la table des matières. Ce travail, fort délicat, offre une utilité autre encore que celle de faciliter les recherches : il a pour résultat de mieux déterminer dans la pensée même de l'auteur la classification adoptée, et de fournir des cadres nettement tracés dans lesquels viendront successivement s'agencer les développements ultérieurs.

Subdivision des chapitres en paragraphes.

L'exemple que nous venons de donner, p. 155, d'un rapport ne comprenant qu'un seul chapitre, nécessairement étendu, prouve qu'une subdivision des chapitres eux-mêmes peut être parfois avantageuse. Cette subdivision, qui donne naissance à des « paragraphes, » doit se faire chaque fois que la matière comporte l'examen de plusieurs objets distincts, quoique de même nature. Ce cas se présente notamment dans l'exemple prérappelé, pour les considérations relatives à chaque point de passage reconnu, considérations qui doivent faire l'objet de paragraphes séparés. De même, lorsqu'une reconnaissance embrasse une grande étendue de terrain, on peut en diviser la surface en zones, délimitées par des accidents remarquables, et que l'on décrit dans une suite de paragraphes. Ces derniers, tout comme les chapitres, reçoivent un titre reporté à la table des matières.

Composition du canevas.

L'observation des règles que nous venons de poser doit avoir pour résultat inévitable de préciser singulièrement, dans la pensée de l'auteur du rapport, la conception générale de la matière. Cependant, le travail de composition n'est pas encore terminé. Avant de passer à la rédaction définitive, il faut encore jeter sur le papier toutes les idées simples dont l'ensemble, fortement et logiquement relié, forme le fond de chaque chapitre, de chaque paragraphe. On arrive ainsi à tisser un « canevas » sur lequel la rédaction viendra se superposer comme une broderie plus ou moins élégante. Pour développer complétement notre pensée, nous ne pouvons mieux faire que de donner un exemple d'un travail de composition pris pour ainsi dire sur le vif, exemple que nous

CHAP. VI.

emprunterons à l'un des hommes qui ont le plus marqué comme politique, comme orateur et comme écrivain dans une période historique qui n'est pas bien éloignée de nous.

Exemple de canevas.

Il s'agit d'un discours que Guizot avait l'intention de prononcer, en 1837, à la Chambre des députés, à l'occasion d'un « projet de loi sur la disjonction des poursuites dans le cas de crimes imputés à des personnes civiles et à des militaires. » Dans le but d'appuyer ce projet de loi, il avait composé un canevas dont ses Mémoires historiques reproduisent la forme originelle. Après un exorde où Guizot dégage le projet de loi des méfiances injustes qu'il a suscitées et établit la nécessité en fait et la rationnalité en droit de la juridiction militaire, il démontre que le projet de loi ne contient rien de contraire à la Charte. On ne lui oppose qu'un seul principe : l'indivisibilité des procédures, la connexité des délits. Or, ce principe n'est ni de droit naturel, ni de droit constitutionnel. L'orateur le démontre : 1° par une argumentation historique; 2° par une argumentation philosophique. Il prouve ensuite, par l'examen comparé des modes de procédure suivis en France et en Angleterre, que la disjonction des poursuites est toujours pratiquement réalisable et il tire, des arguments présentés jusqu'ici, cette conclusion que la disjonction peut être prescrite lorsque des motifs puissants et d'intérêt public l'exigent. Or, c'est ce qui a lieu : pour l'orateur, il y a nécessité de raffermir : 1° la juridiction militaire, 2° l'esprit militaire. Ici, nous citons textuellement :

« ‹ 2° Nécessité de raffermir l'esprit mili-
« taire. ›

« On parle de méfiance envers l'armée.

« Étrange preuve de méfiance que de lui demander de juger elle-même!

« Dans l'armée comme partout, le gouverne-
« ment se méfie des mauvais et se confie aux
« bons. — C'est son devoir.

« Là comme ailleurs, il sait les bons en
« immense majorité.

« Mais il faut pénétrer plus avant, et se rendre,
« de l'état de l'armée dans notre société actuelle,
« un compte plus précis :

« 1° L'armée est ‹ nationale, › tirée impartiale-
« ment et aveuglément du sein de la nation.

« Donc les idées, les dissentiments qui existent
« dans la nation se retrouveront dans l'armée.

CHAP. VI.

« Il y aura des républicains, des légitimistes, une « immense majorité de juste-milieu.

« L'esprit militaire atténuera, fondra, absor- « bera beaucoup ces nuances. Mais elles existe- « ront. On pourra y croire et tenter de les « exploiter.

« Il ne faut ni s'étonner et s'inquiéter de ce fait, « ni le méconnaître et n'en tenir aucun compte;

« 2° L'armée est ‹oisive.› — Nous sommes « en paix; — nous y resterons longtemps. — « L'inaction laisse, aux tentatives du dehors, plus « de prise sur l'armée, et aussi plus de place à « l'activité non militaire des esprits au dedans;

« 3° L'armée vit dans la même atmosphère que « les citoyens, — au milieu de la publicité, de la « liberté de la presse — plus de cet isolement, de « cette vie toute spéciale et cloîtrée, et inacces- « sible, des armées d'autrefois. — Tout pénètre « aujourd'hui dans l'armée, — tout agit sur elle; « — elle vit sous l'empire des mêmes influences « que la société.

« De tous ces faits nouveaux découle l'affaiblis- « sement de l'esprit militaire, de cet esprit spécial, « puissant, qui inspire à l'armée des idées, des « sentiments, des habitudes qui lui sont propres.

« Je ne déplore pas absolument ce changement. « Il y a du bien, mais il y a aussi du mal ; il sup- « prime des dangers anciens, mais il crée des « dangers nouveaux.

« Nécessité absolue de l'esprit militaire :

« 1° Pour la force de l'armée au dehors et en « cas de besoin.

« Ce n'est pas le nombre, ce n'est pas même « l'ardeur qui font seuls la force de l'armée. L'es- « prit militaire, le goût énergique, l'habitude « profonde de l'état militaire, sont sa première « force.

« 2° Pour l'ordre et la discipline de l'armée au « dedans :

« L'esprit militaire est le premier élément « d'obéissance et de discipline dans l'armée ; « de même que les lois pénales ne suffiraient « pas, sans la moralité publique, à maintenir « l'ordre dans la société, de même les salles de « police et les prisons ne suffiraient pas, sans « l'esprit militaire, à maintenir la discipline dans « l'armée.

« 3° L'esprit militaire a un côté moral très- « beau, nécessaire à ce titre, et d'autant plus « nécessaire que les vertus qu'il développe sont

« plus affaiblies dans la société. — Ces vertus « sont surtout :

« Le respect de la règle ;

« La fidélité au serment. Importance de ces « vertus dans l'état actuel de la société. Les lais- « serons-nous s'affaiblir aussi dans l'armée? — « Laisserons-nous s'affaiblir cet esprit militaire, « en soi si noble et si beau, à tant de titres si « utile, si nécessaire? Non, non.

« Tel serait pourtant l'inévitable effet de l'affai- « blissement de la juridiction militaire. Les liens « qui unissent les inférieurs aux supérieurs dans « l'armée en seraient très-affaiblis ; et nous ajou- « terions ainsi à toutes les causes qui tendent « déjà à énerver l'esprit militaire, à lui enlever « son empire moral et pratique.

« Ainsi la loi est :

« 1° Conforme à la raison, au droit naturel;

« 2° Conforme à la Charte, au droit constitu- « tionnel;

« 3° Praticable;

« 4° Nécessaire pour raffermir :

« 1° La juridiction militaire;

« 2° L'esprit militaire.

« Fera-t-elle tous ces biens-là?

« Pas à elle seule, mais elle y concourra. Les « bonnes lois ne dispensent pas les gouverne- « ments de la bonne conduite; mais la bonne « conduite a besoin de bonnes lois. »

Suit une péroraison dans laquelle l'orateur fait l'éloge de la liberté, tout en en condamnant les égarements, et proclame que ce qu'il faut à la société, ce sont des lois modérées appliquées par des hommes énergiques.

La composition d'un canevas abrége toujours la durée du travail.

L'exemple d'un publiciste tel que Guizot ne dédaignant pas de se livrer à un travail préparatoire de coordination avant d'exposer ses idées à la tribune, est un précieux argument à l'appui de notre théorie sur la composition des œuvres d'un caractère sérieux. Il se pourrait cependant qu'en un cas pressé, l'auteur d'un rapport se crût fondé à passer immédiatement à la rédaction définitive; mais, à moins que les circonstances ne présentassent un caractère d'urgence exceptionnel (et dans ce cas il n'est pas de coutume de demander un rapport écrit), nous croyons que ce serait une faute. C'est qu'en effet les hommes sont rares qui sont capables de produire du premier jet un travail satisfaisant, et les changements que l'on se trouve

CHAP. VI.

conduit à y apporter successivement, s'effectuent avec bien plus de facilité et de rapidité sur un canevas que sur une rédaction explicite. Aussi la méthode que nous indiquons est-elle de beaucoup la plus rapide, malgré le supplément de travail qu'au premier abord elle paraît exiger[1].

Comment on peut compléter la table des matières.

Par sa forme même, le canevas est impropre à être reproduit dans la table des matières; aussi, lorsqu'on veut rendre celle-ci tout à fait explicite, faut-il condenser à nouveau et en quelques mots chacune des idées développées dans le texte. Ce travail absorbe un temps considérable, et s'il est utile, presque indispensable, dans les traités ex professo et dans les livres de fonds, il peut parfaitement être négligé dans les rapports, qui n'ont jamais qu'une utilité temporaire. Tou-

[1] L'expérience journalière de l'enseignement démontre un fait que la plupart de nos lecteurs auront eu sans doute l'occasion d'observer par eux-mêmes : nous voulons parler de la difficulté que les commençants éprouvent à entrer en matière et de la perte de temps considérable qui en résulte : « on ne sait comment ni par où commencer. » Cette difficulté et cette perte de temps, provenant l'une et l'autre d'un travail intellectuel antérieur insuffisant, sont épargnées par la composition d'un canevas écrit. Au surplus, faire de la composition et de la rédaction deux phases distinctes du travail, n'est autre chose qu'imiter ce qui s'exécute dans la pratique de tous les arts.

tefois, si l'importance exceptionnelle de la reconnaissance justifiait qu'on s'y livrât, on pourrait prendre exemple, quant aux dispositions générales, sur la table qui se trouve placée en tête de cet ouvrage ; mais dans ce cas même, on éviterait de reproduire ces indications en marge, afin de ne pas empiéter sur l'espace réservé aux observations du chef et aux croquis.

Rédaction du rapport.

La séparation établie entre la composition et la rédaction n'est autre chose qu'une application judicieuse du principe de la division du travail. En effet, avec l'achèvement et la révision du canevas, cesse l'élaboration purement intellectuelle du rapport : il ne s'agit plus que de reprendre une à une toutes les idées jetées sur le papier et de les exposer sous une forme précise et facilement intelligible. C'est cette dernière partie du travail qui constitue la « rédaction. » La forme que revêtent les idées s'appelle le « style. »

Importance du style.

Il règne à l'égard du style un préjugé complaisant, lequel consiste à croire que les qualités de « forme » n'ont aucune influence sur la valeur des œuvres scientifiques en général et sur les travaux militaires en particulier. Rien n'est moins exact.

« Il est malheureusement vrai, dit le général « Brialmont, que l'homme instruit produit une « mauvaise impression, et donne de lui une opi- « nion défavorable, lorsque son langage et son « style sont diffus, incorrects ou vulgaires. L'art « de bien exprimer la pensée est du reste l'art « d'être clair et précis ; or, la clarté et la préci- « sion dans les écrits et dans les instructions ver- « bales sont aussi nécessaires à l'officier du génie « que l'exactitude dans l'établissement des pro- « jets, des devis et des pièces administratives [1]. » Nous ne pouvons donc admettre la distinction que l'on voudrait établir entre la forme et le fond : l'une et l'autre sont inséparables, et s'il est vrai que certaines qualités de style soient des dons qui paraissent naturels et qui ne sont d'ailleurs pas indispensables [2], il en est d'autres, nécessaires, qu'un travail bien dirigé permet à chacun d'acqué-

[1] Brialmont, Circulaire à MM. les officiers du corps du génie, reproduite dans « l'Écho du Parlement. »

[2] Telles sont l'élégance, l'harmonie, le nombre, etc. Ces qualités, que l'on aime à croire naturelles pour se dispenser de travailler à les acquérir, résultent au contraire chez beaucoup d'écrivains d'une espèce de ciselure opérée soit mentalement, soit au moyen de la plume, sur la phrase originelle. La lecture attentive et répétée d'un ouvrage qui présente à un haut degré une de ces qualités est aussi un excellent moyen de se l'assimiler.

rir et que l'on est par conséquent en droit d'exiger de tout homme occupant une position sociale élevée. Nous n'avons pas à parler des premières; les secondes rentrent au contraire directement dans notre sujet, tout comme les autres prescriptions relatives aux divers détails que comporte une reconnaissance. C'est pourquoi nous les indiquerons, et en montrant comment on peut se les approprier, nous pourrons constater l'influence de la rédaction elle-même sur la conception purement intellectuelle.

Il n'existe pas de style militaire.

Nous présenterons auparavant une observation tendant à enlever au travail de rédaction une de ses difficultés apparentes. A côté des divers genres de style que mentionnent les traités de littérature, certains publicistes voudraient voir créer un genre particulier : le « style militaire. » Sans doute, il existe un style militaire, si l'on veut désigner par là cette forme boursouflée et prétentieuse qui distinguait les proclamations, lorsqu'on en faisait encore dans les livres, avant les batailles. Mais ce n'est point de cela qu'il est question : d'après ces publicistes, le style militaire serait une forme spéciale à employer pour traiter des choses

CHAP. VI.

militaires[1]. Nous ne pouvons nous rallier à une manière de voir dont le résultat serait d'augmenter la difficulté des travaux professionnels en forçant les officiers à tendre leur esprit vers un mode d'expression de la pensée qui peut ne pas leur être naturel. Quoi qu'on en dise, le style varie avec les individus, non avec les sujets qu'ils traitent, et le plus sage est pour chacun de garder le sien propre, tout en cherchant à le perfectionner et à en tirer le meilleur parti.

Qualités de style que doit présenter un rapport.

Les qualités de style que doit présenter un rapport sont — outre la correction que nous n'avons à mentionner que pour mémoire — la clarté, la précision et la concision.

De la clarté.

La clarté — en tant que qualité de style — s'obtient par une observation aussi rigoureuse que

[1] Vial prescrit, entre autres choses, de « bien séparer les idées « au moyen de phrases courtes et d'alinéas multipliés » dans le style militaire qui, ajoute-t-il, « est volontiers un peu haché. » Mais cette forme, lorsqu'elle n'est pas maniée par un écrivain de talent comme l'est Vial lui-même, devient rapidement insupportable à la lecture; d'ailleurs, si elle sépare bien les idées, elle nuit par contre à leur liaison. Nous ne pouvons donc conseiller de la rechercher, pas plus que de l'éviter quand elle est naturelle. — Voir Vial, Cours d'art et d'histoire militaires, vol. II, Appendice, p. 42 et suiv.

possible des règles syntaxiques, notamment de celles qui condamnent le rapport des relatifs à des cas indirects et à des mots soit éloignés, soit susceptibles de donner lieu à des ambiguïtés, même apparentes. A ces règles, nous ajouterons celle-ci, passée sous silence par la plupart des grammairiens, de n'employer généralement les conjonctifs que pour unir des mots de même espèce ou des membres de phrases de même nature et de même construction. En somme, la clarté est avant tout affaire d'attention, et lorsqu'on ne l'a pas atteinte du premier coup, il est relativement facile de la rétablir par un remaniement de la phrase.

De la précision.

La précision est une qualité plus difficile à acquérir. Elle consiste à employer partout et toujours le « mot propre, » c'est-à-dire celui qui rend la pensée avec la plénitude et la netteté de sa signification; elle consiste aussi à agencer les mots de manière à mettre en relief l'idée principale de la phrase. Il n'est pas possible de dire exactement la même chose de deux manières différentes, et par conséquent il n'est qu'une seule manière d'exprimer une conception précise. Mais c'est là même que gît la difficulté : dans son essence, la

CHAP. VI.

conception purement intellectuelle n'est point précise, car elle participe souvent du vague de la pensée, et c'est sa matérialisation écrite qui peut seule en déterminer nettement les détails et complétement les contours. Il y a donc là un travail réflexe, où la matière vient en aide à l'intelligence et l'intelligence à la matière. Aussi la précision, plus nécessaire même que la clarté et la concision à tout travail scientifique, est-elle une qualité relativement rare et d'une assimilation des plus laborieuses : elle nécessite une connaissance approfondie de la langue et une grande contention d'esprit [1].

De la concision.

La concision est une qualité de style que l'on aime à rencontrer dans toutes les productions sérieuses, mais qui est surtout importante au point de vue militaire, puisqu'elle a pour résultat de ménager le temps, ce facteur qui entre pour une

[1] Nous croyons que le meilleur moyen de perfectionner son style sous le rapport de la précision est de traduire des ouvrages techniques écrits dans une langue étrangère. Il est facile d'en saisir le motif, en observant que le travail cesse alors d'être réflexe puisqu'il ne s'agit plus que de reproduire une idée antérieurement précisée, de manière que l'attention peut se concentrer tout entière sur le choix des expressions et sur l'agencement de la phrase.

si grande part dans la conduite des opérations. Elle consiste à condenser le plus d'idées possible sous le moindre volume, ou si l'on préfère, à dire beaucoup de choses en peu de mots. Elle est une conséquence naturelle de la précision; mais d'autres éléments encore, trop longs à définir, y contribuent. Ce serait sortir de notre cadre que de nous y arrêter; nous dirons cependant que, contrairement à un préjugé assez général et signalé du reste par les grammairiens, ce n'est pas dans une contexture phraséologique particulière que la concision doit être cherchée : un style bref, saccadé, haché, interrompu, y est contraire, car elle résulte plutôt d'une liaison aussi étroite que possible des idées et de leur agencement logique. La concision est au surplus une qualité précieuse, en ce sens que les œuvres qui la possèdent satisfont l'esprit du lecteur par la succession rapide des idées qui y sont condensées [1].

[1] Il existe un procédé pratique, d'une exécution fastidieuse, mais d'un succès certain, pour arriver promptement à écrire d'une manière concise. Il consiste à composer un texte sur un sujet scientifique quelconque, puis à le réduire de moitié tout en exprimant exactement les mêmes idées. Ce travail peut souvent être répété deux et même trois fois sur le même texte, et l'on est fort surpris de voir une page entière se condenser en

CHAP. VI.

La « clarté supérieure » résulte de l'observation de ces règles.

Telles sont les conditions de composition et de style dont l'ensemble assure, à l'œuvre qui les réunit, ce caractère tout particulier de logique entraînante et de vie auquel un critique éminent a donné le nom de « clarté supérieure. » C'est le cachet que portent les œuvres fortement pensées et consciencieusement élaborées, dénotant chez leurs auteurs, en même temps que les capacités voulues pour remplir leur devoir en toute circonstance, la volonté de mettre ces capacités tout entières au service de leur pays.

Conclusion.

Les détails dans lesquels nous venons d'entrer offrent, nous tenons à le constater, une utilité pratique très-considérable. Ils font plus que donner pour l'élaboration d'un rapport une méthode d'un succès assuré : ils en montrent les difficultés. Or, ces difficultés ne sont généralement pas appréciées, et il en résulte la production d'œuvres absolument informes et dénuées de toute valeur, même militaire. Des idées vagues, jetées sans ordre sur le papier, ne constituent pas plus un rapport que des amas de matériaux ne sont un édifice. Aussi,

quelques lignes. Ce travail, on le comprendra sans peine, est également utile au point de vue de la précision du style.

les officiers ne peuvent-ils jamais mettre assez de soins aux travaux du temps de paix afin que, la guerre arrivant, ils se trouvent suffisamment préparés à exécuter rapidement ceux qui leur sont confiés. De la bonne exécution d'une reconnaissance peut dépendre parfois le succès d'une opération, et par conséquent, l'avenir du pays.

Plans et croquis

Nous aurons moins à nous étendre sur les considérations générales relatives aux plans et aux croquis. En ce qui concerne ces derniers, nous renvoyons le lecteur aux chapitres s'occupant de l'exécution des projets, la matière y étant traitée dans tous les développements qu'elle comporte. Les plans consistent généralement en cartes topographiques que l'on complète par des indications relatives à l'objet de la reconnaissance. Ces indications sont dessinées sur la carte à l'encre rouge et complétées par des écritures de la même couleur, afin de distinguer facilement les unes et les autres de la gravure. Elles sont figurées au moyen de « signes conventionnels » réunis dans un « tableau » que l'on place en marge, ou que l'on colle dans un coin de la carte si la marge n'est pas suffisamment large.

Signes conventionnels

CHAP. VI.

Nous donnons ci-après, comme exemple, le tableau des signes conventionnels que nous prescrivons d'adopter pour la reconnaissance du secteur Saventhem—Boitsfort. Il est à peine besoin d'ajouter que ces tableaux doivent différer selon l'objet spécial de la reconnaissance et que, lorsque le chef a arrêté lui-même les signes conventionnels à suivre, il est inutile de les reproduire sur le plan.

SIGNES CONVENTIONNELS

A ADOPTER POUR LA RECONNAISSANCE DU SECTEUR SAVENTHEM—BOITSFORT

Ouvrages en terre	Redoutes, batteries, lunettes, etc. (profil défensif)	
	Retranchements pour l'infanterie (profil offensif)	
	Emplacements pour l'artillerie de campagne (idem)	6.P.
	Embuscades pour sentinelles avancées (idem)	
Obstacles organisés pour la défense active	Clôtures organisées défensivement	
	Abatis sur place	
	Châteaux, fermes, villages, défendus à leur lisière	

Lignes d'obstacles passifs	Réseaux en fils de fer
	Lignes de trous de loup
	Lignes de torpédos
	Inondations et blancs d'eau
Obstacles abattus pour dégager les champs de tir	Bois coupés
	Localités rasées
Communications et surveillance	Chemins de colonnes et ponts
	Stations télégraphiques
	Observatoires
	Fanaux
Logement des troupes	Baraquements
	Cantonnements

1 Bon.

1. Eson.
2. Bies.

CHAPITRE VII

RAPPORT SUR LA RECONNAISSANCE DU TERRAIN A L'EST DE BRUXELLES

CHAP. VII.

Matière du rapport pris comme application de la théorie.

Les considérations émises dans le chapitre précédent, concernant la composition et la rédaction du rapport, ne peuvent acquérir toute leur valeur pratique qu'à la condition d'être suivies d'un exemple montrant le résultat de leur application à une circonstance déterminée. Or, la préparation de l'hypothèse admise précédemment nous ayant forcé à reconnaître avec le plus grand soin les emplacements des forts provisoires qui doivent défendre Bruxelles dans la région orientale, nous en avons profité pour présenter un modèle de rapport se rattachant de très-près au thème de cet ouvrage. Le lecteur y trouvera une description générale du terrain choisi pour nos exercices, description que le chapitre suivant aura pour but de compléter au point de vue des lignes d'investissement à établir. Ajoutons qu'afin de ne pas interrompre le texte du rapport, nous avons rejeté dans des notes les observations auxquelles il nous a paru donner lieu, tant pour mettre en relief les

CHAP. VII.

points importants de nos théories que pour en faire ressortir les applications directes; en outre, nous y avons laissé certaines imperfections de détail qui se présentent assez fréquemment pour que nous ayons jugé utile de les signaler, et par là, de mettre le lecteur en garde contre des fautes communes; enfin, nous n'avons pas cru devoir en reproduire le canevas, attendu que nous avons donné (p. 158 et suiv.) un modèle après lequel le mieux est de s'abstenir.

Programme de la reconnaissance qui y a donné lieu.

L'ordre-programme dont ce rapport est la conséquence est supposé prescrire la reconnaissance préliminaire à la mise en état de défense provisoire de Bruxelles, en ce qui concerne la partie orientale, comprise entre la forêt de Soignes, au sud, et le cours inférieur de la Senne, au nord. La question ainsi posée est limitée : 1° à la recherche de la ligne de front de cette partie du camp retranché; 2° à la détermination des emplacements à assigner aux forts et aux batteries qui doivent y être établis. Ces indications sont nécessaires et suffisantes : nécessaires, attendu que par elles, les questions relatives au tracé, à la constitution technique, à l'armement, à la garnison et à la construction des forts sont écartées; suffisantes, parce que la théorie de la fortification provisoire est actuellement assez précise pour ne laisser aucun vague dans l'esprit d'un officier chargé de l'appliquer à un cas donné.

Division du rapport en chapitres et en paragraphes.

La matière même que comporte la question, non moins que la façon dont elle a été posée, exigent qu'elle soit traitée en deux chapitres comprenant, l'un la description générale du terrain au point de vue de ses propriétés tactiques et la détermination de la ligne de front qui est la conséquence immédiate de ces propriétés; l'autre, la recherche des emplacements à occuper par les forts et les batteries. Ce deuxième chapitre sera subdivisé en paragraphes correspondants aux divers ouvrages à établir. Ces préliminaires étant posés, nous pouvons passer au texte du rapport. CHAP. VII.

CHAPITRE PREMIER

Description du terrain. — Tracé de la ligne de front

Le terrain des environs de Bruxelles[1] appartient à la catégorie des « sites ondulés » et s'incline légèrement, dans ses formes générales, du sud vers le nord. Il est découpé[2] dans la même Considérations générales.

[1] Consulter, pour la description générale du terrain environnant Bruxelles, la carte du Dépôt de la Guerre à l'échelle de 1/160,000, avec courbes de niveau.

[2] Remarquer ici que, nous plaçant au point de vue du tacticien, le terrain nous apparaît comme une surface indéfinie, interrompue de distance en distance par des vallées qui la « découpent » en divers plateaux. Si nous avions à faire un rapport analogue sur une question de stratégie, nous procéderions inversement, c'est-à-dire que nous considérerions le sol comme formé de vallées séparées les unes des autres par des bossellements de terrain. Le motif de cette distinction est facile à comprendre : les lignes d'opérations principales d'un échiquier suivent le plus souvent les vallées, tandis que l'occupation des hauteurs est de la plus haute importance dans le combat. Un rapport fait sur une question de tactique ne serait pas précis s'il négligeait de tenir compte du fait que le tacticien se place sur la hauteur pour étudier le terrain d'abord, pour diriger ensuite les mouvements de ses troupes.

CHAP. VII.

direction par trois vallées principales et sensiblement parallèles — celle de la Dendre à l'ouest, celle de la Senne au centre et celle de la Dyle à l'est, — sur lesquelles viennent s'embrancher des vallons secondaires qui découpent à leur tour les plateaux intermédiaires. Les distances qui séparent la Senne de la Dendre et de la Dyle sont à peu près égales et peuvent être évaluées à 4 lieues[1], en moyenne.

Bruxelles est située dans la vallée de la Senne, rivière qui arrose, à 2 lieues en aval, Vilvorde et, à 3 lieues en amont, la petite ville de Hal[2]. Le fond de la vallée, à la hauteur de Hal, atteint la cote 35 environ[3]; à la hauteur de Vilvorde, cette cote descend au chiffre 10.

Considérations particulières à la zone considérée.

Le terrain haut s'étendant sur la rive droite de la Senne, entre cette rivière et la Dyle, offre une pente générale semblable : les crêtes des plateaux qui, à la hauteur de Hal, atteignent une cote

[1] De 5 kilomètres.

[2] Les positions de ces deux villes sont indiquées afin d'encadrer le terrain à considérer entre des limites bien définies et de donner des points de comparaison qui permettent d'apprécier la pente générale du sol par les différences d'altitude signalées.

[3] Le plan de comparaison étant pris au niveau de la marée basse à Ostende.

moyenne de 115, ne présentent plus, à la hauteur de Bruxelles, qu'une altitude de 100 mètres au-dessus du niveau de la mer, et cette altitude descend à 70 et même à 60 mètres avant d'arriver à la hauteur de Vilvorde. Sur la rive gauche de la Senne, le terrain est généralement moins élevé; mais par contre, sa pente vers le nord est moins accentuée.

La forêt de Soignes, dont le bois de la Cambre est une dépendance et qui limite vers le sud la position à reconnaître, n'offre pas seulement de l'importance comme obstacle et comme couvert : se dirigeant, dans ses grandes masses, dans la direction S.-S.-E., elle occupe une crête de partage secondaire à laquelle viennent se rattacher les vallées de divers affluents tant de la Senne que de la Dyle. Les affluents de la Senne qui traversent la zone de terrain considérée sont : le Maelbeek, qui part de la Cambre, et la Woluwe, qui prend sa source un peu au-dessus de Boitsfort et se jette dans la Senne à Vilvorde[1]. Les vallées de ces deux ruisseaux ont des directions sensiblement

[1] On pourrait objecter que la carte indiquant ces ruisseaux, le rapport pourrait et même devrait ne pas en parler. Cette objection serait fondée si nous avions entrepris d'en décrire le cours; mais telle n'a pas été notre intention : nous avons voulu spécifier l'influence de ces deux vallons sur la constitution du

CHAP. VII.

parallèles au cours de la Senne et découpent le terrain en trois plateaux d'une largeur uniforme. De ceux-ci, le premier, compris entre la Senne et le Maelbeek, est occupé par les faubourgs qui prolongent la ville vers l'est, le second offre un terrain découvert et peu accidenté, le troisième enfin est couronné, sur une partie de sa crête, par un embranchement de la forêt de Soignes, tandis qu'il est découpé, vers l'est, par les affluents de la Dyle dont il a été question plus haut, savoir, l'Yssche et la Voer, qui prennent respectivement leur source à Hoeylaert et à Tervueren. On remarquera que les vallées de ces affluents découpent le plateau à peu près normalement à sa direction — contrairement à ce qui se présente pour le Maelbeek et pour la Woluwe — et qu'elles pourraient, conséquemment, être enfilées par des forts établis sur la crête.

Enfin, des sous-affluents de la Senne et de la Dyle découpent à leur tour ces plateaux ; mais les vallons qu'ils forment n'ont pas une importance assez considérable pour influer sur le choix de la

terrain supérieur, et dans ce but, nous nous sommes borné à les signaler de manière qu'on puisse les retrouver facilement sur la carte.

position; ils ne seront donc pris en considération que dans le chapitre suivant, lorsque la question des emplacements à donner aux forts sera élucidée.

Obstacles que présente le terrain.

Les plateaux de cette région, à l'exception des parties occupées par la forêt de Soignes et par les bouquets de bois rares et peu étendus que la carte indique, sont absolument découverts. Les villages, la presque totalité des châteaux et des maisons de campagne se cachent dans les vallons, lesquels présentant en outre des rideaux d'arbres et des obstacles nombreux tels que parcs, enclos, fermes et fabriques, constituent des positions défensives très-favorables. Par contre, les ruisseaux qui coulent le long de leurs thalwegs ont fort peu d'importance[1] et ne constituent un obstacle sérieux qu'aux endroits où ils forment

[1] Cette expression est vicieuse parce qu'elle manque de précision; il en est de même de toutes celles qui expriment une idée relative — telles que long, large, peu, beaucoup, etc., — lorsque le point de comparaison n'est pas nettement établi. Pour faire apprécier le plus ou moins d'importance de ces ruisseaux, le rapport devrait les comparer à un cours d'eau antérieurement décrit, ou mieux encore, dire qu'ils peuvent être aisément franchis par des tirailleurs et même par de l'infanterie en ordre serré, mais qu'ils présentent un obstacle aux mouvements de la cavalerie et de l'artillerie; on pourrait ajouter, enfin, que leur peu de débit fait croire, à première vue, à l'impossibilité d'en tirer parti pour tendre des inondations.

CHAP. VII.

les étangs qu'indique d'ailleurs la carte annexée au rapport[1].

Positions diverses que peut occuper la ligne de front du camp retranché.

Cette analyse des formes générales du terrain permet de conclure que la zone comprise entre la forêt de Soignes et le cours inférieur de la Senne présente deux positions favorables à l'établissement d'une ligne de forts, savoir : la crête du plateau compris entre le Maelbeek et la Woluwe, et celle du plateau s'étendant entre ce ruisseau et la Dyle. L'examen comparatif de ces positions permettra de décider de celle à occuper.

Discussion.

La première offre l'avantage d'enserrer la ville au plus près et de découvrir tout l'intérieur du camp retranché jusqu'à la limite de l'agglomération. En avant d'elle s'étend une vallée — celle de la Woluwe — constituant une excellente position d'avant-postes, mais, par contre, se prêtant également bien à abriter un adversaire qui réussirait à s'en emparer et qu'il deviendrait presque impossible d'en déloger par la suite. La seconde position, beaucoup plus étendue que la première, et même suffisamment éloignée de la ville pour la mettre à l'abri d'un bombardement

[1] C'est-à-dire la carte qui accompagne cet ouvrage.

de ce côté, présente un champ de tir pour ainsi dire illimité; mais son occupation forcerait à pratiquer une coupure dans la forêt de Soignes à un endroit où son massif n'a pas moins de 5 kilomètres de largeur, et entraînerait à des travaux très-considérables tant de ce chef que sous le rapport du grand nombre de forts à élever pour garnir un secteur aussi étendu [1].

L'occupation du plateau oriental serait donc une solution acceptable—peut-être même la meilleure des deux — s'il s'agissait de créer une forteresse permanente, où la solidité des points d'appui est assez grande pour qu'une attaque de vive force ou brusquée n'ait aucune chance de succès, même en l'absence de la réserve mobile. Mais tel n'est pas le cas ici, les ressources de la fortification

[1] Il ne serait pas difficile de trouver d'autres avantages et d'autres inconvénients à l'occupation de l'une ou l'autre de ces crêtes; mais nous croyons que les considérations émises dans le rapport sont les seules qui aient une influence décisive sur le choix à faire entre les deux positions. Si ce choix s'était porté sur la crête orientale, il y aurait eu lieu d'insister sur la nécessité de raser ou d'occuper fortement le parc de Tervueren, ainsi que la partie détachée de la forêt s'étendant au sud de ce parc, attendu que ces couverts sont situés au delà de la ligne de front. Mais, dans le cas actuel, il est inutile d'insister sur les inconvénients secondaires, alors que les principaux suffisent pour faire conclure à un rejet suffisamment motivé.

CHAP. VII.

provisoire étant limitées, tant sous le rapport du nombre des ouvrages que l'on peut élever avec les moyens restreints dont on dispose, que sous celui de leur constitution propre. L'occupation du plateau occidental est donc dictée par les circonstances, et cela d'autant plus que dans le cas actuel, il n'y a aucun intérêt à mettre la ville à l'abri d'un bombardement ni même à lui épargner les inconvénients d'un combat d'artillerie livré à proximité des faubourgs. Ces éventualités, qui pourraient être le signal d'un soulèvement de la population, seront probablement évitées par l'ennemi lui-même, désireux de ne pas faire porter trop lourdement le fardeau de la guerre sur des concitoyens ou sur des alliés.

Conclusion.

La ligne de front du camp retranché suivra donc la crête du plateau occidental, sauf certaines modifications que la présence d'accidents secondaires pourra apporter à son tracé. L'examen de ces modifications partielles et locales rentre évidemment dans l'étude des emplacements à assigner aux divers forts, étude qu'il est possible dès maintenant d'aborder.

CHAPITRE II

Positions assignées aux ouvrages

1 — FORT N° 1

La partie sud du plateau compris entre la vallée du Maelbeek et celle de la Woluwe présente des particularités de site au sujet desquelles il est nécessaire de dire quelques mots. Limitée à l'ouest par le bois de la Cambre, au sud par la forêt de Soignes, cette partie du plateau est découpée par deux vallons : celui du Veeweydebeek (ruisseau affluent de la Woluwe et dénué d'importance tactique) et celui de Spoel, qui s'embranche sur le premier. La hauteur comprise entre la Woluwe et le vallon de Spoel est reconnaissable de loin à un bouquet d'arbres qui lui fera donner le nom de « plateau des Trois-Tilleuls. » Plus à l'ouest, le cours supérieur du Veeweydebeek détache du plateau principal un éperon qui s'avance du bois de la Cambre vers la jonction des deux vallées, avec une altitude sensiblement inférieure à celle des plateaux environnants.

Description du terrain au sud de la position.

Nul doute que si l'on n'avait égard qu'aux formes du terrain, le plateau des Trois-Tilleuls

Discussion sur le plateau à occuper.

CHAP. VII.

devrait être occupé par un fort. La possession incontestée de la vallée de la Woluwe en serait la conséquence[1]. Mais la forêt de Soignes, dont on ne peut disputer la possession à l'ennemi, contourne le point culminant de ce plateau à une distance de 1,200 mètres. Dans ces conditions, son occupation est impossible, et l'on se trouve forcé de renoncer aux avantages qui en résulteraient, pour reporter la ligne de front en arrière jusqu'au plateau principal — sans s'arrêter à l'éperon dont il a été question plus haut, vu sa faible altitude.

Emplacement choisi pour le fort n° 1.

Une surélévation de la crête atteignant la cote 105[2], près du lieu dit «Groenendael,» offre un emplacement très-favorable pour l'établissement du premier fort[3]. L'horizon n'est limité, vers la

[1] Nous nous abstenons ici de motiver cette conclusion, attendu que le lecteur du rapport, ayant la carte sous les yeux, voit parfaitement que du plateau des Trois-Tilleuls on peut enfiler la vallée de la Woluwe jusqu'à la portée extrême du canon.

[2] Ce mamelon est occupé par une maison de campagne très-élevée que l'on peut apercevoir des parties les plus éloignées du secteur d'investissement. Dans un mémoire manuscrit, nous n'hésiterions pas à croquer cette construction en marge du texte, afin que l'on pût reconnaître, dès l'arrivée sur le terrain, le point choisi pour l'emplacement du fort.

[3] Les tracés donnés aux divers forts sur le plan ne sont qu'ap-

CHAP. VII.

Avantages que présente cette position.

droite, que par la haute futaie de la forêt [1]; en avant, le terrain descendant en glacis permet de découvrir le versant opposé du fond de Boendael presque jusqu'à son pied; par-dessus l'éperon, surgit le plateau des Trois-Tilleuls vu jusqu'à sa crête; un peu plus vers la gauche, le plateau des Trois-Fontaines, sur la rive droite de la Woluwe,

proximatifs, car ils doivent résulter de « projets » soigneusement élaborés et non des opérations d'une reconnaissance. L'échelle de la carte est d'ailleurs trop faible pour comporter autre chose que des « indications » dès qu'il s'agit de retranchements à construire. Nous faisons cette observation à l'adresse de ceux qui croiraient trouver dans cette planche des tracés nouveaux à imiter. Nous leur rappellerons qu'à notre avis, les systèmes sont assez nombreux aujourd'hui pour satisfaire à toutes les exigences de l'application, et qu'il serait, au surplus, contraire à notre conception de l'art que d'attacher à la forme une importance qu'il faut réserver pour le fond.

[1] Le lecteur qui voudrait suivre nos développements sur des cartes dressées à une échelle plus grande que le 1/40,000, pourrait être induit en erreur par une fausse indication que ces cartes reproduisent généralement, — indication d'après laquelle le point dominant du terrain serait situé non pas à l'emplacement choisi pour le fort n° 1, mais plus au sud, contre le bois de la Cambre. S'il en était ainsi, cette dernière position serait à coup sûr la plus avantageuse, car elle permettrait de plonger mieux encore le fond de Boendael et d'enfiler plus complètement la vallée du Veeweydebeek. Toutefois, ce dernier avantage serait plus apparent que réel, attendu que le chemin de fer du Luxembourg franchit les divers plis de terrain au moyen de remblais qui les barrent jusqu'à la cote des bords des plateaux.

CHAP. VII.

se laisse apercevoir à travers l'échancrure de la vallée du Veeweydebeek — vallée dont le versant de droite est battu d'enfilade et de revers sans que, cependant, les vues prises du fort arrivent à en fouiller le fond, non plus que le débouché dans celle de la Woluwe. A gauche et en arrière, les conditions sont plus favorables encore : à gauche, le versant antérieur du plateau et, partiellement, les pentes qui le précèdent, sont battues jusqu'à l'endroit où la crête fait une pointe vers l'est. A partir de cet endroit, et plus en arrière, l'horizon n'est limité que par cette crête même, de sorte que toute la partie postérieure du plateau, comprise dans l'intérieur du camp retranché, est parfaitement découverte. Plus en arrière encore, le pli de terrain que suit le chemin de fer du Luxembourg est battu par-dessus le remblai qu'il y forme, jusqu'à l'endroit où ce pli se rétrécit en s'infléchissant vers l'est; enfin, la vallée du Maelbeek est enfilée jusqu'au point où elle fait un coude vers la droite[1].

[1] Après avoir discuté l'emplacement à assigner à un fort, il est nécessaire d'indiquer sommairement les parties du terrain découvertes de cet emplacement, afin que l'on puisse s'assurer si des accidents importants n'échappent pas aux feux directs de l'ensemble de la position. A cet effet, des notes doivent être prises sur le terrain même, en chaque point que l'on veut

2[1] — FORT N° 2 ET LUNETTE A[2]

Positions que présente le terrain à la gauche du fort n° 1.

Lorsque du fort n° 1, le regard se porte vers la gauche dans la direction N.-E., on aperçoit deux surélévations de la crête du plateau, l'une à la cote 103 indiquée sur la carte par la lunette A[3],

occuper; la mémoire, même aidée de la carte, ne peut y suppléer. Dans ces indications, il ne faut avoir égard qu'aux grands mouvements du sol, sauf le cas où une ondulation de peu d'étendue acquérerait comme couvert, par sa proximité de l'un des forts, une importance considérable.

[1] Nous réunissons dans un seul paragraphe les considérations relatives à ces deux ouvrages, parce que le choix de leurs emplacements résulte d'une discussion qu'on ne peut scinder. Il y a, en effet, deux manières de résoudre la question posée : l'une consiste à parcourir la ligne de front du camp retranché et à s'arrêter successivement aux positions remarquables qu'elle offre ; l'autre à se porter d'abord sur celles dont l'importance est décisive, et à étudier ensuite les espaces intermédiaires aux points de vue du raccordement des points d'appui principaux et de la nécessité de battre certains accidents secondaires. La seconde méthode nous paraît la meilleure, car elle repose sur une conception plus large de l'ensemble et assure une liaison plus complète des ouvrages dont l'examen est poursuivi simultanément. C'est pourquoi nous la suivrons chaque fois qu'il y aura lieu de l'appliquer.

[2] Le terme de « batterie » assigné parfois à des forts d'importance secondaire, donne souvent lieu à des méprises. C'est pourquoi nous le remplaçons par celui de « lunette. »

[3] Ce mamelon est couronné par un jardin entouré de murs et dans lequel s'élève un petit pavillon octogone en forme de kiosque.

CHAP. VII.

l'autre à la cote 97 occupée par le fort n° 2 [1]. Les distances comprises entre ces mamelons et le fort n° 1 étant respectivement de 900 et de 2,200 mètres, on voit que le second se trouve dans des conditions d'éloignement plus favorables que le premier à l'établissement d'un nouveau point d'appui principal. Cependant, l'examen des lieux montre que l'emplacement de la lunette A jouit de propriétés tellement avantageuses qu'on ne peut a priori décider de sa non-occupation. D'un autre côté, le terrain présente dans cette zone des particularités dignes d'attirer l'attention. La combinaison défensive à adopter pour cette partie de la position ne peut donc résulter que d'une discussion approfondie, discussion de laquelle ressortira la justification des mesures proposées.

Nécessité de les discuter simultanément.

Triangle formé par la crête du plateau.

A partir de la lunette A jusqu'à la lunette B, la crête du plateau cesse de constituer une arête proprement dite : elle s'élargit de manière à présenter une surface triangulaire dont les trois

[1] L'emplacement assigné à ce fort est occupé par un château construit en briques rouges et en pierres blanches, flanqué d'une tourelle carrée. Cette élégante construction se détache sur l'horizon de manière à indiquer l'emplacement du fort des points les plus éloignés du secteur d'investissement.

angles sont occupés par ces deux lunettes et par le fort n° 2. Ce triangle, dont le côté de base est à la cote 90 environ et dont le sommet atteint la cote 97, est légèrement en contre-pente, et sa profondeur, du sommet à la base, est de 700 mètres. Telle est l'idée générale que l'on peut se former de cette partie du terrain si l'on a soin de négliger les plis secondaires qui en accidentent la surface [1]. Ajoutons que la base du triangle suit la direction générale de la ligne de front — c'est-à-dire de la crête du plateau en deçà de la lunette A et au delà de la lunette B, — tandis que le sommet est rejeté hors de cette direction vers l'extérieur du camp retranché.

De cette disposition particulière du terrain résulte l'impossibilité de battre les versants antérieur et postérieur du plateau par les mêmes ouvrages : un fort élevé au sommet du triangle ne

[1] La particularité qu'offre le terrain dans cette zone est intéressante à observer et ce n'est pas du premier coup que nous sommes arrivé à la distinguer au milieu des nombreux accidents secondaires qui mouvementent le sol en cet endroit. Nous y trouvons une preuve de l'insuffisance de la carte pour révéler les véritables propriétés tactiques du terrain : un examen approfondi du sol lui-même était nécessaire pour aboutir à cette conception qui rend un compte très-exact du système défensif à appliquer à la zone s'étendant entre les lunettes A et B.

CHAP. VII.

pourrait battre l'intérieur du camp retranché au delà de la ligne des lunettes, tandis que les ouvrages établis sur la base n'auraient d'action ni sur les pentes descendant vers la vallée de la Woluwe, ni dans cette vallée, ni même sur le plateau au delà, à cause de la contre-pente dont l'existence a été constatée plus haut. L'occupation simultanée de la base et du sommet du triangle est donc une nécessité qui s'impose, et malgré les désavantages inhérents aux positions en saillie prononcée sur la direction générale d'un tracé, il est indispensable de porter la ligne de défense jusqu'au sommet, c'est-à-dire jusqu'au fort n° 2. D'un autre côté, la base elle-même ne doit pas être nécessairement occupée par des ouvrages dépourvus d'action sur le terrain extérieur; car, en choisissant ses extrémités pour y élever les retranchements, il est clair que ceux-ci découvriront non-seulement le triangle en question et le versant postérieur du plateau, mais encore son versant antérieur puisqu'ils occuperont précisément les points où la crête, rentrant dans les conditions ordinaires, assure aux ouvrages qui y sont établis la découverte simultanée des deux versants qu'elle sépare.

Nécessité d'en occuper les trois sommets.

La formule défensive qui résulte de cette discussion consiste dans un ouvrage avancé soutenu en arrière par deux autres, suffisamment rapprochés pour se prêter un mutuel appui. Mais il reste à déterminer l'importance relative à attribuer à ces trois ouvrages, en d'autres termes, à décider s'ils doivent être tous trois de même grandeur ou s'il y a lieu d'établir une différence dans leur constitution [1].

Discussion sur l'importance relative des ouvrages à y élever.

La question de l'importance relative à attribuer à un ouvrage formant saillie sur la ligne de front d'un camp retranché ne peut être résolue d'une manière générale. On peut considérer un fort placé dans ces conditions comme un ouvrage extérieur, comme un poste avancé à sacrifier dans le cas d'une attaque sérieuse ; mais on peut aussi,

[1] Nous trouvons ici l'exemple d'une discussion théorique introduite dans un rapport. La question de l'importance relative à attribuer à un fort faisant saillie sur la direction générale d'une ligne de front n'a pas été résolue, du moins à notre connaissance, et à coup sûr elle ne l'a pas été dans le traité théorique dont cet ouvrage présente l'application. Le lecteur verra dans la suite du texte la preuve des efforts que nous avons faits pour contenir cette discussion dans d'étroites limites et surtout pour ne l'envisager qu'au point de vue même de la question posée.

CHAP. VII.

lorsque l'importance de la position le justifie, y concentrer la défense, sauf à se retirer et à se maintenir sur la ligne de front proprement dite lorsque l'attaque enveloppante de l'assiégeant aura été couronnée de succès. Cette seconde alternative est celle qui se présente ici : le mamelon sur lequel le fort n° 2 doit s'élever est — on le verra plus loin — d'une haute importance au point de vue de la défense éloignée, et de plus, la distance qui le sépare du fort n° 1 le désigne comme point d'appui principal. L'adoption de cette solution a pour conséquence d'attribuer à la lunette A une importance secondaire, car cet ouvrage est établi dans un rentrant et à des distances peu considérables des forts qui le protégent sur ses flancs.

Ces points établis, il est nécessaire d'entrer dans quelques détails concernant l'action sur le terrain extérieur des deux ouvrages dont les emplacements viennent d'être déterminés.

Parties du terrain vues de la lunette A en avant de la ligne de front ;

Le terrain qui s'étend entre la lunette A et le fort n° 1 est parfaitement battu du premier de ces ouvrages, en avant duquel le sol s'abaisse suivant une pente douce et régulière de manière à laisser apercevoir le fond de la vallée du Veeweydebeek à l'endroit de son raccordement avec le fond de Spoel [1]. Les plateaux des Trois-Tilleuls et des Trois-Fontaines émergent au delà de cette trouée. Plus à gauche, la découverte du terrain rapproché est limitée par le dos d'âne de l'éperon qui se détache du plateau entre la lunette et le fort n° 2; mais au delà de cette crête, on découvre à mi-côte le grand plateau de la rive droite de la Woluwe jusqu'à l'alignement du fort n° 2, fort dont l'assiette est également battue.

En arrière de cette ligne.

De ce même emplacement, le regard domine le versant postérieur du plateau depuis sa crête, jalonnée par les forts de gauche, jusqu'à son bord du côté de la ville. Le vallon dans lequel court le chemin de fer du Luxembourg est enfilé précisément dans sa partie que ne découvre pas le fort n° 1. La vue est ensuite limitée par l'arête de la croupe qui sépare ce dernier vallon de celui de

[1] Nous signalons avec le plus grand soin les découvertes de l'espèce, attendu qu'elles sont à la fois rares et importantes : — rares, parce que les thalwegs des vallons sont naturellement cachés aux vues prises de la crête des plateaux ; — importantes, parce qu'une découverte semblable coupe, pour ainsi dire, en deux la ligne de défense d'un assiégeant qui profite du couvert d'une vallée pour établir ses avant-postes à proximité de la forteresse.

CHAP. VII.

la Cambre, croupe dont le point culminant est occupé par le fort n° 1.

Accidents remarquables que présente le terrain à proximité de l'ouvrage

Enfin, la carte montre que le chemin de fer du Luxembourg coupe la crête du plateau précisément au pied de l'emplacement assigné à la lunette. Il y forme une tranchée profonde [1] et traverse ensuite en remblai les vallons de Boendael et de Spoel, en déblai les plateaux intermédiaires jusqu'à Boitsfort. Ces remblais et ces déblais sont enfilés par l'ouvrage.

La tranchée profonde que la voie ferrée parcourt au pied même de la lunette, de même que plusieurs soubresauts formés par le terrain à proximité et en arrière du mamelon, nécessiteront des mesures particulières pour assurer la sécurité de l'ouvrage contre une surprise ou une attaque de vive force.

[1] Encore un mot sans signification précise. Il est vrai de dire qu'ici la profondeur plus ou moins grande de la tranchée influe peu sur les mesures à prendre pour la surveiller. Par contre, le rapport omet ici de considérer cette tranchée en tant qu'obstacle aux mouvements des troupes le long de la ligne de front. C'est évidemment une lacune, car le viaduc qui permet de franchir la tranchée contre le fort étant vu à toutes distances, il serait renversé dès le commencement du siége et il y aurait lieu de le remplacer par un chemin de colonnes construit avant l'apparition de l'ennemi.

Position importante qu'offre la crête du plateau entre la lunette A et le fort n° 1.

En parcourant le chemin qui suit la crête du plateau depuis la lunette A jusqu'au fort n° 2, on remarque que, du point marqué K sur la carte, la vue plonge jusque dans l'intérieur de la vallée de la Woluwe, grâce à un pli de terrain qui s'embranche sur le vallon du Veeweydebeek. Cette découverte, si avantageuse pour la défense, se prononce dans la direction de la fabrique de M. Seny, dont les bâtiments sont vus jusqu'au pied. La situation du point K est trop rapprochée des ouvrages voisins pour justifier la construction d'une batterie provisoire; mais les avantages de cette position doivent être signalés afin qu'on ne manque pas de l'occuper par un ouvrage de campagne dès le début de l'investissement [1].

Comment il convient de l'occuper.

Conditions qui fixent l'assiette du fort n° 2.

La discussion à la suite de laquelle l'emplacement du fort n° 2 a été fixé a fourni des indications générales sur l'assiette de cet ouvrage.

[1] Dans un rapport fait sur une question de fortification provisoire — c'est-à-dire sur une forteresse élevée en vue d'une attaque prochaine, — il est bon d'insister sur les positions qui présentent un intérêt particulier pour la défense et que l'on ne juge cependant pas devoir fortifier immédiatement. Cette précaution serait inutile s'il s'agissait d'ouvrages permanents, attendu que ceux qui en dressent ou en approuvent les plans ont rarement l'occasion de les défendre.

CHAP. VII.

Il est maintenant nécessaire d'envisager la question à un point de vue plus restreint, c'est-à-dire d'étudier la position en elle-même et dans ses rapports tant avec le terrain rapproché qu'avec le terrain éloigné.

On ne pourrait mieux comparer le mamelon sur lequel doit s'élever le fort n° 2 qu'aux étoiles qui ornent les voûtes des édifices religieux — les rayons étant représentés par des croupes en dos d'âne qui descendent en pente douce, leurs intervalles par des plis en gouttière qui viennent s'embrancher sur les vallées environnantes[1]. Si le point de rencontre de ces accidents était unique, un fort qui y serait établi découvrirait le terrain dans toutes ses parties; mais il n'en est pas tout à fait

[1] Nous attirons ici l'attention du lecteur sur la manière toute différente dont nous envisageons le terrain lorsque nous voulons décider de l'occupation d'un point ou lorsque nous examinons ce point en lui-même. Dans le premier cas (qu'on nous permette cette comparaison), nous nous élevons en ballon pour saisir les formes générales du sol; dans le second, nous redescendons à terre. Ces deux phases sont marquées par une différence dans les comparaisons adoptées: vu de très-haut, le terrain nous apparaissait comme un triangle; vu de prés, il devient une étoile formée de croupes et de vallées rayonnant autour d'un centre commun; de plus près encore, ces croupes et ces vallées divergent de ce centre en formant des couverts d'autant plus étendus qu'ils divergent davantage.

ainsi : pour saisir à la fois les prolongements des croupes et des gouttières, il faudrait donner au fort des dimensions exagérées, et c'est pourquoi il est nécessaire de s'attacher à battre les plis principaux, au risque d'en négliger d'autres qui constituent cependant des couverts rapprochés très-nuisibles à la défense. L'assiette du fort a été fixée en tenant compte à la fois de cette observation et de la nécessité d'occuper aussi exactement que possible le sommet du mamelon, à cause du faible relief qu'offrent les ouvrages provisoires. Il n'est pas inutile d'ajouter que le commandement du fort devra être porté au maximum compatible avec les ressources de l'exécution, quelques décimètres en plus ou en moins pouvant influer d'une manière sensible sur la découverte de plis rapprochés et à pentes douces [1].

Action de cet ouvrage sur le terrain, en avant de la ligne de front ;

Vers la droite, le fort n° 2 se relie parfaitement à la lunette A, dont l'assiette même est battue ; mais à partir de cet alignement et dans un secteur de plus de 90 degrés, la découverte du terrain

[1] Cette observation n'est pas déplacée, attendu que le rapport doit nécessairement influer sur les décisions du chef, lequel tiendra compte de ses indications dans les ordres concernant l'exécution des projets.

CHAP. VII.

devient très-défectueuse. En effet, à peu de distance du fort s'étend un des plis rayonnants dont il a été question plus haut, pli qu'une légère divergence ne permet de battre que du point K situé à son origine[1] et que le fort n° 2 ne pourrait plonger à cause de ses pentes relativement brusques, alors même que l'on donnerait à cet ouvrage un relief considérable. Il y a plus : l'éperon qui se détache du plateau entre le fort et la lunette A, cache aux vues prises du premier de ces ouvrages le glacis qui s'étend en avant de la lunette, et même le terrain au delà jusqu'à l'éperon compris entre Boendael et Spoel. Il en résulte que la protection offerte par le fort aux ouvrages de la droite de la position est très-précaire. Par contre, les plateaux des Trois-Tilleuls et des Trois-Fontaines sont parfaitement battus jusqu'à leurs crêtes respectives.

A gauche de la chaussée de Tervueren, les con-

[1] Ainsi, par la lecture seule du rapport, le chef est prévenu que l'assiégeant peut pénétrer à couvert jusqu'au cœur même de la position s'il néglige d'occuper à temps le point K. C'est là un fait important, que l'on eût été loin de soupçonner si l'on s'était contenté de consulter la carte ou de parcourir le terrain sans prendre note des parties vues de chacun des forts et de celles soustraites à leur action.

ditions sont beaucoup plus favorables. Le grand plateau de la rive droite de la Woluwe est découvert jusqu'à mi-côte, grâce à la déclivité sensible du terrain qui s'étend en avant du fort. Le vallon boisé dont l'origine se trouve à l'emplacement même de l'ouvrage, forme une trouée qui permet de battre le fond même de la vallée de la Woluwe à une distance de 1,600 mètres. Enfin, la croupe qui sépare ce pli du vallon de Bemel est battue sur son versant oriental et, par-dessus sa crête, les vues prises du fort découvrent le versant antérieur du plateau jusqu'à la limite de la portée efficace de l'artillerie.

En arrière de cette ligne.

En ce qui concerne l'intérieur de la position, la base du plateau triangulaire dont le fort occupe le sommet limite l'horizon du côté de la ville; dans la direction nord, le Ketelberg arrête les regards qui ont franchi le vallon de Bemel.

Couverts rapprochés que présente le terrain.

Enfin, la route de Tervueren, qui est de niveau avec le sol jusqu'au fort, s'enfonce immédiatement après dans une tranchée dont elle ne débouche qu'au delà du bord du plateau; elle forme donc un couvert qu'il faudra surveiller. Un autre couvert est formé par la gouttière qui aboutit à Bemel et qui traverse le triangle supérieur du

CHAP. VII.

plateau non loin en arrière du fort; mais les pentes douces dont est formé ce pli permettraient de le battre dans les parties rapprochées moyennant un léger exhaussement de relief.

3 — FORT N° 3 ET LUNETTE B

L'assiette de la lunette B doit résulter de celle du fort n° 3.

L'emplacement exact à assigner à la lunette B ne peut être fixé dès maintenant. En effet, un coup d'œil jeté soit sur la carte, soit sur le terrain, fait voir que cet ouvrage, situé à l'angle nord d'un triangle dont le sommet oriental se relève, n'occupe pas une position assez dominante pour constituer un des points d'appui principaux du camp retranché. Son rôle est donc secondaire, subordonné aux forts plus importants qu'il a pour objet de compléter sous le rapport de la découverte du terrain, et par conséquent son assiette doit résulter et des considérations émises dans le paragraphe précédent, et de l'emplacement que les formes du sol engageront à donner au fort n° 3.

Le Ketelberg; vallons qui le limitent.

A 1,400 mètres au nord du fort n° 2, la crête du plateau fait une pointe vers la vallée de la Woluwe, en même temps qu'elle se relève assez brusquement de manière à atteindre la cote 95. Le mamelon dont la présence occasionne ce double mouvement n'est autre que le Ketelberg, limité au sud par le vallon du Roodebeek, à l'est par la vallée de la Woluwe, au sud par le vallon de Bemel, à l'ouest par celui de Brobbelaer. Dans sa forme originelle — forme que la carte indique d'ailleurs, — ce mamelon devait figurer assez exactement un cône dont les pentes, quoique très-variables, auraient pu être battues en grande partie par un ouvrage construit sur son sommet; mais il n'en est plus ainsi : une briqueterie [1], établie en cet endroit, a découronné le mamelon, et il en résulte que pour s'assurer les avantages qui viennent d'être signalés, il serait nécessaire ou bien de donner à l'ouvrage que l'on y construirait un relief élevé, ou bien d'en étendre la surface de manière à porter ses parapets jusqu'à la limite du terrain nivelé.

Particularité qu'offre son sommet.

Malgré cet inconvénient, le Ketelberg doit être fortifié, non-seulement à cause de sa position dominante, mais encore parce que, limitant vers le nord les vues du fort n° 2 et vers le sud celles

Il doit être occupé par un fort.

[1] Cette briqueterie permet de distinguer le Ketelberg à de très-grandes distances.

CHAP. VII.

prises de la gauche de la position, une sorte de trouée dans la ligne de défense résulterait de sa non-occupation. Ce point admis, il reste à examiner l'importance technique qu'il convient d'attribuer à l'ouvrage. Or, en tenant compte des distances qui séparent le Ketelberg des forts voisins, en considérant le champ de tir étendu que cette position dominante assure au retranchement qui le couronne, on arrive forcément à conclure que l'ouvrage doit être de première grandeur. C'est ce que la carte indique en lui attribuant le n° 3 dans la série des forts.

Partie du terrain que découvre le fort n° 3 au sud et à l'est.

Le fort n° 3 domine, vers la droite, le plateau triangulaire dont le fort n° 2 occupe le sommet et découvre, par-dessus ce plateau, à une distance de 3,600 mètres, la crête du mamelon des Trois-Tilleuls. Plus à gauche, les vues éloignées sont interceptées par le mamelon que couronne le fort n° 2 et par la croupe qui s'en détache dans la direction N.-E.; mais l'abaissement progressif du dos d'âne formé par cette croupe permet bientôt [1]

[1] Observons encore ici que ce mot manque de précision. Il n'eût pas été beaucoup plus long de dire que le plateau des Trois-Fontaines émergeait au dessus de la croupe, et l'on aurait

d'apercevoir le grand plateau de la rive droite de la Woluwe, lequel est battu jusque dans la direction de la route de Louvain — route qui marque d'ailleurs vers le nord la limite des vues prises sur le plateau occupé par les forts.

Entre la croupe qui se détache du fort n° 2 et le fort n° 3, le vallon de Bemel forme un pli de terrain dangereux pour la sécurité de l'ouvrage, pli qui permettrait même — grâce à un vallon secondaire raviné par un chemin creux fortement encaissé et qui débouche près de la Chasse Privée[1] — d'arriver à couvert jusqu'au pied de l'ouvrage si l'on n'avait soin de placer la lunette B de manière à le prendre d'enfilade. De ce côté, la découverte du terrain rapproché se présente donc dans de fort mauvaises conditions. Il en est de même dans la

pu constater par là que la partie du terrain éloigné cachée par le mamelon du fort n° 2 se réduit, dans le fait, à peu de chose.

[1] Si l'auteur du rapport était descendu dans ce vallon au lieu de se contenter de l'examiner de la hauteur, il aurait constaté que le fort n° 2 bat très-convenablement à revers non-seulement les pentes du sol, mais encore le chemin creux qu'il enfile. Nous faisons ici cette observation pour rappeler que dans la reconnaissance d'une position, il ne suffit pas de parcourir les crêtes : il faut aussi descendre dans les plis, surtout dans ceux que leur proximité rend dangereux : c'est le seul moyen d'apprécier l'étendue du couvert qu'ils offrent.

CHAP. VII.

direction est, où le bord du plateau, prolongé par le dos d'âne de la croupe qui se dirige vers le N.-E., forme une crête au delà de laquelle le sol se dérobe complétement aux vues.

Vallon de Roodebeek.

Dans la direction nord, la découverte du terrain se présente dans des conditions plus favorables. Pour s'en rendre un compte exact, il est nécessaire de dire quelques mots des principaux accidents qu'y dessine le sol. A partir du village de Roodebeek, la vallée de ce nom se bifurque en deux plis séparés par la croupe régulière que projette vers l'est le mamelon de Linthout [1]. De ces deux plis, celui de droite (c'est-à-dire le méridional) se divise à son tour à son origine en plusieurs branches séparées par des éperons se rattachant à la crête du plateau, crête qui est sensiblement rectiligne depuis le fort n° 3 jusqu'au mamelon de Linthout. Or, le pli méridional ouvre aux vues du fort n° 3 ses pentes douces, son

Terrain découvert par le fort n° 3 dans cette direction.

[1] Ce mamelon est occupé par une briqueterie; de plus, non loin de son sommet se trouve un hêtre isolé dont le tronc, admirablement régulier et dépourvu de branches sur une grande hauteur, attire le regard des parties les plus éloignées du terrain. D'autres arbres semblables occupent les points dominants de la contrée, et si l'on en croit la tradition, ils marqueraient les emplacements des stations géodésiques de la triangulation exécutée par Ferraris au siècle dernier.

thalweg régulièrement incliné; au delà de cette trouée, les pentes remontant vers le fort n° 4 s'offrent de revers aux regards, jusqu'à ce que la croupe descendant du mamelon de Linthout vienne les intercepter en se découpant d'abord sur ces pentes, ensuite sur l'horizon un peu au delà de l'alignement du fort n° 4. En deçà de cette croupe, les divers éperons qui se rattachent à la crête du plateau sont découverts les uns par dessus les autres, de manière que les plis qu'ils forment, tout comme leurs pentes septentrionales, sont cachés aux vues du fort.

A l'intérieur du camp retranché.

En ce qui concerne l'intérieur du camp retranché, la découverte du fort, limitée d'abord par le mamelon de Linthout, s'arrête ensuite au sommet des pentes rapprochées du vallon de Brobbelaer, au delà duquel le regard rencontre les maisons de la ville, puis l'éperon de la Chasse dont il rase la crête jusqu'à la lunette A. Enfin, le fort n° 1 surgit à l'horizon, mais le mamelon sur lequel il est élevé n'est pas suffisamment découvert pour que l'on puisse, du fort n° 3, flanquer cet ouvrage autrement que par des feux indirects.

CHAP. VII.

Lunette B.

Conditions fixant son assiette.

Les conditions auxquelles la lunette B doit satisfaire étant actuellement connues, il est possible d'en fixer l'assiette. Si le vallon de Bemel était largement ouvert, nul doute qu'il faudrait établir l'ouvrage sur son prolongement; mais il n'en est pas ainsi : ce vallon est tortueux et, de plus, encaissé non-seulement le long de son parcours, mais encore à son origine. Il est donc impossible de le battre en entier, et en conséquence, de toutes les positions qui permettent d'en découvrir une partie, il convient de choisir celle qui se présente dans les conditions les plus avantageuses sous les autres rapports. C'est d'après cette considération que l'emplacement indiqué sur la carte[1] a été fixé. Sauf un angle mort que la pente rapide des versants ne permettrait nulle part d'éviter, le vallon est battu de cet emplacement depuis son origine jusqu'à l'extrémité du château de M. de Waha, château qu'il sera du reste nécessaire de fortifier au moyen de retranchements de campagne afin de compléter la sécurité du fort n°3. D'ailleurs

[1] A proximité de cet emplacement se trouve une maison de campagne entourée d'un beau parc dont la haute futaie sert de point de repère dans la reconnaissance du terrain de la contrevallation.

CHAP. VII.

Terrain qu'il découvre.

la lunette B, quoique placée dans un rentrant, ne sera pas inutile tant pour la défense éloignée que pour la défense rapprochée : la découverte du terrain à droite et en avant s'y présente dans des conditions analogues, quoique beaucoup moins favorables, qu'au fort n° 3, tandis que les vues, plus avantageuses en arrière, sont complétement limitées vers la gauche par le Ketelberg [1].

4 — FORT N° 4

Point terminal de la crête du plateau.

A 2,300 mètres au nord du fort n° 3, le plateau qui avait présenté jusque-là deux versants en dos d'âne, s'arrondit en forme de cône, de manière à se raccorder par des pentes douces et uniformes avec les vallées qui l'environnent. Il en résulte que le sommet de ce cône, situé à la

[1] Le peu de distance (400 mètres) séparant la lunette B du fort n° 3, non moins que la position retirée du premier de ces ouvrages, pourraient faire conclure à sa suppression en tant que retranchement provisoire. Il y a là une question d'appréciation personnelle, que nous avons résolue en tenant compte de l'utilité de créer une seconde ligne de défense en arrière du fort n° 2 et de la nécessité de flanquer en tout temps les abords du fort n° 3. D'ailleurs il y aurait évidemment lieu de tenir compte, dans un projet, de la situation exceptionnelle de la lunette, tant sous le rapport des dimensions à lui donner que sous celui de sa constitution technique.

CHAP. VII.

cote 83 au lieu dit « het Schapraetje [1], » est à proprement parler le point terminal de la crête du plateau, et comme tel, il jouit de propriétés particulières qui engagent à le choisir pour l'assiette de l'un des points d'appui principaux de la ligne.

Le fort n° 4 doit y être établi.

En tenant compte de ce fait ainsi que de la distance qui sépare le Schapraetje du fort n° 3, on arrive facilement à conclure que le quatrième fort de la ligne doit y être établi, et il ne reste plus qu'à se rendre compte de la manière dont le terrain en est battu.

Vues prises de ce fort sur le terrain éloigné ;

Par dessus la croupe qui descend du Ketelberg vers le vallon de Roodebeek, surgit le sommet du mamelon occupé par le fort n° 2, et plus à gauche, à partir de l'alignement du château de Val-Duchesse, la hauteur de la rive droite de la Woluwe. Les vues prises du fort, s'inclinant ensuite de manière à raser les pentes du plateau sur lequel il est établi, découvrent jusqu'à leurs bords les plateaux environnants, tant au delà de la Woluwe qu'au delà de la Senne, les premiers jusqu'à la vallée de la Senne, les seconds

[1] Une maison de campagne entourée d'un parc désigne cet endroit à l'attention de l'observateur.

d'aussi loin que portent les regards vers le nord, jusqu'aux parties bâties qui les interceptent vers l'ouest.

Sur le terrain rapproché.

La découverte rapprochée est également favorable : par dessus la croupe descendant du mamelon de Linthout vers Roodebeek, le Ketelberg et la croupe qui s'en détache vers le N.-E. offrent de revers leurs pentes aux coups du fort. La branche septentrionale du vallon de Roodebeek en est enfilée jusqu'aux premières maisons du village de ce nom. A l'est et au nord, les conditions sont plus favorables encore : le versant du plateau, arrondi en forme de cône, acquiert une largeur considérable, même par rapport à la portée du canon. En arrière, la vallée de Josaphat, enfilée en aval de sa bifurcation, ne dérobe aux vues du fort que les deux plis de terrain de médiocre importance que franchit la route de Louvain et au-dessus desquels la croupe qui s'étend du Tir national au mamelon de Linthout borne l'horizon. Enfin, entre ce mamelon et celui qu'occupe le fort n° 2, une dépression de la crête du plateau laisse apercevoir dans le lointain les silhouettes du fort n° 2 et de la lunette A se

Dans l'intérieur de la position.

CHAP. VII.

détachant sur les sombres massifs du bois de la Cambre [1].

Plateau de Linthout.

Afin de compléter la découverte de la zone de terrain comprise entre les forts n°s 3 et 4, on pourrait être tenté d'occuper le mamelon de Linthout, situé à la cote 96, par une lunette dont le but serait d'enfiler le vallon de Roodebeek, de plonger les plis qui résultent des bifurcations de ce vallon et de la vallée de Josaphat, d'enfiler le vallon du Wyngaerdberg, enfin de battre le versant du vallon de Brobbelaer qui remonte vers le Ketelberg. Mais ces divers objets peuvent être plus avantageusement remplis par des retranchements de campagne que par un ouvrage provisoire. On remarquera en effet, premièrement que la sécurité de la position n'exige pas impérieusement que ces divers plis de terrain soient battus; secondement, qu'ils le seront d'une façon

Motifs qui engagent à ne pas l'occuper.

[1] On pourrait, à la rigueur, se dispenser de faire mention de ces vues, trop incomplètes et trop éloignées pour être efficaces; aussi n'en parlons-nous que pour montrer comment les diverses parties du camp retranché se relient entre elles et pour donner au lecteur qui ne pourrait pas suivre notre description sur le terrain, une idée aussi large et à la fois aussi précise que possible de la position.

beaucoup plus efficace en occupant leurs divers prolongements par des postes fortifiés, qu'en se plaçant en un point central unique qui n'assurera la découverte complète d'aucun d'eux; troisièmement enfin, que la situation du mamelon en arrière de deux forts avantageusement situés le met jusqu'à un certain point hors d'insulte. Dans de telles conditions, des ouvrages de campagne peuvent remplacer avantageusement une lunette provisoire.

5 — FORT N° 5[1]

Importance à donner à l'ouvrage.

Les crêtes des plateaux situés à droite et à gauche de la Senne étant trop éloignées pour se prêter un appui quelconque, il y a lieu d'occuper les crêtes des versants de la vallée par des ouvrages dont l'importance soit en rapport avec les distances qui les séparent des forts voisins. Or, le versant du plateau ayant 2,400 mètres de largeur au minimum depuis le fort n° 4 jusqu'à la vallée de la Senne, il y a lieu d'en occuper le bord

[1] A peu de distance au sud de l'emplacement choisi pour cet ouvrage, se trouvent deux moulins à vent qui peuvent servir de points de repère.

CHAP. VII.

par un fort de grande dimension. Ce fort prendra le n° 5[1].

Conditions qui en fixent l'assiette.

La régularité des formes du plateau en cet endroit permet d'occuper indifféremment un point quelconque de son bord; mais le fort n° 5 ayant pour objet principal (outre celui de battre le versant du plateau) de découvrir le mieux possible la vallée de la Senne, il en résulte que son assiette doit être une conséquence des formes qu'en affectent le versant. Or, cette forme est celle d'une crémaillère dont les petites branches, placées l'une un peu en arrière d'Evere, l'autre à la hauteur de Haeren et la troisième en arrière de la Woluwe, prennent d'enfilade la vallée qu'il s'agit de défendre. L'occupation d'une de ces branches est donc une nécessité qui s'impose, et l'obligation

[1] Le lecteur se rappellera qu'en traitant, dans le chapitre II, des propriétés tactiques des terrains ondulés, nous avons distingué le cas où la ligne de front est parallèle aux courbes de niveau de celui où elle leur est perpendiculaire. Il en est résulté deux théories distinctes. La partie de la position comprise entre les forts n°s 1 et 4 offre une application à coup sûr très-intéressante de la première; la partie s'étendant du dernier de ces forts à celui qui doit s'élever sur la crête du plateau de la rive gauche de la Senne, présente de la seconde une application non moins précise, et même remarquable en ce sens que l'on y voit comment on peut utiliser les accidents secondaires du terrain pour enfiler une vallée dont on occupe le bord.

de restreindre autant que possible le développement de la forteresse fait nécessairement porter le choix sur la hauteur d'Evere, malgré l'inconvénient résultant de la proximité d'un village qu'il faudra raser presque en entier.

Comment il découvre le terrain.

L'assiette exacte du fort n° 5 ne peut guère être déterminée qu'avec le secours de la carte, à cause des constructions qui encombrent le terrain et qui limitent la vue. Il est cependant possible de s'assurer, même dans l'état actuel des lieux, que l'emplacement choisi se relie parfaitement au fort n° 4, et permet de battre le versant du plateau jusqu'à sa ligne de moindre pente dirigée du fort n° 4 vers Vyperzeel, le plateau de Loo à partir de cet alignement, le terrain situé sur la rive gauche de la Senne du pied au sommet de ses pentes, en aval aussi loin que porte la vue et en amont jusqu'à Laeken, enfin la vallée elle-même, d'enfilade d'abord, d'écharpe ensuite, puis en travers [1].

[1] En occupant la petite branche d'une crémaillère tournée vers l'aval d'une vallée, on limite la découverte de celle-ci vers l'amont. Ce résultat est inévitable, mais il est clair que l'on doit s'attacher d'abord à battre l'extérieur d'une position aussi complétement que possible et ne se préoccuper de la défense intérieure que lorsque la découverte extérieure est assurée.

CHAP. VII.

Quant au terrain rapproché, c'est-à-dire aux pentes que couronne le fort, on sait que le soin de les battre sera rempli par l'ouvrage à construire de l'autre côté de la Senne. Vers l'intérieur du camp retranché, les vues sont plus limitées : elles ne s'étendent pas au delà de la crête du versant droit de la vallée de Josaphat.

Enfin, les formes exceptionnellement favorables du terrain qui s'étend entre les forts n°s 4 et 5 fait conclure que la distance de 2,400 mètres qui sépare ces deux ouvrages n'est pas trop considérable et que, par suite, il n'y a pas lieu de construire des retranchements provisoires intermédiaires.

Conclusion. En présentant comme modèle le rapport qu'on vient de lire, nous n'avons pas la prétention de croire qu'il remplit d'une manière absolue les conditions posées dans le chapitre précédent concernant les travaux de ce genre; mais il peut être pris comme exemple de la perfection relative à laquelle chacun peut atteindre en appliquant, avec une somme de travail suffisante, les prescriptions de notre théorie. Au surplus, l'objection la plus sérieuse que l'on pourrait élever contre notre manière de comprendre la question, consisterait sans doute à prétendre qu'il aurait suffi de discuter les emplacements des forts, sans entrer dans la description des parties du terrain découvertes de chacun d'eux. Les notes 1 des pages 190 et 202 ont déjà répondu en partie à cette objection, et nous ajouterons qu'ayant parcouru plusieurs fois la position sans prendre des notes suffisamment complètes, nous avons été conduit à des modifications successives dans les mesures arrêtées, jusqu'à ce que nous ayons pris le parti de ne plus nous fier à la mémoire; or, nous avons nécessairement tenu à faire profiter le lecteur d'une expérience personnelle que les officiers ont rarement l'occasion d'acquérir par eux-mêmes.

Utilité d'indiquer la découverte des ouvrages.

Il est vrai que ces notes pourraient ne pas être reproduites dans le rapport, et ce serait le meilleur parti à prendre si le travail devait être fourni dans un délai très-rapproché. Dans le cas contraire, nous ne voyons pas pourquoi des indications très-utiles au point de vue de l'autorité même qui doit apprécier le travail et dont on possède les éléments écrits, ne seraient pas reproduites? Enfin, un dernier motif nous a guidé dans la voie que nous avons suivie. Tant comme exercice préliminaire que pour acquérir une connaissance aussi complète que possible du terrain sur lequel ils doivent opérer, nos élèves, avant d'exécuter la reconnaissance du secteur d'investissement, parcourent la position à occuper par les forts; puis, dans le but de se familiariser avec les conséquences qui découlent de la théorie exposée dans le chapitre II, ils couvrent d'une légère teinte bistre les parties du terrain découvertes de chaque ouvrage, de manière qu'à la fin du travail les zones non battues ressortent en blanc sur la carte. La description rigoureusement exacte, quoique fort condensée, de ces parties du sol rend seule possible, pour des

Exercice pratique que ces indications facilitent.

CHAP. VII.

commençants, un travail que nous croyons extrêmement utile au point de vue de la compréhension des formes et des propriétés du terrain. Ajoutons, enfin, que les mémoires annexés aux projets doivent indiquer avec le plus grand soin les rapports entre les ouvrages qu'ils concernent et le terrain environnant, et à ce point de vue, il n'était pas inutile d'offrir quelques modèles.

Leur utilité au point de vue des projets.

CHAPITRE VIII

RECONNAISSANCE DU SECTEUR SAVENTHEM—BOITSFORT

CHAP. VIII.

Théories spéciales ressortissant à la fortification passagère.

D'après les idées exposées et développées dans les quatre chapitres précédents, la théorie des reconnaissances militaires comporte, outre les considérations générales applicables à tous les travaux de l'espèce, un certain nombre de théories spéciales relatives chacune à un ordre de questions semblables et résolubles par les mêmes moyens. Sous ce point de vue, les reconnaissances dont l'objet consiste dans la mise en état de défense des positions peuvent être groupées en trois catégories, correspondant aux grandes subdivisions de la fortification passagère, lesquelles donnent naturellement lieu à trois théories

CHAP. VIII.

Théorie spéciale exposée dans ce chapitre.

spéciales distinctes. Le but de ce chapitre sera d'exposer celle de ces théories qui se rapporte à la fortification de campagne; des deux autres, la première a été effleurée par la présentation d'un rapport sur une question de fortification provisoire, tandis que la seconde, embrassant les questions de fortification improvisée et offrant un caractère essentiellement tactique, peut être déduite avec facilité de celle dont nous allons nous occuper, en tenant compte de ce que la nature de l'opération ne comporte ni programme ni rapport écrits.

Méthodes diverses d'exposition applicables à ces théories.

Rappelons que le but de toute théorie spéciale est d'indiquer : 1° les objets dont la considération influe sur la solution du problème posé; 2° les propriétés militaires de ces objets qu'il importe d'examiner, et 3° le point de vue sous lequel ces propriétés doivent être envisagées. Telles sont bien les conclusions auxquelles notre examen rationnel et expérimental nous a fait aboutir. Or, deux voies s'ouvrent devant nous pour résoudre la question ainsi définie. La première, dogmatique, consiste à rechercher et à énumérer tous ces objets, toutes ces propriétés, tous ces points de vue; la seconde, pratique, à fonder la théorie sur l'étude d'un problème vaste et complet de fortification de campagne traité dans son ensemble et dans ses détails. La première méthode est plus générale en apparence, mais elle est entachée de ce vague irrémédiable, si funeste à la conception réellement pratique de l'art et qui conduit à l'impuissance; laseconde est la seule qui offre le caractère de précision nécessaire pour franchir aisément la limite entre la théorie et l'application. D'ailleurs, en abordant chaque question particulière avec ampleur et élévation, il n'est pas impossible de lui donner le caractère de généralité qui semble lui faire défaut. La difficulté de la tâche n'est pas une raison suffisante pour rejeter une méthode évidemment féconde : c'est pourquoi nous l'adopterons en prenant pour thème la reconnaissance du secteur d'investissement Saventhem—Boitsfort.

Méthode adoptée.

Reprenons donc cette hypothèse dans l'état où nous l'avons laissée p. 94. Le général commandant la 3e division ayant reconnu lui-même le terrain, a jugé nécessaire que le résultat de ses observations fût consigné par écrit. D'un autre côté, absorbé dans cette reconnaissance par le grand problème du choix des positions et du système d'organisation défensive à y adapter, il n'a

Rappel de l'hypothèse posée antérieurement.

CHAP. VIII.

pu s'occuper des détails concernant la situation exacte des retranchements à élever, non plus que des questions accessoires telles que les moyens de communication, de surveillance et de correspondance à établir. C'est pourquoi il a chargé son commandant du génie de rédiger un rapport sur la reconnaissance du secteur, lui enjoignant, au préalable, de parcourir de nouveau le terrain pour préciser et compléter le résultat de la visite faite en commun. Mais il importe que le général commandant spécifie ses vues, qu'il attire l'attention de son subordonné sur les points qu'il désire voir traiter, qu'il lui impose, en un mot, un programme à la fois explicite et limitatif, dans lequel seront exposées les diverses questions que la mise en état de défense d'une semblable position soulève. A cet effet, le général commandant a fait rédiger par son chef d'état-major l'ordre dont la teneur suit, ordre qui a été remis immédiatement au lieutenant-colonel B.

Nécessité d'un ordre-programme.

1re ARMÉE
3e DIVISION
ne BUREAU
No m

Du Quartier Général à Tervueren.
Le 29 août 1875.

Texte de cet ordre.

« L'investissement de Bruxelles ayant été « décidé, la 3e division a reçu l'ordre d'occuper

CHAP. VIII.

« le terrain qui s'étend entre le bois de la Cambre « et la forêt de Soignes, d'une part, le Kleyne- « beek, affluent de la Woluwe, de l'autre, et « de l'organiser défensivement soit contre les « sorties de la garnison, soit contre les attaques « d'une armée de secours.

Indication du but et de l'objet de la reconnaissance.

« Les positions défensives à occuper sur ce « terrain (lequel prendra le nom de secteur « Saventhem—Boitsfort) ont été déterminées « dans la reconnaissance de ce jour.

« Aussitôt après la réception du présent ordre, « le commandant du génie de la division se mettra « en devoir de dresser un rapport sur cette recon- « naissance, reconnaissance qu'il aura soin de « compléter auparavant sous les divers points de « vue énumérés plus loin.

« En conséquence, il parcourra de nouveau le « terrain en portant son attention sur les ques- « tions non résolues et rédigera, immédiatement « après, un rapport où seront consignés les résul- « tats tant de ses propres observations que de « celles du général commandant.

Indications précisant la question.

« Le rapport à fournir par le commandant du « génie portera sur les points suivants :

« 1 — Rechercher une position de combat

15

CHAP. VIII.

« avantageusement située pour servir de ligne de « défense principale, soit contre une sortie de la « garnison, soit contre une attaque d'une armée « de secours. La position choisie doit, autant « que possible, remplir ces deux objets au moyen « d'une ligne de défense unique.

« 2 — Rechercher une position favorable pour « l'établissement d'un camp fortifié pouvant servir « de refuge aux troupes de la division et destiné « à former le point d'appui principal du secteur.

« 3 — Rechercher une position d'avant-postes « pour la contrevallation [1].

« 4 — Indiquer les ouvrages à construire « et les principaux obstacles à organiser défen-« sivement pour assurer la défense des positions « indiquées sous les nos 1, 2 et 3.

« 5 — Examiner les ressources que présente « le terrain au point de vue des défenses acces-« soires à établir; indiquer celles qui devront être « le plus employées.

« 6 — Examiner si les circonstances locales « permettent de tendre des inondations, et dans

[1] L'ordre ne parle pas d'une position d'avant-postes pour la circonvallation, position pour laquelle on a nécessairement du temps devant soi.

« l'affirmative, indiquer celles qui seraient favo-
« rables à la défense du secteur.

« 7 — Indiquer le nombre des pièces de posi-
« tion nécessaires pour la défense des ouvrages
« du camp et de la position de combat, ainsi que
« l'effectif des troupes d'artillerie de siége que le
« service de ces pièces exige[1].

« 8 — Examiner les ressources que présente
« le secteur pour le cantonnement des troupes, en
« ayant égard à la nécessité de loger les batte-
« ries de campagne à proximité des emplacements
« qui leur sont destinés[2]; les garnisons d'infanterie
« et d'artillerie de siége des redoutes, aux envi-
« rons des ouvrages qu'elles doivent défendre;
« la majeure partie de l'infanterie dans le camp
« ou non loin à l'extérieur; la cavalerie, enfin, à
« quelque distance en dehors de la circonvallation,

[1] Les questions qui font l'objet de ce paragraphe et des suivants ne sont pas traitées par nos élèves : le temps limité qui leur est accordé pour l'exercice pratique ne le leur permet pas. Mais nous avons tenu à les mentionner ici pour donner une idée complète des renseignements dont un chef peut avoir besoin dans une hypothèse telle que celle par nous adoptée.

[2] Afin qu'elles puissent entrer en ligne dès qu'une sortie est signalée. — A la rigueur, ces détails ne devraient pas figurer dans l'ordre, vu qu'ils sont supposés connus du commandant du génie; mais ne les ayant rencontrés nulle part, nous croyons utile de les donner ici.

CHAP. VIII.

« la surveillance du terrain extérieur lui étant « confiée. Indiquer, s'il y a lieu, l'importance des « baraquements à construire et les emplacements « à leur assigner.

« 9 — Indiquer les chemins de colonnes à « construire pour permettre la concentration des « forces sur les divers points d'attaque du secteur.

« 10 — Rechercher les positions favorables « à l'établissement d'observatoires.

« 11 — Rechercher celles qui conviennent à « l'établissement de signaux de jour et de nuit [1].

Prescriptions complémentaires.

« Le commandant du génie trouvera à l'État-« major de la division des documents propres à « faciliter sa mission. Son rapport sera remis au « Quartier Général dans le plus bref délai possible, « et au plus tard dans les quarante-huit heures, « à partir de la remise du présent ordre.

« Le général commandant la division,

« (Signé) A. »

Confusion apparente que l'on remarque dans l'ordre.

Ce document, en tant que modèle d'ordre-programme, pèche par un point. Il offre, en effet,

[1] L'ordre ne parle pas des communications télégraphiques. Leur réseau doit être établi par le grand état-major, avec postes aux quartiers généraux des divisions.

quelque confusion entre le rôle attribué dans la reconnaissance au général lui-même et la tâche confiée au commandant du génie. Il nous eût été facile de la faire disparaître en chargeant cet ingénieur du travail tout entier; mais, en agissant ainsi, nous ne serions pas demeuré dans la réalité de la pratique de la guerre, le choix des diverses positions d'une ligne d'investissement étant une opération trop importante pour qu'un général la confie à un autre que lui-même. Nous avons donc préféré compliquer légèrement la situation, et nous ne croyons pas que l'on puisse nous le reprocher puisque ainsi nous nous sommes tenu plus près de la vérité. Ajoutons cependant que la confusion signalée n'est qu'apparente, ou si l'on préfère, momentanée : bien que la reconnaissance ne soit pas l'œuvre exclusive du commandant du génie, ce dernier n'en a pas moins à la traiter dans son rapport comme s'il en était entièrement l'auteur. Nous pourrons donc, dès maintenant, faire abstraction des personnes et traiter la question sans nous préoccuper davantage de distinguer les éléments relevés par le général de ceux recueillis par son subordonné. Cette remarque nous permettra d'abréger nos développements ultérieurs,

Elle est sans importance au point de vue de la théorie.

en confondant en une seule exposition la recherche des positions, attribuée au général commandant, et les détails de leur organisation défensive, confiés au commandant du génie.

Critique de l'ordre au point de vue des conditions générales à observer;

En envisageant l'ordre-programme au point de vue des conditions générales qu'un tel document doit remplir, nous remarquerons qu'il joint à l'indication d'un objet parfaitement défini (l'organisation défensive d'un terrain déterminé), celle d'un but non moins précis. Le but est, en effet, de résister aux sorties d'une garnison enfermée dans une ligne de forts qu'indique la carte et reconnaissables sur le terrain, ainsi qu'aux entreprises d'une armée de secours. Dès lors, tout accident du sol, tout obstacle acquiert une signification réelle aux yeux de l'officier chargé de fortifier le secteur, car il sait de quel côté se prononceront les attaques, où déboucheront les secours, par où devra s'opérer la retraite ; la position ennemie s'étend devant lui, dessinée par une crête, jalonnée par des redoutes, ou dans le travail de paix dont nous nous occupons, par des villas qui en occupent les emplacements et dont il aperçoit la silhouette découpant l'horizon d'aussi loin que se porte le regard.

Au point de vue de la théorie spéciale en question.

Considéré au point de vue de la théorie spéciale que nous nous proposons d'exposer, nous voyons le même ordre spécifier avec la plus grande précision une série de points à élucider dans un problème de l'espèce, et même nous croyons qu'il énumère tous ceux qui sont d'une importance réelle. Le problème est donc nettement posé et nous pouvons aborder l'examen des considérations relatives à l'exécution.

Particularités concernant l'étude du programme.

Nous ne voyons rien d'utile à dire sur l'étude du programme. L'ordre est tellement explicite, la nature de l'opération projetée est tellement connue, qu'il ne peut y avoir de difficulté à s'assimiler la pensée et les intentions du chef. Une lecture répétée du programme sera cependant nécessaire afin que, pendant toute la durée des opérations sur le terrain, le commandant du génie ait sans cesse présentes à l'esprit les diverses questions posées, qu'il en poursuive simultanément l'étude, et ne soit pas obligé de revenir sur ses pas pour réparer un oubli.

Considérations relatives à la préparation du travail.

En ce qui concerne la préparation matérielle, le commandant du génie aura soin de ne se faire accompagner que par un seul adjoint, afin de ne

CHAP. VIII.

Préparation matérielle.

pas attirer l'attention de l'ennemi en offrant un groupe nombreux à ses coups. La présence de cet adjoint lui sera utile pour reconnaître certains détails secondaires pendant qu'il examinera lui-même les accidents principaux ou qu'il prendra des notes. Enfin, le développement considérable du terrain à reconnaître l'engagera à faire préparer à mi-chemin un relais où il trouvera des vivres et une monture fraîche.

Documents à réunir, renseignements à prendre et à négliger.

La préparation proprement dite du travail comportera la réunion et l'étude des documents suivants : la carte du Dépôt de la Guerre à l'échelle de 1/160,000 avec courbes de niveau ; une carte des environs de Bruxelles à une échelle de 1/50,000 ou de 1/40,000, figurant le relief du terrain ; un exemplaire du tirage de la carte à 1/160,000 indiquant la population par commune ou, à défaut de cette carte, un document administratif qui offre ce renseignement. Le commandant du génie négligera de s'enquérir du débit des cours d'eau sillonnant la position, attendu que sa visite antérieure lui aura permis d'en constater, à première vue, l'insuffisance pour tendre des inondations sérieuses ; mais il se concertera avec le commandant de l'artillerie pour être à même de

Points sur lesquels doit porter l'étude des documents.

répondre à la question posée par le n° 7 du programme. Nous supposons naturellement, d'ailleurs, qu'il a présente à la mémoire la théorie complète de l'application de la fortification de campagne aux lignes d'investissement ; mais il ne devra pas pour cela négliger de combiner l'étude de la carte avec les souvenirs que lui a laissés sa visite du terrain faite en commun avec le général commandant. Dans ce travail, il aura soin de porter son attention sur les voies de communication existantes, voies que les chemins de colonnes à construire ont pour but de compléter. Il arrivera ainsi à transformer en bien des points ses opérations subséquentes en un travail de « vérification, » bien autrement facile que le travail de « recherche » auquel, sans cette étude préalable, il serait sans cesse forcé de se livrer.

Opérations sur le terrain.

On y poursuit simultanément les solutions de toutes les questions posées.

Nous arrivons enfin aux opérations sur le terrain ; mais ici une remarque est nécessaire. L'officier qui parcourt une ligne de défense avec la mission de résoudre plusieurs questions posées est évidemment obligé d'en poursuivre simultanément l'examen. Il en résulte une certaine confusion, impossible à éviter dans la pratique, mais que

CHAP. VIII.

Convenance de les aborder séparément dans cette étude ;

Ce qui revient à adopter la classification du rapport.

nous pouvons écarter ici au grand avantage de la clarté de l'exposition. Dans ce but, il convient de subdiviser aussi rationnellement que possible les matières à traiter. Or, cette subdivision est précisément celle que doit présenter le rapport. Il y a plus : le rapport lui-même n'étant autre chose que le compte rendu écrit des observations faites pendant la reconnaissance, on voit que dans l'examen auquel nous allons nous livrer, les considérations relatives à l'exécution et au rapport vont nécessairement se trouver confondues. Ajoutons, toutefois, que notre but étant d'exposer une théorie spéciale dans sa généralité, l'étude qui va suivre ne présentera nullement le caractère d'un rapport : nous aurons principalement, en effet, à indiquer les points qui doivent être pris en considération dans les reconnaissances de l'espèce, c'est-à-dire à poser les problèmes, tandis qu'au contraire un rapport a pour but de spécifier les solutions particulières que ces problèmes comportent, eu égard aux données résultant de l'hypothèse admise.

L'étude du rapport est inséparable de celle des opérations dont il est le compte rendu.

Classification des matières.

La classification des matières en parties distinctes — correspondant chacune à un chapitre du rapport — fixera donc en premier lieu notre attention. Convient-il de la faire correspondre à la subdivision du programme? Nous ne le pensons pas. Le programme, en effet, fait de la recherche et de l'organisation défensive des diverses positions l'objet de numéros différents. Se conformer à cette indication conduirait nécessairement à des redites, à des longueurs, et l'on peut même dire que la recherche raisonnée d'une ligne de défense est indissolublement liée à l'examen des procédés défensifs au moyen desquels on s'en assure la possession. Il serait donc beaucoup plus rationnel, plus clair et plus complet de faire des n°s 1, 2, 3 et 4 du programme l'objet de deux chapitres, comprenant, l'un, la recherche et l'organisation défensive de la position du combat et du camp (point d'appui principal de cette position), l'autre, la recherche et l'organisation défensive de la position d'avant-postes. En revanche, il y aurait lieu de consacrer un chapitre spécial à un sujet que le programme ne mentionne pas, c'est-à-dire à la description générale du terrain, description qui permettrait de conclure a priori qu'en ayant égard, d'une part, aux formes générales du sol, et d'autre part, aux premiers avantages remportés sur l'assiégé, la crête

La recherche d'une position et son organisation défensive sont inséparables.

Nécessité d'une description générale du terrain.

Conclusion première qui découle de cette description.

CHAP. VIII.

de partage séparant la vallée de la Woluwe de celle de la Dyle et l'ensemble des vallons s'étendant entre cette crête et la forteresse, sont respectivement indiqués pour servir de position de combat et de position d'avant-postes à la ligne d'investissement.

Autres cas où la classification du programme doit être suivie ou modifiée.

Les n°s 5 à 9 du programme, se rapportant chacun à des sujets distincts, pourraient faire l'objet d'autant de chapitres, d'importance très-variable d'ailleurs. Par contre, les n°s 10 et 11 pourraient être réunis en un seul chapitre, sous le titre de « Mesures de surveillance. »

Nous allons actuellement examiner, dans chacune des subdivisions adoptées, les points qui doivent particulièrement attirer l'attention du commandant du génie.

CHAPITRE PREMIER

Description générale du terrain

La description générale du terrain, d'où résulte, comme nous l'avons fait observer précédemment, le choix des accidents principaux à faire occuper par les positions d'avant-postes et de combat, ne fixera pas longtemps notre attention. Le chapitre précédent offre, en effet, p. 179 et suiv. un modèle d'autant plus facile à imiter qu'il embrasse la position de la 3e division et qu'il présente une discussion où les propriétés militaires des mêmes accidents sont appréciées. Mais il est évident que, tant pour la description que pour la discussion, le point de vue doit changer et se reporter, pour ainsi dire, plus à l'est. Il sera nécessaire d'insister : 1° sur les avantages que présente, comme position de combat, la crête du plateau situé entre la vallée de la Woluwe et celle de la Dyle, avantages que ne réaliseraient pas des positions plus en arrière; 2° sur les inconvénients qui résulteraient, pour la position d'avant-postes, du choix de la vallée de la Woluwe, à cause de sa proximité de la forteresse; 3° sur la nécessité où l'on se trouve néanmoins de l'occuper : *a*) pour conserver la crête comme position de combat ; *b*) pour occuper une zone d'une certaine largeur en avant de la forêt de Soignes afin de n'y être pas acculé dès le début d'une sortie; 4° sur les avantages, comme obstacles et comme couverts, qu'offre cette vallée, avantages qui permettront probablement de s'y maintenir malgré la proximité des forts. Sans aucun doute, ces indications spéciales, jointes

Modèle à suivre.

Comment il doit être modifié.

Points qui doivent attirer l'attention dans le choix des positions successives

Conclusion.

CHAP. VIII.

à celles que présente le modèle de rapport, permettront au lecteur de résoudre non-seulement le problème posé dans ce premier chapitre de la reconnaissance du secteur Saventhem—Boitsfort, mais encore toute question analogue, car notre analyse a porté sur les circonstances principales qui peuvent influer sur le choix des diverses positions d'une ligne d'investissement.

CHAPITRE II

Position de combat

C'est sur la crête du plateau situé entre la Woluwe et la Dyle que doit s'élever la position de combat. Cette conclusion a été prise eu égard aux grands mouvements du terrain et aux avantages obtenus jusqu'ici par nos armes. Or, comment cette crête doit-elle être occupée? Cette question est déjà résolue partiellement dans le programme, qui prescrit de l'organiser défensivement de manière à résister aux attaques soit de la garnison, soit d'une armée de secours; le programme prescrit, en outre, l'établissement d'un camp fortifié destiné à servir de point d'appui principal au secteur. Ces conditions sont précises; mais seule

Comment cette position doit être organisée.

Indications fournies par le programme.

CHAP. VIII.

la visite du terrain nous permettra de décider comment on devra y satisfaire. C'est pourquoi nous allons nous transporter sur la crête du plateau et la parcourir en partant du Kleynebeek, ruisseau qui, vers le nord, forme la limite du secteur.

La manière de les remplir dépend des formes et des obstacles du terrain.

En partant de Nosseghem, où il s'est rendu la veille au soir afin d'y cantonner et de commencer ses opérations le lendemain dès l'aube, le commandant du génie gravissant la berge du vallon, ne tarde pas à apercevoir dans la direction sud un moulin bâti sur un mamelon dominant. De ce point, le plateau apparaît comme une surface parfaitement découverte, très-légèrement accidentée par des ondulations larges et peu profondes, interrompue, çà et là, par des vallons secondaires à pentes douces. L'organisation défensive — en tant que position de combat—qui correspond à un pareil site, consiste évidemment dans une ligne de redoutes situées sur des points dominants habilement choisis eu égard aux accidents secondaires. Si donc la position comportait une ligne unique de forts sur tout son développement, si la nature du terrain demeurait invariable jusqu'à la gauche du secteur, nous nous trouverions en présence

Organisation défensive qui résulte du terrain.

d'un problème identique à celui que nous avons traité dans le chapitre précédent, avec cette seule modification qu'il conviendrait de restreindre à 1,500 mètres l'intervalle moyen entre les redoutes, vu leur moindre importance. Mais il n'en est pas ainsi : la ligne de défense ne peut pas être unique, puisqu'un camp doit être constitué à cheval sur la position ; d'ailleurs, le terrain ne se présente pas dans des conditions uniformes sur tout le développement du secteur, attendu que la forêt de Soignes ne tarde pas à couvrir une grande partie de la surface du plateau. Notre attention doit donc se porter, à la fois, sur la constitution de la ligne unique de forts — problème que nous considérons comme théoriquement résolu, — sur la recherche d'un emplacement favorable à l'établissement d'un camp, enfin sur l'organisation défensive à adapter à la partie du plateau sur laquelle s'étend la forêt. Ces deux derniers points nécessitent quelques développements.

Exceptions provenant du camp à établir ;

De la forêt de Soignes.

But actuel et utilité des camps fortifiés.

En quoi consiste, à proprement parler, et à quelles exigences doit satisfaire dans les conditions actuelles de l'art de la guerre, un camp fortifié placé à cheval sur une ligne d'investissement? A prendre ce mot au pied de la lettre, ce ne serait qu'un emplacement favorable pour le logement des troupes. Mais cette interprétation serait tout à fait erronée. L'étendue considérable qu'embrasse actuellement la moindre opération tactique, la lenteur des progrès de l'assaillant résultant de la manière de combattre moderne, permettent de loger les troupes dans des endroits relativement éloignés des points qu'elles ont pour mission de défendre; aussi une armée assiégeante ne campe-t-elle plus que lorsque les villages ne sont pas assez nombreux pour qu'elle puisse cantonner. Il en résulte qu'aujourd'hui cette belle conception des ingénieurs du XVIIe siècle, qui concentraient le gros de leurs forces dans de véritables petites forteresses, a perdu son importance au point de vue du logement des troupes; mais elle l'a conservée tout entière sous le rapport tactique. Nous dirons mieux : cette importance est plus grande encore qu'autrefois. Jadis la circonvallation et la contrevallation formaient deux lignes, et ce dédoublement était nécessaire à une époque où les retranchements ne défendaient que le terrain même sur lequel ils étaient établis; mais actuellement que la portée et surtout l'efficacité des armes de jet se sont accrues dans d'énormes

CHAP. VIII.

proportions, une ligne unique de redoutes — précédée d'ailleurs dans les deux directions par des avant-postes retranchés — suffit pour assurer la possession d'une large zone de terrain. Toutefois, il faut prévoir un succès de l'ennemi, et reconnaître que la ligne unique étant percée par la prise d'une ou de plusieurs redoutes, les masses des défenseurs seraient entourées et forcées de mettre bas les armes si elles ne trouvaient des points de la position où le redoublement de la ligne fortifiée leur permît de prolonger la défense et d'attendre en sécurité l'arrivée des réserves générales des autres secteurs[1].

Conditions de site favorables à leur établissement.

Partant de là, on voit que les positions les plus favorables à l'établissement d'un camp sont celles où soit des obstacles, soit des accidents secondaires du terrain, constituent un couvert dont la limite domine les autres parties de la ligne et se

[1] Rappelons ici que ces développements théoriques ne doivent pas trouver place dans le rapport. Il en est de même des considérations générales, relatives au choix de l'emplacement des camps, que le lecteur rencontrera dans la suite du texte. A la rigueur, nous aurions pu nous borner à ces dernières considérations et supprimer toute discussion sur le but et l'utilité des camps; mais nous avons tenu à combler sous ce rapport une lacune que le défaut d'espace nous avait empêché de remplir dans nos publications antérieures.

présente dans de bonnes conditions défensives. Or, tant que la crête du plateau est unique, c'est-à-dire qu'elle sépare deux versants en glacis s'étendant uniformément à droite et à gauche jusqu'aux vallées voisines, la ligne de défense doit aussi être unique; mais lorsque cette crête est interrompue par une large dépression de terrain dont le fond est soustrait à la majeure partie des vues prises du dehors, il y a évidemment lieu d'examiner si le couvert qui en résulte ne peut pas être entouré de redoutes avantageusement situées par rapport au terrain extérieur, auquel cas, cet emplacement se trouvera dans d'excellentes conditions pour servir de point d'appui principal en même temps que de refuge aux troupes du secteur. Si de même il arrive qu'un ensemble d'obstacles étendus, faciles à défendre et formant des couverts entoure un espace favorable à la concentration des troupes, il est encore nécessaire d'examiner si l'occupation de ces obstacles peut avoir une influence décisive sur la défense des autres parties de la ligne, et dans l'affirmative, cette position se prêtera également bien au double rôle de refuge et de point d'appui principal que la théorie assigne aux camps fortifiés.

Elles se présentent dans deux cas.

L'emplacement à assigner au camp d'un secteur peut donc être fixé soit par un accident secondaire du terrain, soit par une disposition particulière des obstacles qui le couvrent. L'une et l'autre de ces circonstances se présentent dans le secteur occupé par la 3e division. Vers le nord, le Sterrebeek coule dans un vallon protégé sur tout son pourtour — excepté vers l'ouest, à une distance minimum de 5,200 mètres de la forteresse—par le relief du plateau. Or, en occupant les hauteurs voisines par deux redoutes situées sur la crête principale (redoutes de Sterrebeek et de Moorsel)[1], et par deux autres élevées sur les croupes que projette le plateau à droite et à gauche du Sterrebeek (redoutes du Loozenberg et de Huyskens), on s'assure la possession en premier lieu d'un pli de terrain où des troupes repoussées pour-

Ces cas se rencontrent dans le secteur.

Camp de Sterrebeek.

[1] Les emplacements de ces redoutes ne sont indiqués qu'approximativement sur la carte : nous laissons aux élèves chargés d'en dresser les projets le soin de fixer exactement leur assiette. La même observation s'applique au fort des Quatre-Tilleuls (*de Vier-Linden* sur la carte). Ajoutons une remarque d'un caractère tout pratique : nous désignons les ouvrages, chaque fois que faire se peut, par un nom tiré d'une localité voisine plutôt que par un numéro d'ordre. On parle ainsi mieux à l'esprit et on facilite le travail de la mémoire en rattachant les dénominations des forts à la topographie de la contrée.

CHAP. VIII.

ront attendre à l'abri des vues de l'assaillant l'arrivée des secours et dont elles pourront facilement déboucher pour reprendre l'offensive, en second lieu d'une position dominant le plateau jusqu'à la forêt et prenant des revers sur le restant de la ligne de défense, tout au moins du côté de la ville. Vers le sud, le massif principal de la forêt de Soignes, le parc de Tervueren, et la partie détachée de la forêt qui prolonge ce parc, entourent une vaste clairière dont l'issue septentrionale est occupée par le village de Tervueren et dont l'issue méridionale est d'une faible largeur. Cette position forme aussi un excellent couvert; mais il serait plus difficile d'en déboucher — inconvénient qu'il serait toutefois possible de mitiger en occupant les hauteurs qui commandent ses issues, au nord par deux redoutes, l'une à l'endroit dit «les Quatre-Tilleuls,» l'autre sur le mamelon à l'est d'Ophem; au sud, par deux autres redoutes construites sur les hauteurs cotées 120 et 105 en deçà de la route de Wavre. Camp de Tervueren.

Tels sont les emplacements, favorables à l'établissement de points d'appui principaux, que présente le secteur; mais celui-ci ne devant posséder qu'un seul camp, il y a lieu de choisir la position Lequel doit être préféré.

CHAP. VIII.

qui offre le plus d'avantages. L'emplacement de Sterrebeek nous paraît préférable, attendu qu'il peut être occupé à peu de frais, tandis que celui de Tervueren exigerait pour sa défense, non-seulement les quatre redoutes dont il a été question plus haut, mais encore l'occupation en force des lisières extérieures des couverts qui l'entourent. De plus, il est facile de déboucher du camp de Sterrebeek dans toutes les directions, et les forts qui le constituent peuvent concentrer leurs feux sur un point quelconque du terrain environnant. D'ailleurs, ce terrain est celui que l'ennemi choisira sans doute pour développer ses attaques, plutôt que la forêt où la lenteur de ses progrès donnerait aux réserves le temps de prendre part à la lutte avant qu'un avantage décisif ait été obtenu.

Observation sur les courtines.

Ajoutons enfin que, dans le but d'assurer la défense des camps avec peu de troupes, nous avons admis dans la théorie que des courtines pouvaient être élevées entre les redoutes [1]. Consistant en tranchées-abris et en emplacements pour pièces de campagne, ces courtines protégeraient la retraite et empêcheraient l'assaillant de

[1] Voir : Traité des applications tactiques de la fortification, part. IV, p. 427.

faire une irruption brusque dans l'intérieur du camp; mais afin de ne pas compliquer une question déjà vaste par elle-même, considérant d'ailleurs que ces courtines ne doivent être construites qu'après l'achèvement de la position d'avant-postes et des redoutes de la position de combat, nous ne les mentionnerons ici que pour mémoire, et nous supposerons que le commandant du génie agisse de même dans son rapport.

Conditions particulières résultant de la présence d'une forêt.

Les questions relatives à l'assiette du camp étant épuisées, nous allons passer à celles que soulève la présence de la forêt de Soignes, forêt que le commandant du génie ne tarde pas à rencontrer au delà de la position de Sterrebeek. Mais auparavant signalons, afin de ne pas être obligé d'y revenir, la position des Quatre-Tilleuls, où s'élèvera un fort établi d'après la théorie applicable à la constitution d'une ligne de défense unique.

A partir de l'endroit où le plateau se couvre de la haute futaie de la forêt, les conditions défensives de la position de combat changent complétement. Il est d'abord essentiel de se persuader que les formes mêmes du sol perdent l'importance qu'elles ont eue jusqu'ici, et que cette importance est reportée tout entière à la forme, ou si l'on préfère, au contour de l'obstacle. En effet, les propriétés militaires des diverses crêtes disparaissent, du moment que la futaie limite à quelques pas les vues que la position dominante de ces crêtes leur assure en terrain découvert. En pareil cas, il n'y a que deux partis à prendre : ou bien occuper la lisière de la forêt lorsqu'elle ne s'écarte pas trop de la direction générale de la ligne de front — sauf à en porter la défense un peu en avant dans les endroits où elle est trop dominée, — ou bien faire une percée dans la forêt. Mais que l'on occupe la lisière ou que l'on fasse une percée, la ligne de défense ne peut évidemment plus être unique, attendu que, si une ligne de redoutes bat également bien le terrain en avant et en arrière, une lisière, une coupure, n'est défendable que d'un seul côté. Il en résulte que notre examen devra se bifurquer comme la ligne de défense elle-même, c'est-à-dire que nous aurons à considérer séparément la contrevallation et la circonvallation. Nous commencerons par la première.

La ligne de défense ne peut plus être unique.

Contrevallation.

Un coup d'œil jeté sur la carte fait voir qu'il ne peut être question de coupure à tracer dans la forêt depuis Stockel jusqu'à Boitsfort; la contrevallation doit donc suivre la lisière sur tout ce développement. Au delà de Boitsfort, il n'en est plus de même; mais nous n'avons pas à franchir les limites tracées par le programme. La défense de la ligne Stockel—Boitsfort attirera donc seule notre attention.

Considérations sur l'organisation défensive de la lisière d'une forêt;

La lisière d'une forêt constitue en elle-même une excellente contrevallation, eu égard non-seulement au couvert qu'elle offre, mais encore au peu de probabilité qu'il y a de la voir attaquer. Le succès d'une sortie dépend en effet de la rapidité du succès, et un assiégeant qui voudrait faire une trouée pour éviter une capitulation ne choisirait évidemment pas un terrain boisé pour écouler ses masses. Une tranchée-abri, protégée par un abatis solide constitué au moyen des arbres bordant la forêt, suffirait donc à la rigueur pour assurer la défense. Cependant, en ayant égard au peu de distance (2,000 mètres) qui sépare en certains endroits la forêt de la position ennemie, il y aura lieu d'adopter une organisation défensive plus complète.

Les éléments de cette organisation sont faciles à découvrir. La lisière, constituée comme il a été dit plus haut, représente la « ligne continue, » également faible sur tout son développement,

Sur les points d'appui ;

quoique exigeant des troupes nombreuses pour sa défense. A cette ligne, il faut donc donner des points d'appui, villages ou châteaux retranchés, prenant des revers sur les parties intermédiaires, et à défaut d'obstacles existants, construire de toutes pièces des redans adossés à la forêt, ou rejetés un peu en avant sous sa protection immédiate si les formes du terrain l'exigent. Voilà pour l'infanterie; en ce qui concerne l'artillerie, il faut construire des emplacements pour pièces de campagne sur des points dominants, choisis de manière que les batteries puissent croiser leurs feux sur le terrain en avant jusqu'à la limite extrême de leur portée efficace. Cette condition essentielle forcera souvent à éloigner les batteries de la lisière; mais il n'en résultera aucun inconvénient pour leur sécurité si l'on a soin de retirer en temps opportun les pièces que l'assaillant menacerait de trop près et si l'on se contente alors de le prendre en flanc par les batteries placées sur les mamelons non compris dans la zone attaquée. Afin de rendre cette retraite facile, ces emplacements devront d'ailleurs se trouver à proximité ou en regard du débouché d'une route, d'une drève ou d'un chemin traversant la forêt.

Sur les batteries.

Application des considérations précédentes à la contrevallation.

De Stockel à la pointe de Rouge-Cloître.

L'application de ces principes à la défense de la lisière Stockel—Boitsfort ne présente aucune difficulté. Stockel, situé dans un fond entièrement dérobé aux vues de la forteresse, formera le point d'appui de droite. La lisière trace ensuite un angle rentrant de 90 degrés, où l'ennemi hésitera probablement à s'engager, mais dont il conviendra cependant de battre l'intérieur par une batterie (batterie de la Demi-Heure) établie sur l'éperon situé au débouché de la drève de la Demi-Heure. Il est vrai que la position de cette batterie ne satisfait pas à la règle que nous avons posée plus haut concernant le croisement des feux ; mais elle est justifiée par la grande longueur des côtés de l'angle (2,000 mètres), longueur qui rend illusoire leur flanquement réciproque par la mousqueterie. D'ailleurs il ne peut y avoir d'inconvénient à multiplier les emplacements pour pièces de campagne : ces retranchements nécessitent fort peu de travail, et rien ne force à les occuper lorsque les pièces peuvent être employées plus utilement sur d'autres points.

Pointe de Rouge Cloître.

L'endroit le plus faible de la position est évidemment la pointe que prononce la forêt sur la croupe de Rouge-Cloître : en cet endroit, la position de

CHAP. VIII.

combat n'est distante que de 2,000 mètres du fort n° 2, et elle se confond, pour ainsi dire, avec celle d'avant-postes. En revanche, les obstacles y abondent : des châteaux entourés de parcs dont la futaie est presque aussi dense que celle de la forêt et que clôturent des murs ou des haies touffues, prolongent la pointe jusqu'à peu de distance des obstacles de la vallée de la Woluwe. Des batteries situées à droite et à gauche de cette pointe sur le bord du plateau, l'une au-dessus du château de Val-Duchesse (batterie de Val-Duchesse), l'autre près de la bifurcation de la chaussée de Tervueren (batterie d'Auderghem), croiseront leurs feux en avant de la position de combat. On verra d'ailleurs plus loin qu'elles forment système avec celles de la position d'avant-postes; car en cet endroit, les deux positions arrivant presque à se confondre, les batteries qui en dépendent cessent d'être distinctes.

Rentrant des Trois-Fontaines.

Au sud de la pointe dont il vient d'être question, la forêt prononce un nouveau rentrant, cette fois rectangulaire, et dont le côté nord est protégé par les étangs de Rouge-Cloître. La teinturerie de M. Brugelman, entourée de hautes et épaisses murailles, sera fortifiée pour rendre l'obstacle continu et pour lui procurer une défense active. Il faut observer toutefois que cette excellente organisation défensive, obtenue à si peu de frais et qui aura pour résultat d'empêcher la pointe de Rouge-Cloître d'être complétement entourée, sera tout à fait inefficace en ce qui regarde la défense du rentrant rectangulaire. Celui-ci est en effet constitué par un plateau — celui des Trois-Fontaines, — et l'on sait que la vallée est sans action sur la hauteur. Il en résulte ce fait assez curieux à observer que, bien que la planimétrie nous montre la lisière de la forêt se repliant en rectangle, le rentrant qui en résulte, considéré au point de vue défensif, ne présente qu'un angle semblable aux dimensions près à celui que nous avons rencontré plus au nord, et semblablement placé.

Le plateau des Trois-Fontaines offre, au surplus, d'excellentes conditions pour l'établissement d'une batterie (batterie des Trois-Fontaines) formant système avec les batteries voisines, car il constitue un éperon qui se projette jusqu'à la limite ouest du rectangle. C'est donc à cette limite que l'on construira un emplacement pour des pièces de campagne, pièces dont la retraite pourra être dirigée selon le cas sur Boitsfort, sur Auderghem, ou en arrière, à travers champs, sur la route de Wavre.

Du rentrant des Trois-Fontaines à la gauche de la position.

Depuis le rentrant rectangulaire jusqu'à Boitsfort, la lisière de la forêt est précédée de maisons de campagne, de châteaux, de jardins et de parcs à la limite desquels on reportera évidemment la ligne de défense. D'ailleurs, les conditions de la contrevallation deviennent très-favorables, car le plateau des Trois-Tilleuls ne tarde pas à la soustraire par son relief aux vues de la position ennemie. Boitsfort sera fortifié pour barrer le nouveau rentrant que trace la forêt, et pour relier la gauche de la contrevallation à la coupure que doivent pratiquer à travers la forêt les troupes du secteur voisin. Cette position est d'ailleurs importante pour assurer la retraite des forces occupant la gauche du secteur dans le cas d'une sortie heureuse qui les acculerait à la forêt. Enfin, une batterie construite près du château de la comtesse d'Ursel sur une saillie heureusement dénudée du plateau (batterie de Boitsfort), battra le terrain en avant jusqu'à la crête du plateau des Trois-Tilleuls, tandis qu'une autre batterie (batterie de l'Infante), placée sur les pentes qu'occupe le château de M. Bischoffsheim, remplira, outre cet objet, celui d'enfiler la vallée de la Woluwe, et assurera à la contrevallation les avantages d'un véritable flanquement.

Circonvallation.

La partie de la circonvallation suivant la lisière orientale de la forêt de Soignes devrait être l'objet d'une étude analogue à celle que nous venons de faire au sujet de la contrevallation; mais nous devons nous borner[1] et surtout éviter de tomber dans des redites. Nous ne ferons donc qu'une seule observation. La ligne de défense dont il est question peut suivre la lisière orientale du massif principal de la forêt, en laissant le parc de Tervueren en dehors, ou bien embrasser le parc et la partie détachée de la forêt qui le prolonge vers le sud, ou bien encore on peut occuper ces deux lisières, en considérant l'une comme position de combat, l'autre comme position d'avant-postes. Ces solutions sont toutes trois acceptables; mais notre choix se porterait de préférence sur la seconde, vu les facilités qu'offre, pour la défense, le parc de Tervueren

Observation sur la ligne de défense à adopter.

[1] Cette partie de la reconnaissance du secteur n'entre pas dans le travail imposé à nos élèves. Nous croyons préférable d'embrasser une moindre étendue, afin d'approfondir davantage les questions déjà considérables en étendue que le programme comporte.

CHAP. VIII.

complètement entouré de murs, vu la position qu'occupe la redoute des Quatre-Tilleuls, vu surtout l'étendue du champ de tir que l'occupation de cette lisière procurerait sur le plateau principal et dans la vallée de la Voer. Au surplus, le développement de la position n'est guère plus grand que l'on choisisse l'une ou l'autre des deux lisières, et quant à l'étendue en profondeur, il y a plutôt avantage qu'inconvénient à ce qu'elle soit considérable.

CHAPITRE III

Positions d'avant-postes

Différence constatée dans l'aspect du terrain.

Par une chance heureuse au point de vue de la théorie spéciale dont nous nous occupons, la position d'avant-postes du secteur Saventhem—Boitsfort présente des conditions de site précisément opposées à celles de la partie nord de la position de combat. Autant le plateau de la rive droite de la Woluwe est régulier et nu, autant les vallées que nous allons parcourir offrent de couverts et d'obstacles de toute nature. Ces vallées, nous allons les descendre en nous dirigeant du sud vers le nord, de manière à revenir à notre point de départ.

Mais auparavant arrêtons-nous un instant à préciser la théorie des lignes de l'espèce, afin de passer ensuite à l'application par une transition pour ainsi dire insensible.

Ce que c'est qu'une « position d'avant-postes. »

Le terme de « position d'avant-postes » ne doit pas être pris au pied de la lettre et en opposition avec celui de « position de combat. » C'est sans aucun doute sur la position de combat que doivent d'abord se réunir la réserve générale du secteur attaqué et, successivement, les réserves générales des secteurs voisins; mais cela ne veut pas dire que la position d'avant-postes ne constitue qu'un cordon de surveillance, ainsi que sa dénomination pourrait le faire supposer. Loin de là : cette position doit fournir une défense opiniâtre, défense à laquelle les réserves générales mêmes sont appelées à concourir. Il ne suffit pas seulement de gagner du temps : les plus grands efforts doivent être faits pour se maintenir dans cette première ligne, qu'il ne faut céder que si l'on y est forcé par la vigueur de l'attaque. Cette théorie est en parfait accord avec la manière de combattre actuelle qui consiste, on le sait, à exiger des corps engagés le maximum d'effort dont ils sont capables et à ne jamais céder le terrain que pied

Double rôle qu'elle doit remplir.

CHAP. VIII.

à pied et en profitant de tous les obstacles pour retarder les progrès de l'ennemi.

Ce qui en résulte pour les diverses lignes qui la constituent.

Le rôle tactique de la position d'avant-postes, non moins que son rôle de surveillance, exige donc qu'elle se décompose elle-même en plusieurs lignes de plus en plus fortement constituées. Ces lignes s'appellent, en tactique, tirailleurs, soutiens, réserves, corps de bataille; en logistique [1], sentinelles, petits postes, grand'gardes, postes de soutien. Mais de même qu'en tactique et en logistique le nombre de ces lignes est variable, sans pouvoir jamais être inférieur à deux (tirailleurs et corps de bataille; sentinelles et grand'gardes), de même dans une position fortifiée, il faut constituer plusieurs lignes sans jamais descendre au-dessous de ce chiffre. Il faut de plus savoir combiner au besoin les éléments tactiques et logistiques, et ne pas craindre de faire précéder une «ligne de tirailleurs» d'une «ligne de sentinelles,» c'est-à-dire un élément tactique d'un élément logistique.

Conditions que doivent remplir les batteries.

En ce qui concerne les batteries, qui deviennent

[1] Nous comprenons les mesures de surveillance tout comme celles d'information dans la logistique, partie de l'art qui, pour nous, embrasse l'étude de l'universalité des moyens par lesquels se réalisent les combinaisons stratégiques.

ici des « emplacements pour artillerie de campagne » suivant la technologie généralement adoptée, la question doit évidemment être traitée au point de vue tactique pur. Outre les considérations générales que nous avons déjà eu l'occasion d'émettre (p. 250) en traitant de la défense de la lisière d'une forêt, nous devons insister sur la nécessité de battre le terrain en avant jusqu'à la ligne des forts ennemis, afin d'enrayer les progrès des sorties dans la zone éloignée, zone qui est précisément celle où la puissance de l'artillerie développe tous ses effets.

Ces préliminaires, quelle que soit leur concision, nous permettent de reprendre nos opérations sur le terrain, avec l'espoir fondé de résoudre les questions qui vont successivement se présenter. En partant de Boitsfort et de la coupure qui, à hauteur de ce village, continue la position de combat à travers la forêt, nous suivons d'abord la lisière de cette même forêt, puis celle du bois de la Cambre, au travers duquel nous ferons une nouvelle coupure à la hauteur de la ligne des sentinelles. Mais ici, une question d'une haute importance se présente : lequel des mamelons qui se détachent successivement de la forêt convient-il

Tracé de la ligne d'avant-postes au sud de la position.

Discussion sur la crête à occuper.

CHAP. VIII.

d'occuper? Cette question a été résolue provisoirement (p. 92) dans le chapitre relatif à l'hypothèse auquel nous renvoyons le lecteur; mais en ce moment où il s'agit de prendre des mesures définitives, une discussion plus approfondie doit être abordée. Nous la résumerons en peu de mots. La ligne des tirailleurs doit nécessairement occuper une des crêtes; or, en portant cette ligne sur le plateau des Trois-Tilleuls, il arrivera évidemment que, peu après le début de l'action, l'assaillant sera maître de ce plateau et que nos troupes seront acculées à la forêt de Soignes, c'est-à-dire rejetées sur un terrain n'offrant pas une profondeur suffisante pour développer le combat; que, de plus, l'ennemi enfilera la vallée de la Woluwe en aval d'Auderghem de manière à la rendre intenable. La ligne des tirailleurs doit donc être reportée à la crête suivante, encore qu'elle ne soit éloignée que de 1,200 mètres du fort n° 1. C'est une inéluctable nécessité, dont on atténuera autant que possible les inconvénients en épaississant les parapets des tranchées construites sur cette crête et en les pourvoyant de nombreux et solides abris blindés. D'ailleurs, en arrière de cette crête s'étend le vallon de Spoel, où de nombreuses villas offrent

Sous-secteur de Spoel.

toutes les facilités désirables pour constituer une grand'garde dans d'excellentes conditions.

Sous-secteur de Lammerendries.

De la crête de l'éperon compris entre Boendael et Spoel, la ligne des tirailleurs doit descendre dans la vallée du Veeweydebeek, où les conditions défensives changent nécessairement. Observons ici que de telles modifications se reproduisant naturellement à des intervalles assez rapprochés le long d'une position d'avant-postes, il y aurait avantage, pour la clarté de l'exposition, à diviser le terrain en parties — parties que l'on pourrait appeler « sous-secteurs. » Le premier sous-secteur rencontré est celui de Spoel. Nous nous occupons actuellement de celui de Lammerendries. La ligne des sentinelles qui en forme la position avancée court dans un vallon battu dans deux de ses parties (voir p. 196 et 199) de la ligne de front du camp retranché. D'un autre côté, ce vallon est tracé en retraite par rapport à la direction générale de la ligne de front de la contrevallation. Il en résulte que la ligne retranchée devrait être constituée, à notre avis, par une suite de crémaillères dont les petites branches, normales à la direction du thalweg, seraient seules occupées, tandis que les longues branches, prises

CHAP. VIII.

d'enfilade par les feux indirects du fort n° 1, serviraient simplement de lignes de communication. Enfin, ce sous-secteur ne présente pas d'obstacle qui puisse être utilisé pour l'établissement d'une grand'garde : la fabrique de M. Seny, qui pourrait remplir ce rôle, est battue de feux directs (voir p. 199); aussi proposerons-nous de ne l'occuper que provisoirement, sauf à la remplacer dès qu'on en aura le loisir par un ouvrage en terrassement, construit sur le versant nord du plateau des Trois-Tilleuls.

Batteries à établir sur le plateau des Trois-Tilleuls.

Enfin nous terminerons ce qui est relatif à ce plateau en le désignant comme une position favorable pour des batteries, découvrant les issues du camp retranché et les plateaux intermédiaires, et enfilant la vallée de la Woluwe en aval d'Auderghem. Une puissante batterie (batterie des Trois-Tilleuls) remplira ce premier objet. Une seconde (batterie de Lammerendries), élevée sur le bord du plateau et présentant une disposition qui lui assure un champ de tir de 120 degrés[1], permettra d'atteindre à la fois les deux buts.

[1] Il suffit, pour cela, de construire la batterie par emplacements détachés et de disposer ces emplacements en retraite les uns par rapport aux autres.

CHAP. VIII.

Sous-secteur d'Auderghem.

A partir de Lammerendries, la position d'avant-postes s'engage dans la vallée de la Woluwe qu'elle ne doit plus quitter. Il y a cependant lieu d'observer que cette vallée, à la hauteur d'Auderghem, n'est distante que de 1,200 mètres du fort n° 2 ; mais on sait que, même en ce point, elle est soustraite aux vues de la forteresse, et d'ailleurs, la pointe que forme la forêt en cet endroit, ne permet pas d'occuper une position plus en arrière. Le village d'Auderghem est donc forcément désigné pour servir de grand'-garde au sous-secteur de ce nom. Ce village, caché dans la vallée, n'est pas au surplus très-défavorablement situé; mais il est difficile de trouver une position convenable pour la ligne de tirailleurs qui doit le précéder. Aussi, comme disposition tactique, nous proposerions d'en incendier la partie située sur la rive gauche de la Woluwe et d'utiliser les débris comme position avancée ; comme disposition logistique, nous ferions surveiller le terrain en avant, de jour par des observateurs placés sur la hauteur de la rive droite, de nuit par des sentinelles qui se porteraient jusqu'au bord du plateau occupé par le fort n° 2 et qui s'y creuseraient des embuscades, ou

CHAP. VIII.

par des patrouilles qui parcourraient constamment le terrain.

Sous-secteurs de Val-Duchesse et du Bovenberg.

Le parc, précédé d'un étang, qui entoure le château de Val-Duchesse, forme une excellente grand'garde pour le sous-secteur de ce nom, lequel se trouve dans des conditions trop semblables à celles du sous-secteur précédent pour qu'il soit utile de s'y arrêter. Il en est de même du sous-secteur du Bovenberg. Mais si, dans les sous-secteurs d'Auderghem et de Val-Duchesse, nous n'avons pas eu à tenir compte des batteries à construire — ces batteries étant communes aux positions d'avant-postes et de combat, — il n'en est plus de même ici. Toutefois, la question ne soulève aucune difficulté : du Bovenberg à Saventhem, le versant oriental de la vallée de la Woluwe offre une série de croupes séparées les unes des autres par des vallons secondaires aussi faciles à reconnaître sur la carte que sur le terrain. Ce sont ces croupes qui doivent être occupées par l'artillerie, aux environs des bords de leurs plateaux, de manière que les batteries plongent le plus possible dans la vallée tout en découvrant les débouchés de la position ennemie. Les batteries à établir seront, en consé-

Batteries à établir depuis ce point jusqu'à l'extrémité du secteur.

quence, celles du Bovenberg, de Canselrey, de Sainte-Marie-la-Malheureuse, du Hennekerberg, de Crainhem, du Loozenberg et de Saventhem.

Sous-secteur des Deux-Woluwe.

Le sous-secteur que l'on rencontre en aval de celui du Bovenberg est celui des Deux-Woluwe. Les deux villages de Woluwe-Saint-Pierre et de Woluwe-Saint-Lambert, qui n'en forment en réalité qu'un seul, sont situés sur la rive gauche du ruisseau, au pied même de la hauteur. Il y a lieu d'examiner s'il convient de les occuper ou s'il est préférable de les raser, afin de ne pas jeter en dehors de la ligne de défense les troupes, assez nombreuses, qu'exigerait leur occupation. Des arguments pour et contre peuvent être présentés; mais quel que soit le parti auquel on s'arrête, on ne manquera pas de fortifier le château de M. Malou, situé en arrière et qui se prête à une excellente organisation défensive.

Sous-secteur du château de Kieffelt.

Organisation défensive de la position depuis ce point jusqu'à Saventhem.

Nous passons, sans nous y arrêter, le sous-secteur du château de Kieffelt, dont cette construction formera le point d'appui, pour arriver à une partie de la vallée qui se présente sous un aspect et dans des conditions nouvelles. Les obstacles, si nombreux jusqu'ici, deviennent plus rares, et d'un autre côté, le plateau occupé par l'ennemi

CHAP. VIII.

s'élargissant, il devient possible d'en occuper le bord, non plus seulement par des embuscades, mais par la ligne même des tirailleurs. L'accroissement de force qui résulte, pour la ligne d'avant-postes, de la possibilité d'entamer le combat sur le plateau même, est compensé par la faiblesse relative des différentes lignes, que l'on aura soin en conséquence de redoubler. Quelques obstacles, tels que la ferme du Kleynenberg, véritable redoute en maçonnerie située sur le versant occidental de la vallée, serviront de soutien à la ligne des tirailleurs; d'autres constructions plus en arrière fourniront des abris aux grand'gardes. C'est d'après ces idées que sera organisée la défense des sous-secteurs du Kleynenberg, de Woluwe-Saint-Etienne et de Saventhem. Enfin, le village de ce nom, convenablement retranché, formera le point d'appui de la droite de la position.

Croquis et notes à prendre sur le terrain.

Au fur et à mesure que le commandant du génie reconnaîtra les diverses positions que nous venons de décrire, il indiquera sur la carte les mesures défensives arrêtées[1], autant que possible

[1] Le lecteur comprendra facilement pourquoi nous nous sommes abstenu de reproduire ces indications sur la carte annexée à cet ouvrage : notre but est ici de préparer la solution

au crayon rouge et en suivant les indications du tableau des signes conventionnels que nous avons donné p. 175 et suiv.; ces indications seront ensuite repassées à l'encre rouge. Il prendra, en outre, des notes concernant les questions qui prêtent à controverse. Ces croquis et ces notes lui permettront de rédiger le rapport, travail à entamer dès qu'il aura terminé ses opérations sur le terrain, c'est-à-dire en descendant de cheval.

CHAPITRE IV

Défenses accessoires

Les développements que nous nous sommes vu dans la nécessité de donner aux chapitres précédents nous forcent à passer plus rapidement sur les questions d'importance secondaire. La question des défenses accessoires, prise dans sa généralité, est du nombre de celles-là. Nous nous contenterons donc de mentionner ici les ressources que

Ressources en bois que présente la forêt de Soignes.

du problème, non de le présenter tout résolu. Ceux qui croiraient apprendre davantage en consultant des modèles plutôt qu'en s'exerçant eux-mêmes à la pratique de l'art, trouveront dans les relations des siéges de Paris et de Metz des exemples mémorables que nous n'avons pas la prétention d'égaler, et encore moins de surpasser.

CHAP. VIII.

présente la forêt de Soignes pour la construction d'abatis, de palissades, de magasins et d'abris. Il a déjà été reconnu que les ruisseaux qui sillonnent le terrain sont de trop faible importance pour produire des inondations. Les trous de loup seront d'un bon emploi, vu la nature meuble du terrain, dans les parties de la vallée dépourvues d'obstacles suffisamment nombreux ou étendus; dans celles dont un trop grand rapprochement des forts rend la possession précaire, on pourra faire usage de réseaux en fil de fer. Des lignes de torpédos, enfin, pourront être placées autour des redoutes, mais non dans la vallée où elles seraient un obstacle aux opérations tactiques de la défense.

Autres défenses accessoires à employer.

CHAPITRE V

Inondations

Points à examiner dans une reconnaissance.

On sait déjà que le secteur n'offre pas l'occasion de traiter ce sujet. S'il en était autrement, il y aurait lieu d'indiquer les emplacements des barrages à construire et les digues existantes à utiliser, eu égard aux parties de la position qu'il est préférable de couvrir et aux formes du terrain plus ou moins favorables soit à la constitution des bassins, soit à la construction des digues. La mesure du débit, le calcul du temps nécessaire pour tendre l'inondation, le cubage de son bassin seraient des points à examiner dans un projet.

CHAPITRE VI

Artillerie de position

Éléments de la solution de cette question.

Cette question devrait être résolue de commun accord avec le commandant de l'artillerie. Nous avons admis, dans un précédent ouvrage [1], que les redoutes devaient être armées, en moyenne, de 4 pièces, dont 1 de 12 centimètres et 3 de 9. Il y aurait lieu d'examiner, d'après l'importance des redoutes, les modifications à apporter à cette moyenne.

CHAPITRE VII

Cantonnements

Le programme donne sur les cantonnements des indications qui doivent être suivies, indications complétées par ce que nous avons dit p. 240 et suiv. Il faudra d'abord s'assurer si le

[1] Voir Traité des applications tactiques de la fortification, part. IV, p. 433.

CHAP. VIII.

Cas dans lequel les troupes doivent camper.

pays présente assez de ressources pour cantonner toutes les troupes; dans le cas contraire, il faudrait en camper une partie, soit dans des baraques, soit sous des tentes si les matériaux de construction manquaient ou étaient insuffisants. Il y aurait lieu alors de fixer l'assiette des camps — que l'on aurait soin de faire petits et nombreux, — ne perdant pas de vue qu'il est inutile de loger les troupes sur les points mêmes qu'elles doivent défendre. On pourra ainsi placer les baraques dans des endroits cachés aux vues de l'ennemi, sinon à ses feux, la portée énorme de l'artillerie moderne rendant souvent difficile de se placer tout à fait hors des atteintes d'une forteresse.

Force et assiette des camps.

CHAPITRE VIII

Chemins de colonnes

La question des chemins de colonnes à construire doit être considérée à deux points de vue : au point de vue de l'espèce de troupes qui doit les parcourir, et à celui des divers éléments de la position à relier entre eux. Lorsque de tels chemins ne doivent être parcourus que par l'infanterie — comme c'est le cas pour les communications

Communications pour l'infanterie;

avancées vers les avant-postes, — l'essentiel est de les jalonner; des rampes entaillées dans les talus permettent de franchir les encaissements et les parties endiguées; parfois une passerelle doit être construite. Les communications destinées à la cavalerie et à l'artillerie exigent évidemment plus de travail; aussi convient-il de les tracer en contournant autant que possible les accidents naturels ou artificiels que présente le terrain.

Pour la cavalerie et l'artillerie.

Sous le rapport de la direction, on doit distinguer les communications transversales des longitudinales. Les premières, destinées à relier entre elles les diverses lignes de la position, doivent être aussi courtes que possible; les secondes assurent l'arrivée des secours, et l'essentiel est qu'elles soient bien défilées. On utilise pour ces dernières, autant que faire se peut, les routes existantes, attendu que les espaces à parcourir étant considérables, on perdrait plus de temps à couper à travers champs qu'à suivre le pavé. Ajoutons qu'il n'est pas indispensable de relier les avant-postes par des chemins de colonnes longitudinaux, les renforts devant leur parvenir de la position de combat.

Communications transversales et longitudinales.

CHAP. VIII.

CHAPITRE IX

Mesures de surveillance

Positions à utiliser dans ce but.

C'est sur les points dominants du terrain que doivent être établis les observatoires et les signaux. Toutefois, on peut utiliser dans ces deux buts les clochers dont le sommet dépasse le terrain environnant. Le rapport ne doit du reste pas entrer dans le détail des mesures à prendre, mais seulement indiquer les points du terrain et les édifices qui peuvent être avantageusement choisis pour l'établissement d'observatoires ou de signaux de jour et de nuit.

Conclusion.

Telles sont les principales questions que nous semble pouvoir soulever un problème quelconque de fortification de campagne. Nous croyons en avoir assez dit pour préparer leur solution ; aussi, abandonnant ce sujet, allons-nous présenter, dans les chapitres suivants, ce qu'il nous reste à dire concernant l'exécution des projets.

CHAPITRE IX

CONSIDÉRATIONS GÉNÉRALES SUR L'EXÉCUTION DES PROJETS

CHAP. IX.

Éléments fournis par la reconnaissance.

Les reconnaissances spéciales se rapportant à la mise en état de défense des positions par la fortification passagère, permettent de déterminer les diverses lignes de défense à occuper, de décider du système d'organisation défensive à adopter pour chacune d'elles, d'arrêter enfin la nature et l'assiette des retranchements à construire. Mais cela ne suffit évidemment pas pour que l'on puisse passer à l'exécution proprement dite : cette dernière phase de la mise en état de défense exige des données plus précises, embrassant à la fois le tracé — ou la disposition horizontale des ouvrages ; — le profil — autrement dit leurs combinaisons en

Éléments à fournir par le projet.

CHAP. IX.

relief et en épaisseur ; — les détails, enfin, si nombreux et si divers que comporte un retranchement. La détermination de ces éléments destinés à compléter la solution du problème, constitue ce que l'on appelle un « projet. »

Analogie que présentent ces deux ordres de questions.

Un projet de fortification passagère est la conséquence d'opérations intellectuelles dont il importe de suivre les développements, le résultat d'un travail matériel dont il est nécessaire de connaître les conditions ; de plus, son exécution est soumise à des exigences de temps et de lieu dont il est indispensable de tenir compte. Nous nous trouvons donc en présence d'un problème offrant une grande analogie avec celui dont nous venons de terminer l'examen ; aussi essayerons-nous de le résoudre par des procédés semblables. Nous aurons, en conséquence, à rechercher les renseignements à recueillir par l'auteur du projet et la forme dans laquelle ils doivent être présentés, à spécifier les éléments dans lesquels le travail peut rationnellement se décomposer, à appliquer enfin le résultat de nos recherches à l'examen de questions nettement délimitées, de manière à atteindre le degré de précision que l'application pratique exige. Dans ce but, après en avoir posé les données, nous diviserons le problème en parties qui feront chacune l'objet de considérations générales : ce sera la matière de ce chapitre; ces considérations seront ensuite appliquées, dans les chapitres X et XI, aux projets d'ouvrages terrassés et aux projets d'organisation défensive des obstacles du terrain.

Plan suivi dans cette étude sur les projets.

La manière de poser les problèmes, nous l'avons déjà dit, a une influence considérable non-seulement sur la facilité que l'on éprouve à les résoudre, mais encore sur la portée pratique de leur solution. C'est pourquoi nous commencerons par préciser l'étendue du champ que la question embrasse. Sous le rapport des projets, de même qu'à bien d'autres points de vue, il convient de poser une distinction entre les trois branches de la fortification passagère. Les projets d'ouvrages provisoires peuvent être élaborés avec un soin tout particulier, attendu que l'on a généralement plusieurs jours, si ce n'est plusieurs semaines, pour les préparer. Par contre, ceux qui ressortissent à la fortification improvisée ne peuvent consister qu'en quelques coups de crayon tracés à la hâte sur une feuille détachée d'un carnet, qu'en indications parfois purement verbales, données par le chef à

Distinction résultant de la subdivision de la fortification passagère en trois branches.

l'officier chargé de diriger l'exécution. Il n'en est pas de même pour les ouvrages de campagne : ces derniers doivent faire l'objet de plans soigneusement quoique rapidement dressés, et ces plans, destinés à être soumis à l'approbation du général commandant, doivent offrir dans ce but tous les éléments nécessaires pour mettre l'autorité à même d'en apprécier la valeur en toute connaissance de cause.

Les projets de fortification de campagne comprennent les autres cas.

En réalité, c'est dans les projets de cette dernière catégorie que se concentre en entier la pratique de la fortification passagère au point de vue actuel. En ce qui concerne la fortification improvisée, cela se conçoit de reste, et quant aux projets d'ouvrages provisoires, il y a deux manières de les traiter : on peut y appliquer les procédés en usage dans les travaux de fortification permanente, ou les considérer comme un problème de fortification de campagne. C'est, croyons-nous, la seconde méthode que l'on suivra le plus fréquemment, surtout lorsque nous aurons fait voir la possibilité de créer en peu d'heures le projet complet d'un ouvrage, si compliqué qu'il soit, sans qu'il y manque un élément quelconque nécessaire à l'exécution des mesures projetées. Nous limiterons donc notre examen aux projets de retranchements de campagne, et les lignes d'investissement constituant l'application la plus fréquente et la plus complète de cette partie de l'art défensif, nous pourrons dès maintenant établir les données du problème sur l'hypothèse du siége de Bruxelles.

Hypothèse posant les conditions du travail.

Nous avons admis — d'accord en cela, croyons-nous, avec la pratique de la guerre — que le commandant du génie chargeait les officiers placés sous ses ordres de l'exécution des nombreux projets que nécessite la mise en état de défense du secteur d'investissement. Or ces projets étant la conséquence du travail de reconnaissance dont ils ont pour but de développer les résultats, il est d'abord essentiel que le commandant du génie en communique à ses subalternes le rapport, tout au moins dans celles de ses parties qui touchent de près ou de loin aux questions à traiter : c'est le seul moyen de les renseigner complétement sur les données générales du problème qui leur est soumis. Deux méthodes peuvent ensuite être suivies : ou bien le commandant du génie peut s'en rapporter entièrement à ses subalternes pour ce

Nécessité de communiquer au subalterne le rapport sur la reconnaissance.

Indications supplémentaires qui peuvent lui être fournies.

CHAP. IX.

qui est soit de la grandeur et du tracé des ouvrages à construire, soit des autres détails que les questions comportent, ou bien il peut leur fournir un programme dont les limites ne doivent pas être franchies. Dans le premier cas, le chef s'épargne un travail considérable; mais alors il ne doit pas s'étonner lorsque ses propres idées n'ont pas été suivies, et il a pour devoir de juger les projets non au point de vue relatif de sa conception personnelle, mais au point de vue absolu de leur valeur intrinsèque. Dans le second cas, le subalterne est déchargé d'une portion de la tâche, puisque le soin de résoudre une partie des questions que le projet soulève lui est épargné. Or ces questions comptant naturellement parmi les principales, on voit qu'ici, tout comme dans les reconnaissances, quoique pour d'autres causes, l'explicité du programme a pour conséquence de faciliter le travail du subordonné — à la condition, bien entendu, que ce programme ne pose pas des conditions contradictoires ou impossibles à satisfaire et qu'il ne dépasse pas les exigences d'une vraie pratique de guerre. Nous ne nous étendrons pas davantage sur ce sujet, attendu que les considérations émises en traitant des reconnaissances, jointes aux

Avantages d'un programme explicite pour le subalterne.

modèles d'ordres-programmes que le lecteur rencontrera dans la suite de cet ouvrage, suffiront à l'éclairer complétement sur ces divers points.

Parties distinctes que comporte le travail.

Le premier soin à prendre par un officier chargé de dresser le projet d'un retranchement de campagne doit être de se rendre sur le terrain : c'est là, et non dans le cantonnement, que le travail de création doit s'opérer; c'est là que l'officier trouve des renseignements sur la nature du sol, sur les ressources qu'il présente, etc. Cette opération constitue en réalité une reconnaissance; mais afin d'éviter toute confusion dans les mots, nous la désignerons par le terme de « visite du terrain. » C'est au moyen des notes et des croquis pris sur les lieux que l'officier dresse ensuite les plans qui constituent la « partie graphique » du projet ; ce travail est enfin complété par une « partie manuscrite, » que l'on désigne sous le nom de « mémoire, » et qui contient tous les renseignements que le dessin n'a pu reproduire.

Conditions essentielles dont il faut tenir compte dans leur examen.

Telles sont les trois parties dans lesquelles se divise l'élaboration d'un projet. Leur examen fera l'objet d'études séparées, études où nous aurons à tenir compte des conditions essentielles d'un

CHAP. IX.

travail de ce genre, c'est-à-dire : 1° de la nécessité d'une exécution rapide ; 2° des ressources restreintes dont l'officier dispose en campagne ; et nous pouvons ajouter que : 3° le projet doit être assez complet, assez explicite pour qu'il soit propre à servir de guide dans l'exécution matérielle, sans croquis ou développements supplémentaires.

1 — De la visite du terrain

Partie du travail à exécuter sur le terrain.

C'est sur le terrain, avons-nous dit, que le travail de création du projet doit s'effectuer. En effet, c'est là seulement que les formes du sol et les obstacles qui le couvrent apparaissent dans la plénitude de leur signification tactique, avec toute leur valeur tant active que passive. C'est donc là que doivent être fixées la longueur et la direction des parapets destinés à battre les accès de la position, là que doivent être arrêtées les mesures à prendre pour organiser défensivement un obstacle, naturel ou autre. D'ailleurs, cette partie essentiellement créatrice et spontanée du projet ne peut pas être traitée de la même manière dans tous les

Cas à considérer.

cas : les opérations à effectuer lorsqu'il s'agit d'un ouvrage terrassé diffèrent de celles que la mise en état de défense des obstacles nécessite, et il en résulte que nous aurons à distinguer ces deux cas dans notre exposition.

Cas d'un retranchement terrassé.

L'officier chargé de faire le projet d'un ouvrage terrassé — redoute, batterie, emplacement pour pièces de campagne, — se rend sur le terrain à l'endroit désigné, muni d'un double décimètre, d'une boussole de poche, de crayons et de papier.

Détermination du tracé.

Ces divers objets servent à dresser un avant-projet, à l'échelle de 1/1,000 par exemple, sur lequel l'ouvrage est représenté par ses lignes de feu seulement. Cet avant-projet, coté de manière que les éléments en soient déterminés non-seulement en longueur, mais encore en direction, doit être orienté; en outre, le tracé de l'ouvrage est rapporté sur la carte, afin de prévenir, lors de l'exécution, toute erreur soit dans l'orientation, soit dans l'assiette du retranchement.

Points de repère auxquels on le rapporte.

Pour assurer mieux encore l'exactitude du tracé ultérieur sur le terrain, l'officier doit prendre des points de repère — constructions ou arbres isolés, etc., — auxquels il rattache une ou deux des faces principales de l'ouvrage. A cet effet, au moyen de branches coupées dans les environs, il

CHAP. IX.

jalonne des alignements dont les intersections fixent les saillants : une face peut ainsi être déterminée par ses deux extrémités, ou par l'une d'elles et par sa direction, lorsque la face est alignée sur un point remarquable du terrain. Des notes, rappelant avec la plus grande précision les points de repère choisis et la manière de s'en servir, sont prises au fur et à mesure des opérations et introduites ensuite dans le texte du mémoire.

Notes à prendre.

Cas d'un obstacle à mettre en état de défense.

Opérations sur le terrain qu'il nécessite.

Lorsque le projet a pour but la mise en état de défense d'un obstacle, tel qu'un village, une ferme, un château, un parc, etc., la visite du terrain comporte des opérations plus compliquées. Dans le premier cas, elle ne pouvait avoir pour objet que la fixation du tracé; dans le second, elle comporte un levé au pas ou à vue, un examen des obstacles à abattre et de ceux à conserver, le levé des profils des clôtures et des fossés, une appréciation de la valeur défensive des constructions, en un mot la réunion de tous les éléments nécessaires pour dresser un projet dans les conditions que nous énumérerons plus loin.

Le levé au pas ou à vue est nécessaire toutes les fois que l'officier ne dispose pas d'une carte dressée à une échelle suffisamment grande pour que les

Préparation du levé à effectuer.

constructions y soient clairement et exactement représentées. Ce travail nécessite une préparation consistant dans le rapport, à l'échelle choisie pour le levé (1/2,500 par exemple), des rues, des édifices et des points remarquables de l'agglomération à défendre. L'officier se procure ainsi un canevas dont il n'a plus qu'à remplir les mailles, ce qui n'exige pas un temps bien considérable.

Indications techniques à rapporter sur le levé.

Le levé terminé, l'officier arrête l'ensemble, puis les détails de l'organisation défensive — organisation dont il indique les éléments au moyen de signes conventionnels. Il lève en même temps le profil des clôtures qu'il compte utiliser. Afin d'éviter des erreurs lors de l'exécution des mesures projetées, il marque sur le croquis le nom des rues, reproduit les enseignes, indique la destination des édifices publics (églises, écoles, etc.) et la nature des établissements industriels (brasseries, moulins à eau ou à vent, etc.). A défaut de points de repère semblables, il croque en perspective cavalière quelques constructions remarquables. Les projets de tranchées-abris, d'embuscades, d'abatis sur place doivent être traités d'après les mêmes indications, car la nature, tant technique que tactique, de ces retranchements les rapproche

CHAP. IX.

bien davantage de l'utilisation des obstacles du terrain que des ouvrages proprement dits, exécutés de toutes pièces.

Autres indications à prendre dans les deux cas.

Quelle que soit la nature du retranchement à projeter, l'officier prend ensuite note des relations existant entre l'assiette du retranchement et le terrain extérieur, des crêtes limitant la vue, des plis de terrain rapprochés non battus, de la manière dont le point à défendre se relie, sur chacun de ses flancs, aux retranchements de la même ligne, de celle dont il se relie aux lignes en avant et en arrière. Il prend également note des ressources que présente le pays environnant pour l'établissement de défenses accessoires et, s'il s'agit d'un ouvrage terrassé, il examine soigneusement la nature du sol, tant sous le rapport de l'espèce de terres dont les parapets seront constitués, que sous celui du niveau auquel se rencontre la nappe souterraine. Ce dernier point est de la plus haute importance pour les retranchements construits dans les vallées et aux fossés desquels on veut donner quelque profondeur. Dans ce but, l'officier visite les puits situés au même niveau que le point à occuper et, s'il ne s'en rencontre pas aux environs, il fait creuser un trou qu'il pousse jusqu'à

2m50 de profondeur. Il prend note enfin des travaux à exécuter pour dégager les champs de tir, et il insiste particulièrement sur les couverts rapprochés pouvant servir d'abri aux tirailleurs ennemis.

Tels sont les principaux points auxquels il faut avoir égard dans la visite du terrain. Pour plus de développements, nous renvoyons aux chapitres suivants, où l'on trouvera des détails s'appliquant d'une manière spéciale aux ouvrages terrassés et aux obstacles à organiser défensivement.

2 — De la partie graphique

Importance de la partie graphique dans les projets.

Contrairement à ce qui a lieu pour les reconnaissances, la partie graphique constitue l'élément principal des projets, tandis que la partie manuscrite — autrement dit le « mémoire » — n'est qu'un accessoire, bien qu'il soit indispensable dans la majeure partie des cas. C'est pourquoi nous avons rejeté dans cette partie de l'ouvrage les considérations relatives aux plans et aux croquis, considérations dont on pourra souvent tirer parti dans les travaux de reconnaissances.

Les projets comportent deux espèces de

CHAP. IX.

Espèces de documents graphiques que les projets comportent.

documents graphiques : les premiers sont des cartes complétées par des indications relatives au problème posé ; les seconds sont des dessins exécutés en entier par l'auteur du projet ; les uns et les autres portent le nom de « plans. » Nous dirons d'abord quelques mots sur les plans en général ; nous aurons à nous étendre particulièrement ensuite sur ceux de la seconde catégorie.

Les plans doivent être dressés à des échelles progressives.

Nous avons plus d'une fois insisté sur cette condition de la pratique qui force à considérer successivement les questions sous le rapport de l'ensemble et sous celui du détail. En ce qui concerne les plans, cette nécessité se présente sous une forme pour ainsi dire tangible. Du document qui indique les relations stratégiques d'une position fortifiée avec l'ensemble du système défensif du pays, à celui qui représente le mode d'assemblage des pièces de bois constituant un blindage de l'un des ouvrages de cette même position, il doit en exister d'autres, nécessairement dressés à des échelles progressives et calculées en vue de représenter, sous une forme pratique, les divers ensembles et les divers détails nécessaires soit au général en chef pour combiner ses opérations, soit à l'ingénieur pour diriger les travaux de la mise en état de défense, soit au sous-officier pour surveiller sa brigade de travailleurs. Comment et à quelles échelles ces divers plans doivent-ils être dressés? C'est là évidemment une question pratique de la plus haute importance, car de sa solution dépend en grande partie la valeur effective des projets non moins que la rapidité de leur exécution : la suite de cette étude le prouvera surabondamment.

Conditions à observer sous le rapport de leurs dimensions.

Les plans à grandes dimensions qui font la richesse des bibliothèques sont défectueux au point de vue de la pratique de la guerre : ils demandent trop de temps pour leur établissement et sont trop difficiles à consulter. Leurs dimensions — surtout en ce qui concerne ceux de la seconde catégorie — ne doivent pas dépasser celles d'une feuille de papier déployée. Plus donc dans les projets d'ouvrages de campagne que partout ailleurs, la progression des échelles s'impose, et il est nécessaire de rechercher celles qui, tout en atteignant le degré de clarté indispensable, permettent de réduire au minimum le nombre des plans nécessaires à une représentation complète de l'objet considéré.

Dans ce but, nous diviserons les plans en trois

CHAP. IX.

Plans classés d'après leur objet.

Plans de situation; leur but.

Leur échelle doit varier avec leur but.

classes, savoir : les plans de situation, les plans d'ensemble et ceux de détails. Les premiers, comme leur nom l'indique, ont pour but de représenter l'objet considéré non en lui-même, mais sous le rapport de ses relations avec d'autres. Qu'il s'agisse, par exemple, d'une position fortifiée: le plan de situation doit en montrer les relations avec les lignes stratégiques qu'offre le pays environnant, et son échelle peut varier entre le 1/500,000 et le 1/160,000. Le plan de situation d'une redoute, d'un retranchement quelconque doit indiquer la position de l'ouvrage dans la ligne de défense et offrir la possibilité de le tracer sur le terrain au moyen de points de repère fournis par des accidents ou par des obstacles; son échelle doit donc être moins forte : elle peut être comprise entre le 1/50,000 et le 1/20,000. Le projet d'un détail d'ouvrage, tel qu'un blindage, peut être de même accompagné d'un plan de situation marquant la position qu'occupe la construction par rapport aux crêtes, et alors l'échelle doit être choisie plus faible encore : celles de 1/5,000 à 1/1,000 paraissent convenir le mieux pour cet objet.

Plans d'ensemble; leur objet.

Les plans d'ensemble offrent la représentation

même de l'objet à projeter. Or, comme ces objets sont de natures très-diverses, l'échelle à adopter dans chaque cas particulier ne peut résulter de prescriptions générales : elle doit être, au contraire, la conséquence d'un examen raisonné, dans lequel on aura à tenir compte non-seulement de la grandeur totale de l'objet, mais encore de celle des parties dont il se compose et dont la représentation est nécessaire pour en donner une idée exacte. Nous dirons cependant que, contrairement à un préjugé assez répandu, les échelles doivent être plutôt faibles que fortes, afin que l'attention se détourne le moins possible de l'ensemble et ne s'absorbe pas dans le détail. Toutefois, il ne faut pas dépasser la limite de petitesse où les détails indispensables se présenteraient dans des dimensions tellement réduites que le travail en deviendrait méticuleux ou confus. Au surplus, l'étude que nous ferons plus loin des conditions spéciales des projets de différentes natures que comporte la fortification de campagne, nous fournira l'occasion de revenir sur ce point et d'indiquer les échelles les plus propres à la représentation des divers éléments d'une position fortifiée. Quant à l'ensemble d'une pareille position,

Leur échelle résulte d'un examen raisonné de l'objet à représenter.

Conditions générales à observer dans le choix de l'échelle.

Échelle à adopter pour les plans d'ensemble de positions retranchées.

l'échelle qu'il convient d'y appliquer peut varier de 1/50,000 à 1/20,000.

Plans de détails; leur utilité et leur objet.

Le soin même que l'on prendra de choisir une échelle convenablement réduite pour les plans d'ensemble, rendra fréquente la nécessité de plans de détails. Ces derniers constituent à proprement parler des agrandissements d'une ou de plusieurs parties de l'ensemble que leur ténuité relative n'a pas permis de reproduire à l'échelle sur le plan principal. Or c'est ce qui a lieu chaque fois que des objets de natures diverses doivent être représentés simultanément : par exemple, un terrassement et une construction en bois, une construction en maçonnerie et une charpente en fer. Dans le premier cas, le blindage, dans le second cas, la partie métallique, doivent faire l'objet de plans de détails, à moins toutefois qu'il n'en soit dressé des plans particuliers ; et lorsqu'il en est ainsi, ils font à leur tour l'objet de plans d'ensemble, lesquels sont également complétés par des plans de détails représentant les assemblages, les boulons, etc.

Exemple du parti à tirer des indications précédentes.

La portée réellement pratique des indications précédentes sera mise en relief par un exemple.

Supposons que le projet à dresser soit celui d'un blindage constitué au moyen de matériaux très-divers. Si l'auteur du travail faisait choix, pour le plan d'ensemble, d'une échelle assez grande pour que tous les détails y pussent être rapportés, il se verrait dans l'obligation de tracer un nombre considérable d'assemblages, de dessiner un à un tous les rails, tous les saucissons, de représenter par leurs différentes arêtes vingt créneaux, etc. Or, ces soins, et chose plus importante encore, ce temps perdu sont épargnés par l'observation de nos prescriptions : sur le plan d'ensemble, qui n'a plus pour but que d'indiquer les dimensions du blindage et les positions relatives des diverses parties qui le constituent, les assemblages ne sont pas indiqués ; un trait fort remplace la couche de rails ; une tache noire indique les créneaux ; puis, un seul assemblage, une petite partie de la couche de rails, un seul créneau, dessinés dans les angles du papier, assurent une représentation du blindage tout aussi complète, infiniment plus expéditive, et que l'on peut même rendre plus précise par l'emploi d'échelles appropriées à la nature de chaque objet.

Il existe un autre moyen encore de simplifier la

CHAP. IX.

Utilité de l'emploi de signes conventionnels et de légendes explicatives.

partie matérielle de la confection des plans, et par conséquent d'en abréger la durée. Nous voulons parler de l'emploi de signes conventionnels et de légendes explicatives. Les premiers suppriment la figuration d'objets connus et trop longs à reproduire et la remplacent par des indications rapidement exécutées; les secondes rappellent des circonstances que le dessin ne peut représenter. L'usage fréquent des uns et des autres ne pourrait être assez répandu.

Ce que l'on peut ajouter au sujet des premiers.

Nous avons donné ci-dessus (p. 175) un tableau des signes conventionnels à adopter dans les reconnaissances de fortification de campagne; ces mêmes signes conviennent également pour les plans d'ensemble des positions retranchées. Les plans d'ouvrages terrassés, de localités retranchées, de blindages même, peuvent en comporter d'autres, que l'auteur du projet imagine suivant les circonstances, en prenant soin toutefois d'en dresser le tableau dans un angle du plan.

Légendes explicatives.

Avantages des modes de représentation des anciens ingénieurs.

Nous pourrions nous étendre plus longuement sur les légendes explicatives. Les anciens ingénieurs, dont les plans sont admirables de clarté et de vie grâce à l'emploi qu'ils faisaient de perspectives cavalières et de tout ce qui pouvait parler aux yeux et à l'esprit, ne négligeaient pas d'inscrire en travers de leurs plans des explications, souvent très-étendues, sur des faits de nature soit à intéresser leurs lecteurs, soit à faire saisir les motifs ou le but des dispositions adoptées. Depuis lors, l'invention de la géométrie descriptive et les progrès de la topographie ont fait renoncer à ces méthodes au profit d'une exactitude rigoureuse, laquelle, nécessaire sans doute à l'ensemble, est le plus souvent sans aucune utilité quand on l'applique à des détails d'ordre inférieur. C'est ainsi que dans une carte dressée à une petite échelle, il est non-seulement inutile, mais même nuisible de représenter un village maison par maison au lieu d'indiquer seulement les grandes masses délimitées par les rues. Sous ce rapport, les progrès de la science n'ont pas toujours été favorables à l'art, et au point de vue militaire — le seul dont nous ayons à nous préoccuper, — nous ne faisons aucune comparaison entre les documents de notre époque, secs, froids, rigoureux comme un problème de géométrie, et ceux que nous ont laissés les siècles précédents, où les silhouettes des clochers, des châteaux, des allées d'arbres tranchant sur le blanc du papier

CHAP. IX.

comme elles se dessinaient en réalité sur l'horizon, servaient tout autant de guide à l'officier que les indications méticuleuses reproduites par les cartes actuelles, et lui permettaient même de retrouver sa route lorsqu'il était égaré, sans demander son chemin à un passant comme il devrait le faire aujourd'hui[1].

Dans quelle mesure il convient d'y revenir.

C'est contre cette méthode, trop rigoureuse pour être vraiment pratique, que nous voudrions réagir en faisant, dans une juste mesure, un retour vers

[1] Tant que l'officier en reconnaissance se tient sur une grand'-route, il lui est impossible de s'égarer; mais il n'en est plus de même en pleine campagne si, pour une cause quelconque, il a cessé pendant quelque temps de pointer sur la carte le chemin qu'il a suivi. La boussole peut alors sans doute le renseigner sur la direction à suivre pour se rapprocher ou s'éloigner du terrain occupé par l'armée, mais il ne lui est plus possible de déterminer le point exact où il se trouve, à moins de se rendre au village voisin ou de s'informer auprès d'un passant du nom de la localité.

Nous ajouterons qu'à notre avis une représentation purement topographique d'un terrain ne suffit pas toujours pour donner une idée absolument précise des actions de guerre qui s'y sont déroulées. En ce qui concerne le siége de Sébastopol, par exemple, nous croyons difficile, sinon impossible, d'en apprécier les opérations « au point de vue tactique » lorsque l'on n'a pas sous les yeux la vue perspective du terrain si largement ondulé et si profondément raviné du plateau de Chersonèse.—Voir, pour ces perspectives, Elphinstone, *Siege of Sebastopol, views,* et Kinglake, *The invasion of the Crimea*, vol. III.

les procédés anciens. Nous aurons l'occasion de développer nos idées sur cet objet lorsque nous traiterons, dans une autre partie de notre cours, des reconnaissances tactiques. Pour le moment, nous nous bornerons à dire que les officiers ne doivent pas hésiter à croquer en perspective cavalière les objets remarquables auxquels, dans les plans de situation, ils rapportent les ouvrages à élever; que dans leurs projets, ils peuvent même se servir de cette perspective lorsqu'il y a un avantage évident à le faire pour la clarté de la représentation[1]; qu'enfin toutes les indications nécessaires à l'intelligence du sujet doivent être inscrites en ronde ou en bâtarde sur le plan lui-même.

Prescriptions à suivre.

Nous n'avons rien à ajouter à ce que nous avons dit, tant ci-dessus que dans le chapitre VI (p. 173), concernant les indications à rapporter sur les cartes. Il n'en est pas de même

Les plans dessinés entièrement à la main forment l'élément principal des projets.

[1] Nous ne sommes pas seul à partager cette opinion sur l'utilité réellement pratique qu'il y aurait à revenir, dans une juste mesure, aux méthodes de représentation employées par les anciens ingénieurs : les travaux si remarquables de v. Geldern et de Viollet-le-Duc en font foi. — Voir, à ce sujet, v. Geldern, *Sammlung von Zeichnungen und Illustrationen zu den Vorträgen aus der Fortification am central-Infanterie-Curse*, et Viollet-le-Duc, Mémoire sur la défense de Paris.

CHAP. IX.

pour les plans dressés en entier à la main, plans qui forment, dans la presque totalité des cas, l'élément principal, sinon unique, de la partie graphique du projet.

Différence radicale entre les projets de fortification permanente et ceux de fortification de campagne.

Quand on considère que le moindre retard apporté à l'exécution d'un ouvrage de campagne peut être mis à profit par l'ennemi pour infliger une défaite, quand on tient compte des ressources éminemment restreintes que l'officier particulier trouve dans le mince bagage dont les règlements militaires lui permettent de se faire accompagner, on arrive bientôt à se persuader que rien ne peut moins ressembler à un projet de fortification permanente qu'un projet de fortification de campagne. Les plans méticuleusement exacts, tant sous le rapport technique que sous celui de l'exécution graphique, que nécessitent impérieusement les premiers, ne sont ni faisables alors que les troupes attendent les abris destinés à les protéger contre les coups de l'ennemi, ni nécessaires alors que, les mêmes troupes étant chargées de l'exécution, il n'est besoin ni de métrés rigoureux, ni d'indications tellement précises qu'un entrepreneur ne puisse les éluder. Du papier, des crayons, un double décimètre, tels sont les seuls outils dont l'officier dispose et au moyen desquels il doit créer en peu d'heures — une journée au plus — un projet auquel il ne faudra que l'approbation de l'autorité pour en entamer la réalisation sur le terrain.

Dans ceux-ci, le croquis doit remplacer l'épure.

La pratique de la fortification de campagne rejette donc d'une manière absolue la forme graphique désignée sous le nom « d'épure. » Cette forme doit être remplacée par le « croquis, » d'une exécution incomparablement plus rapide, et qui d'ailleurs permet à la conception intellectuelle de se développer bien plus librement. Le croquis constitue à coup sûr la branche essentiellement militaire de l'art du dessin, et l'on sait que ce n'est pas seulement dans les questions de fortification de campagne que l'officier trouve de fréquentes occasions d'utiliser ses procédés expéditifs. L'ingénieur lui-même a bien plus souvent à y recourir qu'à manier le tire-ligne, instrument réservé dans les grands travaux à des dessinateurs de profession. On peut donc dire que la pratique de l'art du croquis est indispensable à l'officier, et c'est pourquoi nous ne croirons pas faire chose inutile en disant quelques mots sur les moyens de l'acquérir.

CHAP. IX.

L'art du croquis exige un apprentissage spécial.

L'espèce particulière de croquis que réclament les applications de l'art de la guerre, occupe parmi les nombreuses branches de l'art du dessin une place tout à fait distincte. Sans doute, les épures de géométrie descriptive et les projets de fortification permanente ou de construction qui habituent l'œil et la main à l'exactitude, les dessins à la mine de plomb par lesquels on apprend à manier le crayon, sont utiles à l'officier, même au point de vue de la facilité qu'il aura par la suite à s'assimiler l'art du croquis; mais cet art ne dérive ni de l'épure, ni du dessin à la mine de plomb. Il nécessite donc une éducation particulière et progressive de la main, éducation qui demande à être dirigée suivant une méthode rationnelle.

Conditions à observer pour en acquérir la pratique.

Le principe le plus important de cette méthode se déduit d'une observation dont personne ne peut nier la justesse. Un croquis étant essentiellement la reproduction de la « ressemblance » d'un objet, il en résulte qu'avant d'en entamer l'exécution, l'objet que l'on veut représenter doit être entièrement connu. Cette connaissance, qui peut résulter soit de la présence d'un modèle, soit d'une opération intellectuelle de création, est indispensable au même titre qu'il est nécessaire, pour faire un portrait, de voir en entier le visage dont on veut retracer les traits, au lieu de n'en découvrir que successivement les diverses parties. L'objet à représenter par le croquis doit donc avoir été « vu » ou « pensé, » et ce n'est qu'après l'avoir suffisamment examiné avec les yeux du corps ou ceux de l'intelligence que le crayon doit parcourir le papier. La méthode contraire, consistant à retracer trait par trait et à la hâte les modèles qu'un professeur dessine sur un tableau, bien loin de perfectionner dans la pratique de l'art, a pour résultat de retarder les progrès — résultat commun d'ailleurs à toutes les méthodes défectueuses [1].

Choix du papier et des crayons.

Pour tracer un croquis (que nous supposerons, pour fixer les idées, reproduire le plan d'une position militaire), on doit se procurer du papier assez fort pour qu'il ne se froisse

[1] Cette opinion nous est personnelle; mais nous la croyons suffisamment fondée en raison pour la produire et la soumettre ainsi à la discussion. Afin de la mettre en pratique, nous évitons de faire prendre des croquis pendant les leçons; ce n'est qu'après les séances que nos élèves tracent, avec une pleine connaissance des objets à représenter, les croquis énumérés dans l'appendice. Cette observation a d'ailleurs une portée sur laquelle il ne faut pas se méprendre : elle vise l'enseignement des arts d'application, et non celui des sciences exactes, au sujet desquelles nous réservons notre opinion.

CHAP. IX.

pas quand on efface les traits mal tracés ou devenus inutiles, non glacé pour que le crayon y morde sans pression de la main, et cependant d'un grain assez fin pour que la mine de plomb tendre n'y produise pas des traits indécis. Le papier propatria dit « à la main » réunit toutes ces conditions[1]. Puis on fait choix de crayons d'une dureté moyenne (le n° 2 est celui qui convient le mieux), et l'on évite particulièrement l'emploi de mines dures, qui gâtent promptement la main.

Tracé du canevas.

Le plan à reproduire est ensuite étudié, surtout dans son ensemble, et lorsqu'on en a bien saisi la « ressemblance, » on trace un canevas à main levée, absolument comme s'il s'agissait d'un dessin artistique quelconque. Ce canevas étant corrigé, on y marque les endroits que doivent occuper les détails, et l'on complète enfin le

Rapport des détails.

[1] On pourrait se demander si l'emploi de papier quadrillé, semblable à celui dont les architectes font usage, ne rendrait pas le travail plus facile et plus rapide. Nous l'avions d'abord pensé ; mais nous n'avons pas tardé à nous apercevoir que si les lignes tracées à angles droits sur le papier facilitaient la construction des coupes et des profils, elles avaient un résultat contraire pour les plans dont les principaux éléments ont des directions qui s'écartent toujours de la perpendiculaire. C'est pourquoi nous en sommes revenu à l'usage exclusif du double décimètre, instrument que l'on ne saurait assez prendre l'habitude de manier comme règle et comme échelle.

croquis en reproduisant ces derniers dans la mesure exigée.

Cas d'un projet d'ouvrage terrassé ou de blindage.

Lorsque le croquis représente un objet d'une nature plus géométrique — tel qu'un ouvrage terrassé, un blindage, etc.,—le tracé du canevas doit également se faire à main levée, mais en s'aidant d'un double décimètre. Les détails sont ensuite mis à leur place, et le croquis est complété sans recourir à l'emploi d'autre instrument que de cette mesure, qui sert à la fois d'échelle, de compas, de règle et d'équerre [1].

Utilité de l'emploi d'échelles en rapport simple avec les ystème décimal.

Nous disons que le double décimètre doit servir d'échelle. Ce point est important, attendu que l'on perd un temps considérable quand on est forcé de prendre une à une, sur une échelle tracée à l'avance, les nombreuses dimensions que comporte un croquis. On évite à la fois ces lenteurs et l'emploi du compas, en s'arrangeant de manière à déduire, par une simple opération mentale, la dimension à rapporter de la graduation du double décimètre

[1] Lorsque l'exécution d'un croquis nécessite le tracé rigoureusement exact d'un angle droit et que l'on n'a pas d'équerre sous la main, on peut remplacer cet instrument par une feuille de papier pliée en quatre par son milieu. L'exactitude de l'angle ainsi obtenu n'a d'autre limite que le soin avec lequel les plis ont été formés.

CHAP. IX.

que l'on tient à la main et au moyen duquel on trace les différentes lignes du plan. Mais pour s'assurer cet avantage, on ne doit faire usage que d'échelles qui soient dans un rapport simple avec le système décimal. Or, la série de ces échelles est assez complète pour n'être jamais obligé de recourir à une réduction qui n'y soit pas comprise. En effet, outre les échelles de 1/1, 1/10, 1/100, etc., qui permettent d'opérer la réduction sans aucun effort d'esprit, on a les échelles de 1/2, 1/20, 1/200, etc., qui n'exigent qu'une division mentale par 2, et celles de 1/5, 1/50, 1/500, etc., qui ne nécessitent qu'une multiplication mentale par le même chiffre. Avec un peu d'habitude ou d'attention, on peut même employer les échelles de 1/4, 1/40, 1/400, etc., et celles de 1/25, 1/250, etc., qui n'exigent respectivement qu'une division ou une multiplication mentale par 4.

Nomenclature de ces échelles.

Leur série est suffisante pour toutes les éventualités.

En résumé, le double décimètre permet de faire usage de la série d'échelles comprenant les réductions à 1/1, 1/2, 1/4, 1/5, 1/10, 1/20, 1/25, 1/40, 1/50, 1/100, 1/200, 1/250, 1/400, 1/500, etc., série dont les termes sont assez rapprochés pour satisfaire à toutes les nécessités de la représentation d'un objet quelconque, même en tenant compte de l'espace restreint dont on peut disposer.

L'emploi de ces échelles dispense de les reproduire sur les croquis.

L'emploi de ces échelles simplifie le travail dans un autre sens encore : le rapport simple qu'elles offrent avec le double décimètre — instrument dont tout officier doit être muni, préférablement même à un compas, — permet de ne pas les reproduire dans un angle du croquis. Cet avantage est précieux, surtout si l'on tient compte de ce que le système d'agrandissements successifs préconisé nécessite l'emploi, sur la même feuille, d'un grand nombre d'échelles différentes. Seulement, il faut avoir le plus grand soin d'indiquer, immédiatement après la désignation manuscrite de chaque figure ou au-dessous de cette indication, la réduction à laquelle elle a été tracée. Cette indication se fait par l'inscription pure et simple de la fraction qui représente la réduction adoptée. Ex. : Profil AB, 1/200.

Comment elles y sont indiquées.

Mise à l'encre du croquis.

Le croquis terminé est passé à l'encre, afin qu'il soit d'une lecture facile, même sur le terrain, et que les traits ne s'en effacent pas sous les frottements résultant de l'usage. Pour cette opération, on peut se servir indifféremment d'encre de Chine ou d'encre ordinaire, d'une plume ou d'un

CHAP. IX.

Observations sur les écritures.

tire-ligne, selon les ressources dont on dispose. Quant aux écritures par lesquelles on termine le travail, elles ne donnent lieu qu'à une seule observation : c'est la condamnation absolue de tout caractère moulé : capitale, romaine, italique ou gothique ; on en comprend facilement le motif. L'anglaise, présentant trop peu de relief, doit également être proscrite au profit de la ronde ou de la bâtarde, qui attirent le regard par leurs formes pleines, tout en étant d'une exécution rapide.

Avantages de l'emploi de la toile-calque.

Quand on dispose de toile-calque, on ne manque pas de saisir l'occasion de la mise à l'encre pour se procurer à la fois, sans travail supplémentaire, une minute que l'on conserve et un plan dont la solidité garantit la durée pendant toute la construction de l'ouvrage. A cet effet, on profite de l'extrême transparence de l'étoffe pour opérer directement le décalque à l'encre sur le tracé au crayon [1].

[1] Comme détail pratique, ajoutons qu'il est un moyen facile de corriger le glacé de la toile-calque sans nuire à sa transparence : il consiste à frotter l'étoffe avec de la « gomme à encre » avant de s'en servir. On sait la difficulté que l'on éprouve à faire mordre l'encre sur la toile-calque neuve, et cette difficulté, si nuisible à la rapidité du travail et même à l'exactitude du dessin, est sensiblement mitigée par le procédé que nous venons d'indiquer.

Les divers croquis se rapportant à un même objet doivent être tracés sur une même feuille.

Nous compléterons ces indications générales par une prescription d'une grande importance et dont il ne faut jamais s'écarter sous aucun prétexte: c'est celle de placer sur une même feuille, soit simple, soit double, les différents croquis dont l'ensemble constitue un tout unique. Ainsi par exemple, on sait qu'un projet de retranchement comporte deux éléments, éléments que l'on caractérise par les désignations de tracé et de profil; on sait aussi que les tentatives faites pour figurer les ouvrages par la méthode des plans cotés sans adjonction de coupes n'ont pas abouti, et que l'on en revient aujourd'hui à un double mode de représentation, seul capable de rendre un compte suffisamment complet de leurs propriétés fortificatives. Or, ce n'est que l'examen simultané des dispositions en étendue et en relief qui permette de « lire » le plan, c'est-à-dire de se faire une idée complète du retranchement représenté, et il en résulte la nécessité d'offrir sur une même feuille ces deux éléments indispensables à toute représentation de telle sorte que le regard puisse les embrasser simultanément. Par contre, le plan de situation peut être distinct du plan d'ensemble, et le plan d'ensemble lui-même des

CHAP. IX.

divers plans de détails. Il y a là, du reste, une question d'appréciation et de possibilité matérielle qu'il faut savoir résoudre, en se rappelant que toute facilité donnée à la lecture d'un projet profite en définitive à son auteur.

3 — Du mémoire

But du mémoire.

Tout projet doit être accompagné d'un mémoire dont le but est, en premier lieu, de justifier sommairement les dispositions adoptées, et en second lieu, de fournir les renseignements qui ne peuvent être présentés sous une forme graphique.

Matières qui doivent y être traitées.

S'agit-il, par exemple, d'un projet de redoute, il est nécessaire de dire quelques mots des considérations qui ont fixé son assiette exacte, les dimensions et les directions de ses faces, leur profil, le nombre, l'emplacement et la surface des blindages, etc. En ce qui concerne le second point, il y a lieu de fournir des indications sur le nombre de journées nécessaires à la construction de l'ouvrage, sur les outils à employer, sur les défenses accessoires dont on se propose de faire usage, etc. Dans un projet de blindage, il convient de dresser des états des matériaux de diverses natures qui entrent dans la construction, indépendamment d'un calcul approximatif, fait par estime, du nombre de journées qu'exigeront leur réunion et leur mise en œuvre. Le mémoire annexé à un projet d'organisation défensive d'un obstacle du terrain doit également offrir des renseignements sur l'espèce et la quantité des outils, sur le nombre de journées de travail jugées nécessaires pour compléter la mise en état de défense. Dans tous les cas, le mémoire doit débuter par un exposé des considérations tactiques et techniques qui ont guidé l'auteur du projet dans le choix des mesures proposées.

On voit déjà que la nature et l'étendue des matières d'un mémoire varient avec l'espèce de retranchement projeté. Ce n'est donc pas ici le lieu d'approfondir cette question : nous aurons l'occasion d'y revenir lorsque, traitant séparément des projets de diverses espèces, nous aurons à présenter des programmes complets concernant les renseignements à fournir dans chaque cas. Nous ferons cependant ici une remarque d'une application générale : parmi ces renseignements, il en est un grand nombre sur lesquels on ne possède pas de données certaines; ce cas se présente notamment

Renseignements à fournir par estimation.

Exemple.

CHAP. IX.

pour les travaux de mise en état de défense d'obstacles : le percement d'un créneau dans un mur, par exemple, est une opération dont la durée, variable avec l'épaisseur du mur, avec la nature des matériaux employés pour sa construction, avec l'habileté des travailleurs et surtout avec les outils plus ou moins parfaits dont ils disposent, ne peut être l'objet d'aucune évaluation générale et tant soit peu précise. L'auteur du projet, à moins de posséder en ces matières une expérience personnelle que bien peu d'officiers ont eu l'occasion d'acquérir, ne pourra donc fournir qu'une estimation grossière qui, la plupart du temps, sera fort au-dessus ou fort au-dessous de la réalité. Il en résulte que l'on pourrait être tenté de négliger les points auxquels nous faisons allusion, soit en prétextant que l'on ne possède pas les données nécessaires pour les traiter, soit dans la crainte d'être réprimandé pour avoir fourni des renseignements que les faits viendraient démentir par la suite. De pareilles excuses ne seraient pas admissibles, et nous en dirons d'autant plus volontiers les motifs, que ce sera une occasion d'insister, au profit des jeunes officiers, sur quelques points importants des devoirs qu'ils ont à remplir.

Le manque de données précises ne doit pas empêcher de les fournir.

La crainte d'engager sa responsabilité ne justifie pas l'abstention

Ligne de conduite à suivre dans l'exécution d'un ordre.

Lorsqu'une mission quelconque est confiée à un officier, celui-ci ne doit jamais, pour quelque motif que ce soit, se déclarer incompétent. Si le temps accordé lui paraît insuffisant, si les documents même indispensables en apparence lui font défaut, il n'en a pas moins le devoir d'agir, tout en prévenant l'autorité des circonstances défavorables dans lesquelles il se trouve placé. C'est au chef qu'il incombe d'apprécier ces circonstances, et celui qui négligerait d'en tenir compte ou qui, après l'événement, rejetterait sur son subordonné la responsabilité d'erreurs provenant de la nature des choses — erreurs qu'il aurait du reste partagées en ne les redressant pas lui-même, — serait à la fois incapable et indigne de commander. Si d'ailleurs l'officier, par le fait même qu'il accepte l'épaulette, affirme sa volonté de remplir son devoir en toute circonstance, c'est d'un autre côté au chef à choisir judicieusement parmi ses subordonnés celui qui est le plus capable de remplir telle ou telle mission spéciale. Un subalterne ne doit donc jamais craindre d'engager sa responsabilité, et ceux qui, s'abandonnant à de funestes errements, ne cherchent qu'à la dégager, sont absolument inaptes au service de guerre.

On le comprendra sans peine en se rappelant que le fait d'engager sa responsabilité est synonyme de « dévouement, » tandis que le fait de la dégager est synonyme « d'égoïsme. » Or, le succès à la guerre n'est possible que par l'effacement absolu de tous les intérêts individuels au profit de l'intérêt général : l'histoire est pleine du récit des campagnes rendues malheureuses et des batailles perdues par la faute de généraux qui ont placé le soin de leur réputation ou de leur vanité au-dessus des intérêts du pays.

D'ailleurs, qu'on ne l'oublie pas, le devoir de l'officier n'est pas d'atteindre à la perfection absolue dans l'exécution d'un service quelconque, mais bien d'arriver à la perfection relative, c'est-à-dire à celle à laquelle son intelligence, ses forces, son instruction et les circonstances extérieures lui permettent d'aspirer. L'art de la guerre, de tous les arts le plus vaste et celui qui touche aux branches les plus nombreuses de l'activité humaine, est d'ailleurs tellement difficile dans ses applications, que dans une question quelconque de son ressort, il s'agit bien plutôt de faire le moins mal possible que d'arriver à une solution de tous points irréprochable. Mais ce que le devoir exige, c'est de s'acquitter de toute mission, si haute ou si infime qu'elle soit, avec le complet de son dévouement et de son intelligence. Aussi faut-il éviter avec le plus grand soin le travers qui consiste à rechercher, dans tout ordre émanant d'un chef, un point faible qui permette de l'éluder ou d'en faire une critique superficielle toujours facile. Cette pratique, signe d'impuissance de la part de ceux qui en usent, contraste étrangement avec celle des bons officiers, qui recherchent au contraire dans les ordres même défectueux, les intentions du chef et les moyens d'y satisfaire de leur mieux et pour le plus grand profit de la chose commune. Il y a là un criterium certain qui permet de juger de la valeur réelle des hommes: les premiers sont un embarras pendant la paix, un danger durant la guerre; parmi les seconds se rencontrent les subalternes estimés de leurs supérieurs, les chefs respectés de leurs subordonnés, ceux, en un mot, qui se font valoir par les services réels qu'ils rendent au pays pendant tout le cours de leur carrière.

Criterium auquel se reconnaît l'officier propre au service de guerre.

Ce qui précède ne doit pas être pris dans le sens d'une approbation constante de toutes les institutions militaires et de l'organisation de tous

CHAP. IX.

Ligne de démarcation entre la critique stérile et le désir du progrès.

les détails du service, approbation qui tournerait bientôt à l'indifférence et serait la négation de tout progrès. A côté de la critique stérile et destructive de l'esprit militaire, il y a la critique féconde, utile et même nécessaire, la discussion virile non-seulement permise, mais même parfois favorablement accueillie lorsqu'elle témoigne d'un travail consciencieux. Sous ce rapport, notre armée fait preuve de vitalité en laissant la porte large ouverte à toutes les idées nouvelles conçues en vue d'un véritable progrès et présentées dans une forme convenable. Mais est-il une ligne de démarcation nettement tranchée qui sépare ces deux critiques? à quel signe certain les distingue-t-on l'une de l'autre? La réponse est facile: un ordre d'exécution ne doit jamais être discuté: l'officier montre sa valeur à la manière intelligente non dont il le juge, mais dont il l'exécute[1]. La discussion peut, au contraire, se porter sur

[1] La prescription de ne jamais discuter un ordre d'exécution est absolue, aussi bien en temps de paix qu'en temps de guerre; on peut même dire qu'elle est la base même de la discipline militaire, et par conséquent le fondement de l'armée. Mais de là à prétendre, comme on le fait quelquefois, que l'officier doit obéir comme une machine, il y a loin. L'officier a pour devoir, au contraire, tout en prenant les mesures nécessaires pour obtempérer aux instructions reçues, de renseigner son chef sur

une institution permanente, loi ou règlement; mais alors même, pour qu'elle soit utile et partant justifiable, il faut qu'elle soit le résultat d'une étude approfondie, qu'elle montre le remède à côté du mal; et comme ceux-là seuls en sont capables qui, par leur âge et par des travaux longuement médités, se trouvent en mesure d'aborder la solution des grands problèmes de l'art, les jeunes officiers doivent toujours s'en abstenir.

Nous ne nous excuserons que faiblement de cette digression à laquelle nous nous sommes laissé entraîner, car nous croyons que partout est le lieu de parler aux officiers de leurs devoirs,

les circonstances qui peuvent influer sur la décision prise et qui sont de nature à la faire changer. A l'appui de notre théorie sur « l'obéissance intelligemment active, » nous rappellerons en peu de mots les événements qui donnèrent lieu à la mémorable charge de Balaklava. Lord Lucan, commandant la division de cavalerie anglaise, pressé par lord Raglan de reprendre les pièces que les Russes emmenaient, donna l'ordre à la brigade de cavalerie légère de charger dans des conditions qui devaient amener sa destruction complète. Lord Cardigan, qui était à la tête de cette brigade, objecta en vain à son chef immédiat l'inutilité et les dangers de l'entreprise; devant un ordre formel, il dut céder et conduire ses braves escadrons à la mort. Il en réchappa par miracle et devint un héros; sa conduite, en effet, avait été irréprochable. Lord Lucan, au contraire, qui, par des motifs trop longs à rappeler ici, avait suivi à la lettre les instructions du commandant en chef au lieu de le renseigner sur l'état réel des choses, fut disgracié et rappelé en Angleterre.

de rappeler la somme de dévouement éclairé que nécessite le métier des armes, en quoi consiste et comment se maintient « l'esprit militaire, » et de définir cette « obéissance intelligemment active » qui seule, de nos jours, peut mettre l'armée en état de rendre les services qu'elle doit au pays.

Conditions matérielles que doit présenter le rapport.

Sous le rapport matériel, le mémoire doit être établi exactement dans les formes prescrites, p. 145 et suiv., pour les rapports, avec cette différence que l'indication donnée sub litt. B est remplacée par une des suivantes : « Projet de telle redoute, de telle batterie, de tel blindage, d'organisation défensive de tel sous-secteur, de tel village, de telle fabrique, de tel château, etc. — Mémoire. » Les plans et croquis sont réunis et placés dans le mémoire en accord avec les prescriptions des p. 149 et suiv.

Subdivision du rapport en chapitres; En paragraphes. Exemple.

Le mémoire, de même qu'un rapport, doit être divisé en chapitres traitant de matières nettement distinctes. Les chapitres eux-mêmes peuvent être divisés en paragraphes qui marquent des subdivisions intellectuelles secondaires. Ainsi, le mémoire annexé à un projet de redoute comportera pour premier chapitre, des « considérations générales sur la constitution de l'ouvrage, » chapitre dans lequel seront traités, dans des paragraphes séparés, le choix de l'assiette, celui du tracé, celui du profil, etc. Un chapitre sera accordé aux questions relatives à l'exécution, etc. Nous reviendrons d'ailleurs sur ce sujet dans les chapitres suivants.

CHAPITRE X

DES PROJETS DE RETRANCHEMENTS TERRASSÉS

CHAP. X.

Classification des retranchements en deux catégories.

Dans le but d'imprimer un caractère méthodique à l'étude que nous allons entreprendre, nous diviserons les retranchements de campagne en deux catégories : la première comprendra les ouvrages faits de toutes pièces, tels que redoutes, flèches, lunettes, batteries, emplacements pour l'artillerie de campagne, etc.; dans la seconde seront classés les obstacles du terrain utilisés pour la défense, tels que villages, châteaux, fermes, etc., fortifiés, les abatis sur place et même les tranchées-abris, retranchements qui, tant par leur rôle tactique que par leur constitution technique, participent davantage de la seconde catégorie que

CHAP. X.

de la première. Afin de préciser la technologie, nous attribuerons aux ouvrages faits de toutes pièces la dénomination de « retranchements terrassés. » Par opposition, nous désignerons les obstacles organisés défensivement par le terme générique de « retranchements non terrassés. » Sans aucun doute, ces derniers exigent dans une certaine mesure le secours de la pelle et de la pioche ; aussi ne nous sommes-nous arrêté à cette nomenclature que faute d'une meilleure qui ne soit pas trop embarrassante pour l'exposition. Ce chapitre sera consacré aux retranchements terrassés; le suivant, aux retranchements non terrassés.

Cette distinction s'efface partiellement dans la pratique.

Mais on n'oubliera pas que la pratique ne s'accommode pas toujours de ces distinctions nettement tranchées que l'exposition théorique exige. C'est pourquoi un officier chargé soit de dresser le projet d'une redoute, soit de combiner l'organisation défensive d'un village, devra puiser judicieusement dans les deux chapitres, tout en prenant pour base de son travail celui qui est y spécialement consacré.

Un retranchement terrassé comprend essentiellement des travaux de deux natures, savoir :

Espèces de projets que comportent les retranchements terrassés.

des terrassements et des constructions en charpente. Ces deux éléments donnent nécessairement lieu à des projets distincts. Accessoirement, il peut être demandé des projets spéciaux pour certaines catégories de défenses accessoires, telles que palanques, mines, fougasses-pierriers, inondations, etc. Nous nous contenterons de traiter en détail des premiers, qui sont les plus importants et de l'usage le plus général, convaincu qu'il sera facile d'en déduire les conditions particulières applicables aux seconds. Mais avant d'aborder l'étude des projets de terrassements et de blindages, nous tenons à prévenir que nous serons fréquemment obligé de confondre les considérations relatives à la partie graphique et au mémoire. Cette confusion disparaîtra d'ailleurs d'elle-même dans les exercices pratiques, et par conséquent il n'y aura pas lieu de s'en préoccuper.

1 — Des projets de terrassements

Plan de situation ; son échelle.

Pour permettre de procéder à l'exécution matérielle sans explications ou développements supplémentaires, un projet de terrassements doit offrir d'abord un plan de situation sur lequel l'ouvrage

CHAP. X.

est représenté dans ses rapports avec le terrain environnant. Ce plan, dont l'échelle varie entre 1/20,000 et 1/10,000, peut n'offrir d'autres indications que le tracé des lignes de feu et les points de repère auxquels celles-ci sont rapportées; mais il est plus simple encore de le constituer au moyen d'un fragment de carte gravée, attendu que l'auteur d'un projet doit profiter de toutes les occasions de simplifier la partie purement manuelle de sa tâche, en faisant le plus large usage des documents dont il dispose. Lorsque le plan de situation est entièrement tracé à la main, les points de repère peuvent être figurés soit en perspective cavalière, l'emplacement de l'ouvrage étant pris pour point de vue, soit par leur projection horizontale accompagnée d'une légende explicite. Cette précaution est indispensable pour éviter les erreurs qu'une représentation incomplète de la topographie rendrait possibles et même probables si elle était négligée.

Indications qu'il doit présenter.

L'étendue du terrain à embrasser force à dresser les plans de situation à une échelle trop faible pour que le tracé de l'ouvrage y soit reproduit avec une exactitude suffisante. Ces plans ne

Comment on y rapporte les diverses parties du tracé.

peuvent donc servir qu'à la détermination d'un ou de plusieurs saillants, qu'à l'orientation d'une ou de plusieurs faces. A ces éléments, on rapporte les autres parties du tracé en suivant les indications du plan d'ensemble, sur lequel doivent être cotées les différentes lignes de feu en longueur et en direction. Les angles sont donnés par des mesures linéaires plutôt que par leur amplitude en degrés, afin que l'on ne soit pas obligé de faire usage de graphomètres et que de simples triangles de cordes suffisent pour leur rapport sur le terrain. Ces indications peuvent aussi faire l'objet d'un plan spécial, ou « plan du tracé, » dressé à la même échelle que le plan des terrassements.

Plan d'ensemble.

Outre le tracé des lignes de feu, le plan d'ensemble doit représenter les terrassements d'une manière assez complète pour servir de guide dans l'exécution. A première vue, cette condition semble nécessiter l'emploi d'échelles assez fortes ; mais il n'en est rien, du moins en ce qui concerne le plan proprement dit, c'est-à-dire la projection horizontale de l'ouvrage. En effet, nous avons déjà fait observer qu'à elle seule cette projection est impuissante à fournir une représentation complète et surtout pratique d'un retranchement:

Plan proprement dit ou projection horizontale de l'ouvrage

CHAP. X.

les coupes et les profils sont indispensables pour donner une conception nette du relief. Or, ceux-ci étant d'une exécution graphique beaucoup plus facile et plus rapide que les plans à grandes dimensions, il y a tout avantage à ne considérer la projection horizontale que comme l'ensemble des « directrices » de figures prismatiques dont les profils sont les « génératrices. » Réduit à ce rôle, le plan n'exige plus une représentation exacte des nombreuses arêtes résultant des rencontres des talus, car il n'a plus pour objet que d'indiquer l'étendue et la situation respective de massifs terrassés dont les autres éléments sont fournis par les coupes et par les profils.

Caractère de simplicité que ce plan doit revêtir.

Par là nous démontrons l'inutilité des plans à grande échelle dans les projets de fortification de campagne. Mais nous allons plus loin : nous rejetons absolument leur emploi pour des motifs plus graves encore que la perte de temps à laquelle ils entraînent. Ce point exige quelques développements.

Discussion sur l'échelle à adopter.

Les méthodes graphiques sont devenues tellement précises de nos jours, que le plus minime détail, tel par exemple qu'une intersection inusitée de talus, donne lieu à un problème de plans cotés d'une solution parfois difficile, toujours longue et méticuleuse. Or, ces détails n'ont évidemment aucune importance au point de vue technique, et encore moins au point de vue tactique. Cependant, l'expérience prouve que, quoique l'on fasse, les jeunes officiers y concentrent toute leur attention et consacrent à la solution de chacun de ces petits cas particuliers plus de temps qu'il n'en faudrait raisonnablement pour faire le projet complet d'un ouvrage. Il y a pis encore : l'esprit humain n'est pas assez souple pour poursuivre à la fois une idée large et générale et pour fouiller des détails sans aucun rapport avec cette conception. Aussi peut-on prédire à coup sûr, qu'un plan conçu avec un soin trop méticuleux pèchera par l'ordonnance de l'ensemble, et il arrivera même souvent que des parties essentielles seront omises par la crainte de s'engager dans des complications graphiques aussi longues que fastidieuses. Nous en avons eu constamment la preuve dans notre enseignement. Au surplus, on doit convenir que l'extrême complication des terrassements, résultant de la nécessité de se garantir des feux de l'artillerie moderne, rendrait l'élaboration d'un projet singulièrement

Inconvénient des plans à grande échelle au point de vue de la conception intellectuelle.

compliquée si l'on n'avait recours à des procédés de représentation expéditifs. Or, il n'est pas à coup sûr de meilleur moyen d'éviter ces inconvénients si graves que d'adopter une échelle assez réduite pour que ces détails disparaissent en devenant imperceptibles : c'est pourquoi nous fixerons l'échelle à adopter à 1/1,000 au maximum, et même à 1/2,000. Ces réductions seront suffisantes pour permettre de distinguer les massifs de terrassements, que l'on ne figurera du reste que par leurs arêtes principales. Pour plus de développements, nous renvoyons le lecteur au projet de redoute accompagnant cet ouvrage : il y verra comment l'on peut arriver à une représentation à la fois expéditive et complète d'un retranchement terrassé.

Échelle prescrite pour les plans.

L'échelle à adopter pour les coupes et pour les profils n'est pas soumise aux mêmes conditions. Il est au contraire avantageux de faire choix, pour ces éléments de la représentation des ouvrages, de réductions assez grandes pour que les plus petits détails y trouvent place et puissent être cotés en chiffres apparents. Les échelles de 1/250 à 1/200 conviennent parfaitement pour cet objet, et l'on adoptera préférablement la seconde, qui

Échelle prescrite pour les coupes et les profils.

offre un rapport plus simple que la première avec le système décimal. Ajoutons que l'on réserve le nom de « profil » aux sections faites dans les parapets normalement à leur direction — ce terme entraînant une idée de génération produite par le mouvement de la figure le long d'une directrice, généralement la ligne de feu; le mot de « coupe » s'applique aux autres sections, faites par exemple dans des traverses, des blindages, des défenses accessoires, des bâtiments, etc.

Distinction technologique entre la coupe et le profil.

Ce n'est qu'après avoir tracé les profils que l'on est en mesure de rapporter sur le plan les diverses lignes représentant la crête extérieure du parapet, la berme, le plafond du fossé et le sommet de sa contrescarpe. Mais en ce qui concerne les dispositions intérieures, où le profil varie à chaque pas selon que la face est disposée pour la mousqueterie ou pour l'artillerie et où les traverses interrompent sans cesse la continuité des terre-pleins de circulation et de défense, le travail du plan et celui des coupes doit être simultané. On ne manquera pas de remarquer que l'adoption d'une faible échelle pour la projection horizontale de l'ouvrage oblige d'inscrire de nombreuses dimensions, spécialement relatives à

Marche à suivre dans l'élaboration du plan, des coupes et des profils.

Nécessité de nombreuses dimensions horizontales.

CHAP. X.

l'espacement des massifs protecteurs. Cette précaution facilite beaucoup le profilement, et comme cette opération s'exécute en plantant des perches convenablement recoupées à l'aplomb des sommets des massifs, les longueurs inscrites doivent toujours être comprises entre les arêtes supérieures des talus et non entre leurs pieds.

Entre quelles limites elles doivent être comptées.

Des cotes de hauteur.

L'inscription des dimensions horizontales ne présente aucune autre particularité digne de fixer l'attention; il en est tout autrement des cotes au moyen desquelles on indique les dimensions en hauteur. On connaît le procédé suivi à cet égard dans les projets de fortification permanente : le terrain, levé avec la plus grande précision, est figuré sur le plan au moyen de courbes de niveau d'une faible équidistance, et l'ouvrage est ensuite projeté en rapportant ses diverses arêtes au plan de comparaison choisi, ordinairement le niveau de la mer. Par cette méthode l'on obtient un plan qui indique parfaitement les hauteurs relatives des diverses crêtes et leur commandement sur les points correspondants du terrain. Ce procédé est-il applicable aux projets de retranchements de campagne? Nous ne le pensons pas, et voici pour quels motifs.

Procédé suivi dans les projets de fortification permanente

Il n'est pas applicable à ceux de fortification de campagne.

Motifs de cette conclusion.

Imperfection relative des cartes topographiques.

La figuration du terrain sur les cartes topographiques les plus exactes, alors même qu'elle est fournie au moyen de courbes de niveau d'une faible équidistance, ne constitue en réalité qu'une approximation. Il suffit pour s'en convaincre de se rappeler les procédés de nivellement au moyen desquels ces courbes s'obtiennent. Entre des points rigoureusement nivelés, on trace des lignes que l'on divise en parties proportionnelles, puis l'on fait passer par les points de division de même cote des courbes auxquelles on cherche à donner des inflexions uniformes ; sans cette précaution, le terrain se lirait avec difficulté, et comme les cartes dont nous parlons sont faites, non pour fournir la hauteur rigoureuse de chaque point au-dessus du niveau de la mer, mais plutôt pour donner une idée saine des formes du sol, ce procédé est le seul qui soit applicable et réellement pratique. Il en résulte, cependant, que la meilleure carte topographique ne peut donner les différences de niveau entre deux points, même rapprochés, qu'à quelques décimètres, parfois même qu'à quelques mètres près, et par conséquent, le rapport de courbes sur les plans d'ouvrages de campagne — ouvrages dont les dimensions en

CHAP. X.

hauteur sont toujours très-faibles, — conduirait à des erreurs qui pourraient dépasser le relief réel du parapet au-dessus du sol.

Motifs tirés d'autres considérations.

Cependant, on ne peut songer à faire un levé exact de l'assiette d'un retranchement de campagne avant d'en dresser le projet, et d'un autre côté, par l'emploi des cotes absolues, on se placerait dans la nécessité de se servir d'un niveau pour le profilement. Ces motifs, joints à la transformation radicale des anciens procédés de défilement — transformation qui consiste à rapprocher les masses couvrantes des surfaces à défiler et d'excaver au besoin celles-ci, au lieu de s'efforcer de couvrir de grandes surfaces par le simple relief du parapet, — font conclure qu'en fortification de campagne surtout, il ne faut avoir aucunement égard aux cotes soit du terrain, soit de la ligne de feu, mais seulement au relief réel et constant du parapet au-dessus du sol.

Les projets de fortification de campagne doivent être établis dans l'hypothèse d'un terrain plan.

Ainsi donc, il est à la fois inutile et impossible de tenir compte des formes du terrain à l'endroit occupé par le retranchement. Dans un projet, le terrain devra être considéré comme absolument plat, et on lui assignera une cote quelconque, (10.00) par exemple. Les profils, de même que le plan, seront cotés d'après cette hypothèse. L'officier chargé du profilement verra par là sa tâche considérablement simplifiée, car l'usage de niveaux lui sera épargné et il lui suffira de recouper les perches au-dessus du sol à la hauteur marquée sur le plan, diminuée de la cote constante choisie pour l'assiette du retranchement.

Redoute prise pour thème des développements subséquents.

Ces détails matériels écartés, nous pouvons aborder des considérations d'un ordre plus élevé. A cet effet, nous supposerons qu'un projet de retranchement terrassé doive être fourni et nous suivrons l'officier chargé de ce travail dans les diverses opérations qu'il aura successivement à exécuter pour le parfaire. Nous choisirons pour thème une des redoutes de la position de combat du secteur d'investissement Saventhem—Boitsfort, au sujet de laquelle nous supposerons que l'ordre suivant ait été donné par le commandant du génie au lieutenant X.

1re ARMÉE
3 DIVISION
me BUREAU
N° n

Du Quartier Général à Tervueren.
Le 1er septembre 1875.

Ordre relatif au projet de cet ouvrage.

« La mise en état de défense du secteur occupé « par la 3e division rendant nécessaire l'érection « d'une redoute de campagne à proximité du

CHAP. X.

« moulin de Sterrebeek, le lieutenant X procé-« dera immédiatement à l'exécution du projet de « cet ouvrage, lequel prendra le nom de « redoute « de Sterrebeek, » et recevra une garnison de « 225 hommes d'infanterie, plus 4 pièces d'artil-« lerie de position.

« Il sera élevé dans la redoute des abris pour « les deux tiers de la garnison, y compris un « réduit destiné notamment à en commander l'en-« trée. Des magasins pour l'artillerie seront éga-« lement construits ; mais leur surface exacte ne « sera fixée qu'ultérieurement, d'après la quantité « d'approvisionnements à y réunir.

« Le projet, qui comportera toutes les indica-« tions nécessaires pour l'exécution des terrasse-« ments et qui sera accompagné d'un mémoire, me « sera remis dans le plus bref délai possible, et au « plus tard dans les quarante-huit heures à partir « de la remise du présent ordre.

« Le commandant du génie de la division,

« (Signé) B. »

Cet ordre, combiné avec la théorie, complète les données de la question.

Nous ne nous arrêterons pas à développer cet ordre : une discussion de cette nature a déjà été faite p. 228 et suiv. Nous nous bornerons à constater que la théorie applicable à la question posée ne laissant place à aucune hésitation dans l'esprit de l'auteur du projet sur les détails de la mission qui lui est confiée, il pourra procéder immédiatement à l'exécution, sans explications autres que celles fournies par l'ordre-programme.

Détermination du développement total de la redoute.

En premier lieu, il y aura lieu de se préoccuper du développement total que devra présenter l'ouvrage. Or, une redoute de fortification de campagne peut être assimilée, en ce qui concerne le nombre des défenseurs qui doivent en garnir les parapets dans le cas d'un assaut, à un ouvrage improvisé. On sait d'ailleurs que dans un pareil ouvrage, la réserve doit être du sixième de la garnison, et que la défense doit se faire sur deux rangs pour les fronts principaux, sur un seulement pour les fronts secondaires [1]. Or la redoute de Sterrebeek pouvant être enveloppée de trois côtés, on peut estimer que les trois quarts de son développement devront être garnis de deux rangs de fantassins. Retranchant donc un sixième

[1] Popp. Leçons sur l'emploi tactique de la fortification de campagne, trad. par Fisch, p. 27 et suiv. Voir aussi notre Traité des applications tactiques de la fortification, part. IV, p. 333 et suiv. — A l'avenir, nous nous abstiendrons généralement de renvoyer à ce dernier ouvrage, dont ce volume est le complément.

CHAP. X.

du total de la garnison d'infanterie, il reste 187 hommes à répartir sur deux rangs pour les trois quarts du développement de l'ouvrage, sur un rang pour le quart restant. On en conclut, par un calcul très-simple, que l'étendue de la ligne de feu à occuper par l'infanterie est de 110 mètres environ. Mais si l'on tient compte de ce que cet ouvrage, attaquable dans trois directions, ne pourra résister qu'à la condition d'être pourvu de traverses nombreuses et rapprochées, ce chiffre devra être doublé et porté à 220 mètres — ce qui, pour une profondeur d'une quarantaine de mètres, donnera une largeur de 70 mètres environ.

Largeur et profondeur moyennes qui en résultent.

Autre point à élucider avant de se rendre sur le terrain.

Ce point établi, il en est un autre qui doit attirer l'attention avant même qu'on se rende sur le terrain. Nous voulons parler des mesures à prendre pour le flanquement. Si l'on se décide à pourvoir les fossés de ce genre de défense, le tracé devra présenter de longues lignes droites, et par conséquent des saillants rares et peu ouverts ; si, au contraire, on juge préférable de ne pas y recourir, on pourra multiplier les faces, et par suite augmenter le nombre des saillants, de manière à annihiler l'inconvénient des secteurs privés de feux. Dans le cas actuel, nous nous prononçons pour cette

Discussion sur les avantages et les inconvénients du flanquement.

Solution admise pour le cas actuel.

Motifs de la décision prise à ce sujet.

seconde alternative en nous basant sur les considérations suivantes. La redoute de Sterrebeek ne se trouve pas dans les conditions ordinaires d'un ouvrage faisant partie d'une position étendue : elle appartient, en effet, à un système particulier — c'est-à-dire à un camp fortifié, placé à cheval sur une ligne d'investissement, — système dont la ligne de front affecte une courbure très-prononcée. Il en résulte que cet ouvrage, recevant peu d'appui des redoutes voisines, peut être attaqué avec une égale facilité sur la plus grande partie de son développement. C'est pourquoi l'on doit éviter autant que possible qu'il présente des secteurs privés de feux ou mal battus, et cette condition ne peut être remplie qu'en le constituant au moyen de faces nombreuses qui lui assurent les avantages du tracé circulaire. D'un autre côté, la faiblesse du profil d'un ouvrage de campagne, plus encore que la difficulté de construire des blindages flanquants défilés, s'oppose à ce que les fossés en soient énergiquement flanqués, et ce que l'on perdrait en valeur défensive du chef d'un tracé défectueux et mal approprié aux conditions spéciales de l'ouvrage, ne serait pas compensé par ce que l'on gagnerait à l'emploi de ces défenses.

CHAP. X.

Visite du terrain.

Fixation de l'assiette de la redoute.

Cette seconde question résolue, nous nous rendrons sur le terrain, où nous aurons d'abord à fixer l'assiette de l'ouvrage. A cet effet, nous nous placerons en un point d'où l'on découvre le sol environnant dans toutes les directions : ce point sera, pour ainsi dire, le centre de figure du tracé, autour duquel viendront se grouper les diverses faces. Dans le tracé de celles-ci, nous nous attacherons : 1° à ne créer de saillant inférieur à 120 degrés en aucun point du périmètre attaquable; 2° à battre les positions importantes du terrain extérieur par des faces de longueur proportionnée à cette importance et tracées normalement aux lignes dirigées vers ces positions ; 3° à ne pas intercepter les voies de communication existantes, afin de n'être point entraîné à des travaux de détournement qui ne profitent en rien à la défense.

Conditions à observer dans le tracé des faces.

Ces conditions sont d'autant plus faciles à remplir que le rejet des tracés géométriques et l'absence de flanquement enlèvent à la disposition horizontale des lignes tout caractère assujettissant. En envisageant la question à un point de vue tout à fait général, on pourrait y ajouter celle de tracer le front de tête de manière qu'il

Condition importante à observer dans certains cas.

soit soustrait autant que possible aux feux d'enfilade ; mais il est évident que dans l'hypothèse choisie, il est impossible de la remplir. Nous ne nous y arrêterons donc pas, nous bornant à nous étendre sur celles qui ont été posées plus haut.

Préjugé existant sur l'importance tactique des voies de communication.

Que faut-il entendre par ces points importants du terrain, perpendiculairement à la direction desquels les faces doivent être tracées? Il règne à cet égard un préjugé assez commun, consistant à croire que les voies de communication sont d'un grand intérêt au point de vue de la défense des ouvrages. Sans doute, lorsque ces voies forment défilé, elles doivent être particulièrement battues; mais dans ce cas elles doivent l'être en tant que défilés, et non en tant que routes ou chemins. Dans le cas contraire, c'est-à-dire lorsqu'elles sont établies de niveau avec un terrain accessible, elles sont dépourvues de toute valeur tactique. Cette conclusion est absolue pour nous, bien qu'elle soit en contradiction avec l'opinion d'écrivains très-estimés, car elle est basée sur la manière de combattre moderne, qui rejette plus que jamais les attaques opérées sur un front étroit, qui les étend au contraire latéralement autant que possible, et

CHAP. X.

qui vise, par l'emploi de longues chaînes de tirailleurs appuyés par des soutiens et par des réserves, à envelopper le point à enlever. On se gardera donc de placer invariablement les redoutes précisément à la croisée de deux chemins et d'en diriger les faces normalement à leur direction : c'est suivant d'autres considérations qu'un bon tracé doit être conçu.

Points du terrain qu'il importe réellement de battre.

Les points réellement importants, ceux qu'il s'agit avant tout de battre par des faces convergeant leurs feux dans leur direction, sont en premier lieu les défilés, particulièrement ceux dont les bords sont inaccessibles; en second lieu les positions dominantes, sur lesquelles l'ennemi a toujours intérêt à s'établir, et d'où il pourrait nuire à l'ouvrage. Lorsque le terrain ne présente pas de pareils accidents nettement caractérisés, le tracé doit être établi uniquement en vue de battre le mieux possible le sol dans son ensemble, et il est inutile de s'évertuer à rechercher pour chaque face des conditions particulières qui, pour n'avoir d'importance que dans l'imagination de l'auteur du projet, n'en seraient pas moins assujettissantes.

Tracé des faces lorsque de pareils points n'existent pas.

Le tracé étant déterminé par les considérations que nous venons d'émettre, rapporté à des points remarquables du sol, figuré tant sur un croquis spécial que sur la carte, l'officier examinera la nature des terres, la profondeur à laquelle se rencontre la nappe d'eau souterraine, les ressources que présente le terrain environnant sous le rapport des défenses accessoires à établir. Muni de ces renseignements, il rentrera dans le cantonnement, où il trouvera plus de facilités que sur le terrain pour exécuter les parties du projet qui restent à traiter.

Renseignements supplémentaires à recueillir sur le terrain.

Du profil.

La détermination du profil est la première question à résoudre. L'épaisseur du parapet est une conséquence et de la nature des terres et de l'espèce d'artillerie que l'on aura à combattre; elle résulte donc de données que l'on possède. Quant au relief, il ne faut pas oublier que ce n'est point dans son exhaussement que la fortification contemporaine cherche un élément de force ou une facilité pour le défilement. Les hauts reliefs, nécessaires en fortification permanente et même provisoire pour absorber les terres fournies par un fossé large et profond, sont inutiles dans la fortification de campagne où cette nécessité disparaît. L'existence même de plis non battus à proximité de l'ouvrage ne justifierait pas un exhaussement

Eléments servant à déterminer l'épaisseur du parapet.

Condamnation des reliefs élevés pour les ouvrages de campagne.

CHAP. X.

de relief qui, pour être efficace, entraînerait à un travail hors de toute proportion avec les moyens dont on dispose.

Profil du fossé fixé par la balance du remblai et du déblai.

Le second élément du profil est le fossé, dont la surface doit être calculée de manière à fournir les terres nécessaires à la construction du remblai. Dans un autre ouvrage, nous avons exposé une méthode de balance du remblai et du déblai qui, bien qu'apportant des simplifications considérables à la théorie généralement suivie, nous paraît encore trop compliquée pour le service de guerre. Nous la remplacerons donc par une autre, plus pratique encore et qui repose sur une hypothèse satisfaisant d'ailleurs aux conditions d'une exécution rapide et bien dirigée.

Nouvelle méthode simplifiée pour effectuer cette balance.

Hypothèse sur laquelle elle repose.

Nous admettrons que, dans les ouvrages pourvus d'un fossé et d'un terre-plein de circulation en déblai tels que le sont généralement les retranchements de campagne, les terres du parapet depuis la berme jusqu'à la ligne de feu soient fournies par le déblai du fossé, tandis que celles du détail intérieur et des traverses proviennent de l'excavation du terre-plein. D'après cela, rien ne sera plus facile ni plus rapide que de fixer les dimensions du fossé; et si dans l'exécution, le

Comment l'erreur théorique est corrigée dans la pratique.

terre-plein de circulation ne fournit pas exactement les terres voulues pour les dispositions intérieures de l'ouvrage, on y pourvoira en l'approfondissant ou en l'élargissant s'il y a des terres en moins, et s'il y a des terres en excès, en les relevant sur le revers de l'excavation de manière à y former un parados. Le terre-plein intérieur présente d'ailleurs des surfaces étendues que l'on peut impunément excaver ou remblayer, car il n'est plus tenable aujourd'hui qu'aux endroits où des travaux ont été faits pour protéger la circulation ou assurer le repos des défenseurs.

Outils à distribuer aux travailleurs.

Évaluation du nombre de journées nécessaires à la construction de la redoute.

A la balance du remblai et du déblai est lié le calcul du nombre de journées nécessaires pour l'exécution des terrassements et celui de la proportion d'outils de diverses espèces à distribuer aux travailleurs. Relativement à cette seconde évaluation, nous admettrons — vu la nature meuble du sol sur lequel s'élève la redoute de Sterrebeek — que chaque travailleur doive être pourvu d'une pelle carrée, tant pour la fouille que pour les remaniements ; quant à la première, on sait qu'elle repose sur deux éléments, à savoir : le nombre total de mètres cubes de terres à remuer et le relais moyen auquel elles doivent être transportées.

CHAP. X.

Le profil du parapet multiplié par le développement de la ligne de feu, augmenté d'un cubage grossier des parties des traverses qui dépassent le terrain naturel, fixe sur le premier point; quant au second, il est réglé: par le profil en ce qui concerne le parapet, par une estimation à vue en ce qui concerne les terrassements intérieurs.

Chapitres du mémoire relatifs aux points traités jusqu'ici.

Matière du chapitre premier.

Sa division en trois paragraphes.

Le canevas du mémoire doit être élaboré en même temps que s'exécutent les opérations graphiques; il ne sera donc pas inutile d'en dire ici quelques mots. Le chapitre premier, consacré à la description de l'ouvrage, pourra offrir trois paragraphes : l'un sur le tracé, l'autre sur le profil, le troisième sur les dispositions intérieures. Dans

Paragraphe relatif au tracé.

le premier, on s'attachera à justifier le choix de l'assiette de la redoute, on indiquera les relations de son tracé avec les points remarquables du sol pris comme repères, on développera enfin les considérations d'après lesquelles l'étendue totale de l'ouvrage, la direction et la longueur de ses diverses faces ont été déterminées. Dans le second,

Paragraphe relatif au profil.

on parlera du profil aux divers points de vue énumérés plus haut. Dans le troisième seront dévelo-

Paragraphe relatif aux dispositions intérieures.

loppées les considérations d'après lesquelles les profils intérieurs, tant pour l'infanterie que pour l'artillerie, ont été arrêtés, d'après lesquelles l'épaisseur et l'espacement des traverses ont été fixés. On y joindra des explications concernant les emplacements préparés pour les pièces et sur les mesures prises pour les garantir spécialement contre les feux de l'artillerie ennemie.

Matière du chapitre II.

Le calcul du remblai et du déblai et celui du nombre de journées que réclame l'exécution des terrassements fera l'objet du chapitre suivant.

Le chapitre III consacré aux blindages.

Comment l'ordre doit être interprété sur ce point.

Le chapitre III sera consacré aux blindages. L'ordre-programme donne à cet égard des indications dont il faudra tenir compte. En premier lieu, on remarquera qu'il n'est pas ici question de dresser les projets de ces constructions, mais bien d'en indiquer les emplacements et, avec une large approximation, les surfaces. On se préoccupera d'abord du réduit, que l'on placera près de l'entrée et que l'on pourra construire soit pour la réserve entière (un sixième de la garnison), soit pour une partie seulement de cette réserve, l'autre demeurant disponible pour être lancée vers les points par où l'ennemi réussirait à pénétrer dans l'ouvrage. Quoi qu'il en soit, on calculera le développement du blindage à raison de 1 mètre à 1m50 de développement de muraille par défenseur.

Réduit; sa garnison, calcul de ses dimensions.

CHAP. X.

Nécessité de borner son rôle à la défense de l'entrée de la redoute.

La difficulté de défiler les parties du blockhaus tournées vers l'ennemi avec les faibles reliefs que comportent les ouvrages de campagne, engagera à limiter son rôle à la protection de l'entrée de la redoute, entrée par laquelle les retours offensifs se prononceront de l'intérieur du camp fortifié.

Conséquence qui en résulte pour le calcul de ses dimensions.

Il en résulte que le blockhaus ne présentera de muraille que sur une ou deux de ses faces, et il faudra tenir compte de ce fait dans le calcul de ses dimensions.

Abris ; leur surface dépend du nombre d'hommes à abriter et du genre de construction adoptée.

Le restant de l'effectif à pourvoir de blindages sera logé dans des abris dont la surface dépendra du type adopté pour leur établissement. Notre Traité des applications tactiques de la fortification fournit toutes les données nécessaires à cet égard.

Autres prescriptions à observer.

On aura soin de faire ces abris plutôt petits et nombreux que rares et vastes, de les placer à proximité des points qu'ils ont pour objet de défendre et, s'ils ne sont pas établis dans le terre-plein de circulation, de les y relier par des communications bien défilées.

Prescriptions relatives aux magasins.

Ces prescriptions s'appliquent de tous points aux magasins, dont on soignera particulièrement les communications avec les emplacements destinés aux pièces. Enfin, on veillera tout particulièrement à ménager des écoulements pour les eaux pluviales, si incommodes et si persistantes dans notre climat.

Subdivision du chapitre III en paragraphes.

Des paragraphes distincts seront consacrés à ces diverses catégories de blindages: on y justifiera les emplacements choisis, les surfaces occupées, les mesures prises pour les couvrir et pour les relier tant entre eux qu'aux terre-pleins de circulation. Un paragraphe supplémentaire sera finalement consacré aux passerelles et aux ponts, au sujet desquels on entrera dans des développements de même nature, en ayant également soin de n'aborder aucune considération relative à la construction proprement dite.

Passerelles et ponts.

Les défenses accessoires constituent la matière du chapitre IV.

Défenses accessoires à employer dans l'hypothèse admise.

Les défenses accessoires seront indiquées sur le plan par des signes conventionnels, et dans le mémoire, on s'attachera à justifier le choix qui en aura été fait. Dans l'hypothèse admise, la présence de la forêt de Soignes, et notamment d'un bouquet de bois situé à proximité de la redoute, facilitera l'emploi d'abatis dont on pourra munir les fossés. La nature meuble du terrain le rend favorable à l'emploi développé des trous de loup, dont on pourra garnir le terrain tout à l'entour de l'ouvrage. Des haies en fil de fer pourraient être

CHAP. X.

également employées; mais afin d'éviter la construction d'un avant-glacis, presque indispensable pour assurer de la durée à cette défense, nous préférerions utiliser le fil de fer que nous pourrions réunir à relier verticalement entre elles les branches appointées qui encombrent les fossés, de manière à en constituer un fouillis inextricable.

Les considérations précédentes sont applicables à tous les projets de retranchements terrassés.

Ici se termine ce que nous avions à dire sur les projets de redoutes. De tous les ouvrages terrassés, ce sont certes les plus complets: c'est pourquoi nous croyons nous être suffisamment étendu sur ce sujet pour permettre de traiter toutes les questions relatives aux retranchements de cette catégorie. Toutefois, nous terminerons par quelques mots sur les emplacements pour l'artillerie de campagne, tant à cause de la fréquence de cette application que pour montrer comment nos prescriptions peuvent être simplifiées lorsqu'il s'agit d'un projet d'ouvrage peu compliqué.

Utilité de s'étendre particulièrement sur les emplacements pour artillerie de campagne.

Détermination du nombre de pièces.

L'ordre-programme indiquera généralement le nombre de pièces pour lesquelles la batterie devra être construite. Dans le cas contraire, ce sera à l'auteur du projet de le fixer, en ayant égard à l'importance relative de la position à occuper.

Quand on doit ou non construire une batterie par emplacements détachés.

Avant de se rendre sur le terrain, il faudra également savoir si la batterie sera établie par emplacements détachés ou derrière un épaulement continu. La première méthode est en général préférable, parce qu'elle exige moins de travail ; d'ailleurs elle est surtout avantageuse lorsque le terrain se dérobe en arrière, de telle sorte que la circulation d'une pièce à l'autre puisse se faire et la surveillance s'exercer à couvert. L'autre disposition doit être adoptée lorsque l'espace en largeur dont on dispose est relativement peu considérable.

Observation sur l'assiette des batteries.

Quelle que soit la disposition à laquelle on s'arrête, on prendra soin, dans la détermination du tracé, de négliger toute considération relative au terrain rapproché, pour n'avoir égard qu'à la découverte efficace du sol dans la zone de la bonne portée de l'artillerie. Plus encore dans ce genre de retranchements que dans les redoutes, on se rappellera que si le commandement fourni par les formes mêmes du sol est une nécessité qui s'impose pour découvrir convenablement le terrain à battre, celui obtenu par le relief de l'ouvrage est plutôt nuisible qu'utile, puisqu'il a pour effet d'offrir un plus grand but aux coups de l'ennemi

Elles ne doivent jamais présenter un relief élevé.

CHAP. X.

sans augmenter sa propre découverte d'une quantité appréciable. Rien ne pourrait justifier un relief élevé, si ce n'est la présence, en avant de la batterie, d'un bossellement du sol par-dessus lequel il faudrait pouvoir viser. Mais cette circonstance se présentera rarement ou, pour mieux dire, jamais : la parfaite indépendance des batteries par rapport à la ligne de front de la position, et même des pièces entre elles lorsque les emplacements en sont détachés, permettra toujours d'éviter des inconvénients semblables à ceux que nous venons de signaler. D'un autre côté, l'attention de l'auteur du projet devra se porter sur un ordre de questions que nous n'avons pas rencontré lorsque nous avons traité des redoutes. Nous voulons parler non-seulement de la nécessité d'avoir égard à la batterie retranchée proprement dite, c'est-à-dire à l'épaulement destiné à protéger les pièces, mais encore de celle, tout aussi grande, de mettre à couvert les avant-trains attelés à proximité des pièces et la seconde ligne de la batterie à une distance en arrière convenable. Le plus souvent, on trouvera des couverts naturels propres à abriter ces accessoires indispensables ; dans le cas contraire, il faudra leur construire des abris.

Nécessité d'abriter les attelages et la seconde ligne de la batterie.

Ceux-ci, formés d'un fossé protégé par un masif en terrassement épais et élevé, absorberont pour leur établissement plus de temps et plus de bras que la batterie retranchée elle-même. On les fera nombreux et largement espacés, chacun pour deux attelages au plus, tant pour diviser l'attention de l'ennemi que pour faciliter la manœuvre de l'enlèvement du matériel dans le cas d'un revers. Les dispositions adoptées pour couvrir ces accessoires, qu'elles consistent dans la construction d'abris terrassés ou dans l'utilisation de couverts naturels, seront soigneusement rapportées sur le plan de situation et rappelées dans le mémoire, indépendamment des plans d'ensemble auxquels elles donneront éventuellement lieu.

Prescriptions à suivre lorsqu'on doit leur construire des abris.

Les questions relatives au service et à la manœuvre des pièces dans les batteries retranchées nous paraissent tellement importantes, que nous croirons faire chose utile en nous étendant quelque peu sur cet objet. On sait qu'à Königgrätz, les Autrichiens avaient pratiqué, dans le massif du parapet et entre les pièces, des excavations blindées servant de magasins. Cette disposition est très-recommandable pour une batterie élevée en vue d'une bataille imminente ; mais elle doit être

Discussion sur les positions relatives à assigner aux éléments d'une batterie.

CHAP. X.

rejetée dans une ligne d'investissement, où les gargousses ne tarderaient pas à être détériorées par les intempéries. Pour éviter cet inconvénient, nous avons jadis proposé de remplacer ces magasins par des avant-trains placés tout contre le parapet, de manière à être protégés contre les coups les plus plongeants. Mais, en émettant cette idée, nous n'avions pas suffisamment tenu compte de l'obligation de conserver les avant-trains attelés pendant toute la durée du feu, afin d'être à même d'enlever rapidement les pièces dans un cas urgent. Nous pensons cependant que notre proposition présentait des avantages sérieux et il suffirait, pour faire disparaître l'inconvénient signalé, de remplacer les avant-trains par des caissons, à raison d'un par section de deux pièces. Ces caissons, dételés, seraient placés à demeure dans la batterie, tandis que les avant-trains attelés seraient abrités comme il a été dit plus haut. Dans les batteries à emplacements détachés, des épaulements particuliers seraient construits pour ces magasins mobiles et reliés à droite et à gauche aux deux pièces de la section par des tranchées de communication. Enfin, pendant l'action même, le rempla-

Dispositions recommandées.

cement de ces caissons n'offrirait guère plus de difficulté que les manœuvres semblables, qu'exécute à découvert la seconde ligne d'une batterie pour renouveler les munitions épuisées.

Simplifications à apporter au mémoire

Dans un mémoire relatif à un projet de batterie, il est inutile de se préoccuper de la balance du remblai et du déblai : le terrain libre qui s'étend indéfiniment tout autour du retranchement peut aussi bien recevoir des dépôts de terre que pourvoir aux insuffisances provenant d'excavations peu larges ou peu profondes. En revanche, il est nécessaire du cuber les remblais pour fournir les données nécessaires concernant la somme de travail à exécuter. On s'arrangera d'ailleurs de manière que la terre ne doive être transportée qu'à un seul relais. Ajoutons une fois de plus que, dans ce cubage, il est indispensable d'éviter des calculs rigoureux, sans aucune utilité pratique, et de perdre un temps précieux à cuber des troncs de cône ou de pyramide, alors que trois dimensions moyennes, prises instantanément au double décimètre, fournissent un résultat tout aussi satisfaisant et parfois même plus exact.

Inutilité d'une balance du déblai et du remblai.

Nécessité de cuber les remblais pour l'évaluation du travail à effectuer.

Observation sur ce cubage.

CHAP. X.

2 — Des projets de blindages

Éléments que comportent ces projets.

Les projets de blindages nécessitent quelques indications spéciales que nous allons présenter en prenant pour thème un blockhaus-réduit tel que celui dont il sera question ci-dessous, p. 351 et suiv.

Plan d'ensemble; indications qu'il doit présenter.

Le plan d'ensemble d'une construction de cette nature doit comprendre un plan de situation, une projection horizontale, des coupes habilement choisies et en assez grand nombre pour offrir une description graphique complète, enfin des plans ou des croquis de détails que l'on groupera autant que possible autour des parties auxquelles ils se rapportent.

Plan de situation; son échelle.

L'échelle du plan de situation peut être la même que celle du plan d'ensemble de l'ouvrage dont le blindage est une dépendance. Dans ce cas, il suffit de rapporter sur un calque des indications fixant l'emplacement de la construction par rapport aux lignes de feu voisines et de coller ce croquis dans un angle du plan d'ensemble.

Projection horizontale; son échelle.

Quant à la projection horizontale du blindage, son échelle peut être la même que celle des coupes; mais le plus souvent on adoptera une réduction moins forte, attendu que les détails intéressants au point de vue de la construction appartiennent plutôt à la figuration en hauteur. Les coupes seront dressées à des échelles variant entre 1/200 et 1/50, celle de 1/100 étant prise comme une bonne moyenne à adopter dans la plupart des cas. Enfin, les échelles des plans de détails destinés à figurer les créneaux, les assemblages, etc., ne dépendant que de la ténuité des objets à représenter, varieront dans des limites très-étendues. Dans leur choix, on n'oubliera pas que les constructions en fer exigent, pour la représentation de leurs détails, une échelle relativement forte, tandis qu'un assemblage de pièces de bois peut parfaitement être figuré à celle de 1/40.

Coupes; échelles à adopter.

Plans de détails; leur échelle variable avec les objets à représenter.

De même que dans les plans de terrassements, les dimensions horizontales seront indiquées par des chiffres entre crochets, tandis que les verticales le seront par des cotes de hauteur comprises entre parenthèses, dans la supposition d'un terrain plan et horizontal — le plan de comparaison étant situé à 10 mètres au-dessous du sol.

Comment s'indiquent les dimensions horizontales et verticales.

L'ordre prescrivant l'exécution du projet est supposé conçu dans les termes suivants :

Ordre prescrivant l'exécution d'un projet de blockhaus.

« M. le sous-lieutenant Z procédera immédia-

CHAP. X.

« tement à l'exécution du projet d'un blockhaus à « élever dans la redoute de Sterrebeek et coté A « sur le plan d'ensemble de cet ouvrage.

Prescriptions à observer.

« Dans ce travail, cet officier aura à tenir « compte des prescriptions suivantes :

« 1° Les indications données sur le plan d'en- « semble, quant à l'emplacement du blockhaus, « quant à celles de ses faces ou parties de faces « utilisées pour la défense active et quant à la « position de l'entrée, seront observées ;

« 2° Le blockhaus sera établi pour recevoir « une garnison de 25 hommes ;

« 3° Les matériaux à employer seront, autant « que possible, choisis parmi ceux que fournit la « contrée, à proximité de la redoute. »

Latitude laissée dans le choix du type à adopter.

Ce choix est restreint par la prescription d'utiliser les matériaux fournis par la contrée.

On voit que cet ordre laisse une complète latitude quant au type de construction à adopter. En revanche, il prescrit d'utiliser les matériaux que présente le pays environnant; or, nous verrons plus loin que cette indication a pour résultat de limiter le choix à faire parmi les divers modes de construction décrits dans les traités théoriques.

Calcul des dimensions en longueur et en largeur du blockhaus.

La première question dont il y aura lieu de se préoccuper est celle des dimensions en longueur et en largeur à donner au blindage. Si le blockhaus n'est crénelé que sur un de ses longs côtés, il ne devra comporter que deux travées, l'une de circulation, l'autre de défense; dans le cas contraire, il devra en offrir trois. Cette condition suffira à fixer la largeur du blockhaus, dont la longueur se déterminera ensuite en accordant 1 mètre à $1^{m}50$ de muraille à chaque défenseur.

Choix du type de construction à adopter.

Ce choix basé sur l'espèce d'artillerie à craindre;

Sur la nature des matériaux à employer.

Ce point réglé, on aura à se préoccuper du type de construction à adopter. En premier lieu, on examinera l'espèce d'artillerie aux feux de laquelle le recouvrement sera soumis — espèce qui, dans l'hypothèse admise, n'est autre que l'artillerie de campagne. En second lieu, on étudiera les ressources que la contrée offre en matériaux de construction. La présence de la forêt de Soignes et de bouquets de bois voisins, d'une part, la proximité du chemin de fer de Bruxelles à Louvain, de l'autre, fera conclure à l'emploi de bois en grume pour la charpente, de rails pour le recouvrement, de saucissons pour le recouvrement et pour les parois. La mise en œuvre de bois en grume étant défavorable à l'emploi d'assemblages compliqués, on choisira de préférence un type facile à construire, alors même qu'il absorberait un cube de charpente plus considérable qu'un

CHAP. X.

La partie correspondante du mémoire en forme le premier chapitre.

autre, plus économique, mais exigeant un travail plus précis. Ces divers points formeront, dans le mémoire, la matière d'un premier chapitre, où seront développées les raisons ayant fixé le choix de l'auteur du projet. Les modifications apportées au type admis y seront décrites et justifiées, de manière à présenter une description globale et raisonnée de la construction.

Matières à traiter dans le chapitre II.

Le second chapitre sera consacré aux détails de diverses natures que l'établissement du blockhaus comporte, tels que la mise en œuvre et le levage des matériaux, leurs modes d'assemblages, les dispositions adoptées pour les créneaux, etc.

État des matériaux de construction nécessaires.

Un état de ces matériaux formera la matière du chapitre III. Cet état présentera cinq colonnes : dans la première, on désignera par un libellé clair et concis les pièces de bois, de fer, etc., à employer ; dans la seconde, leur nombre ; dans la troisième, leur équarrissage, leur section, leur diamètre ou, s'il est question de poutrelles en fer ou de rails, leur poids par mètre courant ; dans la quatrième, leur longueur ; la cinquième, enfin, sera consacrée aux observations.

Évaluation de la durée du travail.

On évaluera dans un dernier chapitre le nombre de journées de dix heures nécessaires à la construction du blockhaus. On y comprendra l'abatage des arbres, leur transport, et plus généralement, le temps qu'absorberont la confection et le déplacement jusqu'à pied-d'œuvre des matériaux de toute espèce. La durée du montage du blockhaus sera enfin estimée aussi approximativement que possible. Nous croyons qu'en mettant beaucoup d'ordre dans ce travail, on pourra, avec du bon sens à défaut d'expérience, arriver à une évaluation qui ne sera pas en contradiction trop flagrante avec la réalité.

Projets de blindages et autres à traiter d'après les indications précédentes

Les projets de magasins, d'abris et de ponts devront être dressés exactement de la même manière. Les indications que nous venons de donner pourront même être appliquées sans modifications sensibles aux projets de défense accessoires qui pourraient être exceptionnellement demandés.

Exception pour les projets d'inondations.

Nous devons toutefois en excepter les inondations : les projets de cette nature sont, en effet, tout à fait distincts de ceux dont il a été question jusqu'ici; mais nous sommes convaincu que l'officier chargé d'un tel projet ne rencontrerait nulle difficulté à l'établir, s'il s'était suffisamment préparé à ce genre de travail par la solution des problèmes en vue desquels nous venons de donner des indications aussi complètes que précises.

CHAP. X.

NOTICE EXPLICATIVE

sur le projet de redoute annexé à cet ouvrage

Motifs qui nous ont engagé à présenter un projet de retranchement terrassé.

Nous avons longtemps hésité à joindre à cet ouvrage un projet de retranchement de campagne qui présentât l'application effective des prescriptions contenues dans ce chapitre. Nous craignions qu'un document de cette nature ne fût considéré comme un « modèle » à adapter plus ou moins adroitement, plus ou moins habilement, aux hypothèses de paix ou de guerre, et que par là le travail spontané de création qu'exige la pratique de l'art se transformant en copie, les exercices d'application perdissent toute valeur réelle. D'un autre côté, les conditions techniques des retranchements ont été tellement modifiées par l'introduction du tir indirect, que l'on ne rencontre guère, dans les ouvrages publiés jusqu'à ce jour, des types de retranchements de campagne terrassés quelque peu complets et étendus, répondant entièrement aux nécessités actuelles. Cette considération seule a vaincu notre indécision : nous avons donc tracé, en vue d'une hypothèse déterminée, un projet de fort que le lecteur trouvera dans les planches accompagnant ce volume.

Absence de modèles propres à servir de guide dans l'application.

Avant de passer à la description raisonnée de ce projet, nous justifierons en peu de mots l'assertion émise sur le défaut de modèles propres à servir de guide dans les applications de la fortification de campagne. Nous sommes loin de prétendre avoir établi des théories nouvelles sur cette branche de l'art : nous croyons au contraire que le projet de redoute annexé à ce travail n'est que la mise en pratique d'idées imposées par les faits, n'est que la résultante directe de causes préexistantes dont nous nous sommes borné à tenir compte. Si donc nous sommes conduit à signaler et à combler une lacune dans la représentation complète et pratique des retranchements de campagne, c'est que d'une part, les ouvrages de cette catégorie élevés par les belligérants pendant la guerre de 1870-1871 ont eu généralement peu d'importance sous le rapport technique, et que d'autre part, les fortifications, considérables par leur étendue et par les ressources déployées, construites pendant cette même guerre, ont plutôt consisté en retranchements mixtes ou provisoires. Les premiers n'ont pu naturellement donner lieu qu'à des représentations incomplètes, et quant aux seconds, il existe un motif, facilement saisissable, qui les rend impropres à servir de guide dans le genre d'applications qui fait l'objet de notre étude.

Différence existant entre les projets de fortification permanente ou provisoire et ceux de fortification de campagne.

Cette conclusion se base sur l'observation suivante : dans les projets de fortification mixte, comme dans ceux de fortification permanente, l'ingénieur se borne à représenter les grandes masses, remparts, parapets, traverses principales, etc., dont l'ensemble constitue un instrument de combat perfectionné, imprenable de vive force ou peu s'en faut, et qui, par la durée de leur construction, ne peuvent être élevés en présence de l'ennemi. Mais on sait qu'à la période de construction proprement dite succède, tant pour les ouvrages mixtes que permanents, une seconde période que l'on désigne sous le nom de « mise en état de défense, » qui a particulièrement pour but de fournir des

CHAP. X.

Les premiers ne tiennent pas compte des travaux de mise en état de défense.

Ce sont ces travaux mêmes qui constituent les seconds.

couverts rapprochés tant au matériel qu'aux défenseurs et qui est rarement représentée dans les projets, attendu que les travaux qu'elle comporte sont dictés avant tout par les dispositions adverses. Or de ces deux phases, la seconde seule existe pour la fortification de campagne, créée au moment même du besoin, en vue d'une nécessité actuelle, et où l'instrument de combat n'est plus, à proprement parler, un retranchement répondant à des conditions techniques nettement définies, mais bien le sol lui-même ou, pour mieux dire, la terre que l'on creuse et relève hâtivement pour former les massifs protecteurs et les excavations protégées.

Conséquences qui en résultent

C'est pour cette raison que les conditions techniques, si nécessaires à observer dans les ouvrages permanents et provisoires, s'effacent presque complétement dans les retranchements de campagne en présence des conditions tactiques qui, à défaut des premières, peuvent seules assurer à une position fortifiée un degré de résistance convenable. C'est aussi pour cela qu'un projet de retranchement de campagne ne peut être considéré comme complet s'il néglige de représenter dans leur entièreté tous les mouvements de terre par lesquels on assure aux défenseurs et à leur matériel une protection complète, tant sous le rapport de leur mise en action directe, que sous celui des moyens accessoires, tels que les communications, destinés à faciliter cette utilisation des forces défensives.

Importance actuelle de l'organisation intérieure des ouvrages.

On peut en conclure que le tracé et la construction du parapet formant enceinte — tracé auquel on attachait naguère encore tant de prix, construction dans laquelle se résumait presque en entier le travail d'érection du retranchement — n'ont plus qu'une importance relative en présence des travaux considérables que nécessite actuellement l'organisation intérieure d'un ouvrage. L'attention que l'on accordait au flanquement et à la bonne constitution du fossé doit donc se reporter tout entière sur les procédés propres à procurer aux défenseurs un terrain où ils puissent se maintenir pendant la canonnade préparatoire à l'assaut, afin de n'être pas forcé, comme les défenseurs de Düppel, à abandonner leurs ouvrages, au risque de les voir enlever avant de pouvoir y rentrer pour les défendre. Sous ce rapport, le siége de Sébastopol est un précieux enseignement, qui fournit des modèles plus que jamais utiles à consulter. L'organisation intérieure des points d'appui de cette forteresse, qui tenait à la fois de la fortification provisoire et de la fortification de campagne, était la résultante immédiate de causes dont l'énergie s'est accrue depuis par l'introduction de l'artillerie nouvelle, et si l'illustre ingénieur dont la réputation sera confirmée par l'histoire, fut conduit par la force des choses à l'emploi de procédés défensifs s'écartant des errements classiques, c'est à nous de profiter de cette expérience en nous engageant dans cette même voie, en dehors de laquelle il n'y a plus de défense possible.

Preuves historiques à l'appui.

Raisons pour lesquelles notre projet s'écarte des errements classiques.

Autant que personne nous sommes disposé à tenir compte des enseignements de l'histoire, dussions-nous nous écarter des traditions et des modes de représentation reçus. Notre projet de fort en est un exemple. Pour l'établir, nous n'avons eu aucun égard aux types que les ouvrages classiques offrent à profusion : combinant les enseignements des siéges de Sébastopol, de Düppel et de Paris avec les quelques notions rationnelles concernant le défilement des terre-pleins que fournit l'examen des

CHAP. X.

trajectoires de l'artillerie nouvelle, nous sommes arrivé à un résultat en un certain sens inattendu, mais que nous croyons fermement répondre aux conditions présentes de l'art défensif.

Hypothèse choisie.

Afin de ne pas nous égarer dans le vague de spéculations purement rationnelles (spéculations utiles lorsqu'il s'agit d'ouvrages permanents ou même provisoires, mais, selon nous, de nulle valeur lorsque l'élément technique s'efface devant des considérations d'un autre ordre), nous avons pris une hypothèse nettement définie. Nous avons supposé que, par suite de circonstances quelconques, un fort de campagne, d'importance déterminée, devait être élevé à l'emplacement choisi pour le fort nº 2 dans la partie orientale du camp retranché entourant Bruxelles. Cette hypothèse offre l'avantage de ne pas s'écarter d'un terrain que le lecteur connaît actuellement dans tous ses détails. D'un autre côté, le fort nº 2, par sa situation exposée en avant de la ligne de front d'un camp retranché, constitue une application intéressante à plus d'un titre, notamment sous le rapport des mesures à prendre pour créer des couverts propres à abriter contre des feux convergeant sur l'ouvrage dans des directions embrassant un secteur de près de 180 degrés.

Avantages de cette hypothèse.

Nous n'avons rien à dire sur l'assiette de l'ouvrage, ce point ayant été complétement élucidé antérieurement (p. 191 et suiv.). Le rapport du tracé sur le terrain ne peut donner lieu à aucune difficulté : le plan de situation permet en effet de jalonner par un point pris sur la chaussée de Tervueren, à 230 mètres au delà de la borne 5, un alignement donné soit par le point remarquable de terrain vers lequel il se dirige, soit par son orientation qui est

Le plan de situation permet de rapporter l'ouvrage sur le terrain.

sensiblement celle de la méridienne. Deux mesures de longueur permettent d'y fixer les emplacements des saillants 3 et 4. Les positions des autres saillants sont fournies par un plan spécial sur lequel nous avons reporté les mesures de longueur et angulaires, afin de ne pas surcharger le plan des terrassements, déjà encombré de détails.

Plan du tracé ; son utilité.

La forme même de l'ouvrage est une conséquence directe de nos théories. Le fort ne devant pas être flanqué, il est inutile qu'il se développe en longues lignes droites, défectueuses tant sous le rapport de la découverte du terrain extérieur que sous celui de la défense intérieure, surtout lorsque les prolongements en peuvent être saisis dans les deux sens. On peut même dire que, du saillant 1 au saillant 5, la forme la plus avantageuse aurait été celle d'un demi-cercle, faisant également face dans toutes les directions où l'ennemi peut si facilement s'établir; mais le moment n'est peut-être pas encore venu de remplacer par des courbes les lignes droites dans lesquelles la fortification s'est jusqu'ici décomposée, et l'on peut encore se demander si les parapets circulaires, plus rapidement exécutés que les retranchements rectilignes lorsqu'il s'agit de fortifications élémentaires, n'offriraient pas certaines difficultés d'exécution quand leurs masses et les fossés qui les précèdent sont relativement considérables. Telles sont les raisons qui nous ont empêché d'innover en ceci et pour lesquelles nous avons remplacé la ligne de front courbe du fort par quatre faces se confondant sensiblement avec la directrice et dirigées vers les positions les plus importantes que présente le terrain extérieur.

Discussion sur le tracé adopté.

Pourquoi le tracé circulaire a été rejeté.

C'est ainsi que la face 1—2 est tracée de manière à battre

CHAP. X.

Tracé des faces antérieures du fort.

de feux directs le mamelon des Trois-Tilleuls; la face 2—3 remplit le même rôle par rapport à celui des Trois-Fontaines. Le grand plateau de la rive droite de la Woluwe est battu par les faces 3—4 et 4—5. Cette dernière face a en outre pour objet de flanquer les forts nos 3 et 4 en couvrant de feux le versant oriental du plateau dont ils occupent la crête, et sous ce dernier rapport, elle remplit le rôle assigné aux fronts latéraux dans les tracés-types.

Tracé de la gorge.

La gorge du fort — c'est-à-dire la partie qui ne peut être contrebattue avant que l'ennemi n'ait forcé la ligne de défense sur un point — comprend deux faces: la face 5—6, qui bat l'intérieur du camp retranché en arrière de la lunette B et flanque à revers cet ouvrage ainsi que le fort no 3, et la face 6 — 7, brisée en dedans pour protéger l'entrée qui y est placée et dont les brisures battent efficacement la surface du triangle dont nous avons parlé antérieurement.

Observation sur la face 7—1.

Reste la face 7—1. Celle-ci est tracée de manière à flanquer la lunette A et le fort no 1. Sous ce rapport, elle peut être considérée comme un front latéral; mais la présence du bois de la Cambre, empêchant l'ennemi d'établir des batteries pour la contrebattre directement, la place dans une situation particulière qui permet de la considérer comme faisant partie de la gorge. Cette observation acquerrait de l'importance si la condition de flanquer la droite du camp retranché avait forcé à retirer la face 7—1 plus en dedans : l'angle du saillant 1 aurait pu, dans ce cas, descendre au-dessous de la limite minimum de 120 degrés; car, dans les ouvrages formant système, cette limite ne doit évidemment être observée que pour l'ensemble constitué par les fronts de tête et latéraux.

Critique du tracé adopté.

Le tracé que nous venons de décrire n'est pas, à notre avis, irréprochable. En premier lieu, l'angle du saillant 4, quoique supérieur à 120 degrés, nous paraît trop aigu, et puisque les nécessités du flanquement n'obligeaient pas d'allonger les faces, il eût été plus avantageux de multiplier leur nombre en cet endroit, en remplaçant, par exemple, le tracé 3—4—5 par le tracé 3—X—Y—5. Mais un défaut plus grave se révèle lorsqu'on examine le plan des terrassements : nous voulons parler du manque d'espace intérieur. Sans doute, le fort offre, dans son état actuel, des couverts suffisants pour assurer la sécurité et les communications des défenseurs pendant le bombardement de courte durée qui précède un assaut; mais si la lutte d'artillerie se prolongeait, s'il devenait nécessaire de créer de nouvelles communications, d'augmenter le nombre des pièces en batterie, d'épaissir les couverts pour résister à des pièces d'un calibre supérieur, l'espace manquerait partout, et l'on ne pourrait trouver des terres qu'en approfondissant en certains endroits les tranchées (ce qui amènerait la présence de véritables marécages) ou qu'en apportant les terres du dehors, travail considérable qu'il importe d'éviter.

Exiguïté du terre-plein intérieur.

Inconvénients qui en résultent.

Conséquence à en tirer pour les ouvrages de campagne.

Le terre-plein intérieur de l'ouvrage n'est donc pas suffisamment étendu, et comme le développement des fronts de tête et latéraux ne peut être augmenté à volonté — puisque c'est là que se concentre la défense et que c'est de leur étendue que dépend conséquemment la force de la garnison, — c'est dans la profondeur donnée au fort qu'il faut chercher l'accroissement de surface nécessaire. Cette conclusion, basée du reste sur les enseignements des siéges de Sébastopol et de Düppel, avait

CHAP. X.

été prévue, mais nous avons cru devoir en donner ici une preuve palpable en montrant les inconvénients créés par la non-observation d'un principe établi par l'étude de l'histoire et formulé par nous dans notre traité théorique de fortification passagère[1].

Profil extérieur; conditions qu'il remplit.

Les profils adoptés pour le fort n° 2 ne diffèrent guère de ceux que nous avons préconisés antérieurement. Des fossés à fond de cunette et pourvus de défenses accessoires fournissent, à faible distance, les terres nécessaires aux parapets, dont l'épaisseur est réglée de manière à résister à l'artillerie de campagne et dont la hauteur est déterminée par la condition d'obtenir un défilement convenable des terre-pleins de circulation sans qu'il soit nécessaire de les creuser à plus de 1 mètre de profondeur sous le terrain naturel. Afin de permettre aux fantassins de coopérer à la défense de l'ouvrage dans les endroits occupés par les

Profil intérieur pour l'artillerie;

[1] Voir notre Traité des applications tactiques de la fortification, part. II, p. 343 et suiv. — Dans les ouvrages à grand développement, tels que les forts permanents et provisoires, le rapport entre la profondeur et la largeur ne doit pas être le même que dans les ouvrages de campagne. En effet, l'étendue en profondeur nécessaire pour créer un système de communications complet et bien défilé, n'est nullement une fonction du développement des fronts de tête et latéraux, mais plutôt une quantité variable seulement avec l'épaisseur des massifs protecteurs et la largeur des tranchées. C'est pourquoi les ouvrages permanents ou mixtes peuvent continuer à recevoir, comme par le passé, une forme aplatie, tandis que les redoutes de campagne, d'un front moins étendu, doivent prendre une forme allongée. Le même principe entraîne donc à des conclusions en apparence contradictoires; mais nous croyons que cette note lèvera toute incertitude à cet égard.

pièces, nous avons placé, à 1m20 sous la ligne de feu, un gradin solidement revêtu de 0m35 de largeur. Nous ne croyons pas que cette innovation gêne considérablement la manœuvre des pièces, et d'ailleurs on ne perdra pas de vue que l'introduction des affûts exhaussés ferait perdre aux retranchements de campagne une grande partie de leur valeur défensive rapprochée, si l'on ne prenait des mesures pour permettre aux fantassins d'agir par-dessus la masse couvrante dans le cas d'un assaut. Le profil pour la mousqueterie a reçu des gradins dans les parties entaillées dans le sol, c'est-à-dire là où le terrassement présente une solidité suffisante pour se maintenir verticalement jusqu'à ce que l'on trouve le loisir de construire des revêtements. Au-dessus du sol, le talus de banquette se présente sous l'inclinaison ordinaire de 1/2, et la banquette, de 1m50 de largeur totale, offre un gradin qui permettra aux défenseurs de monter sur le parapet pour repousser à coups de baïonnette les troupes qui chercheraient à pénétrer par escalade dans l'ouvrage.

Pour la mousqueterie.

Terre-pleins de circulation et traverses

Dans l'organisation intérieure des faces, nous avons tenu compte de la direction des feux auxquels elles sont soumises. Les traverses destinées à protéger les pièces ont été prolongées aussi loin que possible sur les parapets ; celles placées dans les parties occupées par l'infanterie ont été arrêtées à la banquette. Un terre-plein de circulation continu règne en arrière des banquettes et des barbettes ; les terres provenant de son excavation servent à la construction des traverses, et leur excédant, relevé sur sa partie postérieure, forme un parados, interrompu seulement aux points de jonction avec les tranchées de communication, et nécessaire dans un ouvrage dont toutes les

CHAP. X.

parties sont exposées à des feux de revers. Des rampes à 1/4, que le profil indique, mettent les barbettes en communication avec ce terre-plein, dont la largeur est de 2^m^50 dans les endroits où doivent circuler les pièces, de 2 mètres au pied des banquettes, et de 1 mètre seulement en arrière des traverses dans les endroits où la communication ne doit être établie que pour l'infanterie.

Entrée de l'ouvrage.

Conditions à remplir.

Avant de passer à l'examen des dispositions prises pour le défilement du terre-plein intérieur, nous dirons quelques mots de l'entrée de la redoute. Le problème de l'organisation de cette importante communication est multiple : lorsque l'ingénieur a pris toutes les mesures pour empêcher l'ennemi de pénétrer par là dans l'ouvrage, sa tâche est loin d'être remplie. Il faut, en effet, assurer la retraite des défenseurs, faciliter l'arrivée des renforts, et même permettre des retours offensifs destinés à déposséder l'assaillant de sa conquête. Rien n'est plus propre à atteindre ces divers buts que la construction d'un blockhaus à proximité du passage, et le seul doute qui subsiste porte sur les moyens les plus propres à couvrir le blindage tout en lui assurant une action énergique sur le point à défendre. Les dispositions prises pour empêcher l'assaillant de s'emparer de la redoute en profitant de son entrée s'expliquent par le seul examen du croquis. La face 6—7, où le passage est pratiqué, est brisée en dedans en forme de tenaille, et la coupure à travers le parapet est protégée par une avancée en forme de redan. Le passage se prolonge ensuite entre le blockhaus, dont les créneaux sont à fleur de sol, et une traverse dont la coupe CD montre l'utilité. Une barrière est placée dans le prolongement de la ligne de feu de l'avancée; une seconde, crénelée, défendue en avant et en arrière par

Moyens employés dans le but d'y satisfaire.

les feux du blockhaus, permet aux communications de s'établir dans les deux sens avec une égale sécurité. Enfin, dans le but de protéger le blockhaus contre les coups d'écharpe, un blindage, recouvrant le passage, assure la continuité du massif protecteur dans une direction où les feux d'artillerie pourraient être dangereux. Notons en passant qu'il eût été utile de prolonger le blockhaus jusqu'à l'extrémité du passage blindé, afin d'empêcher autant que possible l'ennemi de le masquer au moyen de matériaux pris dans l'ouvrage. Le passage débouche enfin dans le terre-plein intérieur, en arrière d'une communication profilée servant de retranchement, isolant pour ainsi dire la partie la plus exposée du fort, et où les troupes destinées à prononcer un retour offensif peuvent prendre une formation déployée et ébranler l'ennemi par leurs feux, avant de le chasser à la baïonnette des points où il s'est établi.

Organisation du terre-plein intérieur.

Magasins.

Dans les espaces du terre-plein intérieur restés libres, les magasins destinés à recevoir les divers approvisionnements ont été établis, puis raccordés avec les emplacements occupés par les pièces par des communications couvertes, c'est-à-dire tranchéiformes et tracées en forme de courbe pour éviter l'enfilade. Des communications semblables et de largeur proportionnée à leur but permettent d'armer les barbettes, de déplacer les pièces, et procurent finalement aux troupes d'infanterie et aux chefs les plus grandes facilités afin de se porter rapidement sur les endroits menacés pour coopérer à la défense ou pour la diriger. Les talus des excavations sont tenus aussi roides que le permet la consistance du sol, et les terres qui en proviennent, relevées d'un côté ou de part et d'autre selon la

Communications.

Détails techniques.

direction des feux à craindre, seront postérieurement soutenues par des revêtements de soutènement qui rapprocheront les masses couvrantes des espaces à protéger et ménageront la surface occupée. Ces derniers travaux pourraient être évités, au moins partiellement, si le terre-plein intérieur, plus étendu, se prêtait mieux au développement considérable de mesures défensives, nécessité par les perfectionnements de l'artillerie.

Profondeur des tranchées de communication.

La profondeur des tranchées, comme celle des terre-pleins de communication, a été fixée à 1 mètre. Cependant, si l'expérience prouvait qu'elle fût insuffisante pour donner toute sécurité aux défenseurs, il ne faudrait pas hésiter à l'augmenter. Un travail de polygone, à défaut d'une expérience de guerre, ferait plus, pour résoudre cette question, que le calcul le plus compliqué. Quoi qu'il en soit, il sera nécessaire de ménager dans ce réseau de tranchées des écoulements pour les eaux pluviales, et dans ce but, on placera à proximité des blindages des puisards formés par un gabion ou par un tonneau dont le fond aura été enlevé. Les communications, dont le réseau sera divisé en versants, recevront une pente légère vers ces puisards. Si le sol était peu perméable, il serait utile de diriger les eaux recueillies vers les fossés, en construisant un système d'écoulement souterrain au moyen de tuyaux en poterie, de buses formées de quatre planches clouées, ou, après la construction de l'ouvrage, de rameaux de mine.

Mesures à prendre pour l'écoulement des eaux.

Observations sur l'inclinaison à donner aux talus ;

Enfin, on ne doit pas oublier, soit dans le projet, soit dans la construction d'un ouvrage, que les talus de faible hauteur entaillés dans le sol naturel se maintiennent parfaitement et pendant un temps fort long sous une inclinaison très-roide et que l'on ne doit faire usage de talus inclinés

Sur l'emploi des revêtements de consolidation.

à 45 degrés que dans les parties soumises aux chocs des projectiles. De même, toutes les fois qu'il importe de rapprocher la masse couvrante de l'objet à couvrir, ainsi que cela a lieu dans les batteries, on ne doit pas hésiter à faire usage de revêtements de soutènement : le temps que l'on y consacre est largement compensé par les avantages qu'en retire la défense.

CHAPITRE XI

DES PROJETS DE RETRANCHEMENTS NON TERRASSÉS

CHAP. XI.

Impossibilité de soumettre ces projets à des règles aussi précises que celles données précédemment.

Les projets de retranchements non terrassés peuvent difficilement être soumis à des règles aussi précises que celles données dans le chapitre précédent. Le motif en est facile à saisir : les retranchements de cette catégorie offrant un caractère moins technique que ceux dont nous venons de nous occuper, il en résulte qu'une latitude plus grande doit être laissée dans le choix de leurs modes de représentation. Nous essayerons cependant de formuler quelques règles d'une application générale, tout en reconnaissant qu'une part plus large doit être laissée à l'initiative de l'auteur du projet. Mais, plus encore que ces

Initiative qui doit être laissée à l'auteur du projet dans le choix du mode de représentation.

CHAP. XI.

Comment la question doit être envisagée.

règles, la limitation du travail devra fixer notre attention, et c'est pourquoi nous insisterons davantage sur les renseignements à fournir et sur ceux à négliger que sur la manière même dont ils doivent être présentés.

Impossibilité de représenter tous les détails de l'organisation défensive d'un obstacle du terrain.

C'est qu'en effet l'organisation défensive de la moindre agglomération comporte des détails tellement nombreux et tellement difficiles à représenter graphiquement, qu'ils lasseraient la patience de l'officier le plus assidu s'il prétendait n'en rien négliger. Il s'agit ici d'ouvertures à clôturer, de portes à condamner, de créneaux à percer dans les planchers et dans les murailles, de barricades à construire avec des matériaux de natures les plus diverses, etc. Le soin même que l'on prendrait de fouiller tous ces détails éloignerait des considérations tactiques qui, dans l'organisation défensive des obstacles du terrain, jouent en définitive un rôle tout à fait prépondérant.

Cette représentation est au surplus inutile.

D'un autre côté, est-il nécessaire ou seulement utile d'entrer dans ces détails techniques? Nous ne le pensons pas. La mise en état de défense d'une maison, par exemple, constitue une des applications les plus simples de l'art défensif, une opération pour laquelle il existe une série de prescriptions aussi simples que précises et qui s'exécute sous la direction immédiate d'un officier en tirant parti de tout ce que l'on trouve sous la main. A quoi servirait-il de dessiner les madriers ou les meubles destinés à condamner les portes, de figurer les procédés, toujours élémentaires, au moyen desquels on bouche les fenêtres jusqu'à la hauteur voulue, des compter les créneaux à percer dans les pignons, dans les murs de refend, dans les planchers, de se complaire, enfin, dans le figuré d'images, agréables sans doute à l'œil, mais aussi dépourvues d'importance que d'utilité réelle? Ce n'est donc pas à ce point de vue que la question doit être abordée, et comme tout pas fait dans cette voie conduirait inévitablement plus loin qu'on ne voudrait aller, il est nécessaire d'adopter une règle absolue, que nous formulerons en ces termes : « Les projets d'organisation défensive des obstacles du terrain doivent être conçus au point de vue tactique pur, c'est-à-dire que l'on se préoccupera exclusivement du tracé des diverses lignes de défense, et quand il s'agit d'agglomérations bâties, de la constitution de l'enceinte (par un retranchement terrassé ou par l'utilisation des maisons formant le pourtour du

Principe à observer.

CHAP. XI.

village), des barricades à établir et des constructions de l'intérieur à fortifier. La seule dérogation que l'on fera à ce principe, ce sera de donner le profil des retranchements terrassés, tranchées ou batteries, ainsi que des lignes de défense continues, telles que les haies et les murs, dont l'organisation défensive doit être arrêtée à l'avance. »

Hypothèse admise.

C'est en partant de ce principe que nous allons aborder la question qui fait l'objet de ce chapitre, et afin de donner à notre étude le caractère de précision indispensable, nous supposerons qu'il s'agisse de mettre en état de défense une partie de secteur d'investissement — partie à laquelle nous avons donné précédemment le nom de « sous-secteur. » Les conditions du travail sont d'ailleurs indiquées par l'ordre suivant, émanant du commandant du génie de la division.

Ordre relatif au projet d'organisation défensive d'un sous-secteur d'investissement.

« M. le capitaine Z dressera immédiatement « un projet pour la mise en état de défense d'une « partie du secteur d'investissement occupée par « la 3e division. Cette partie, désignée sous le « nom de ‹ sous-secteur de ..., › est délimitée « ainsi qu'il est indiqué sur le plan d'ensemble, « plan dont il pourra prendre connaissance au « Quartier Général de la division, n° bureau.

« Ce travail comportera :

« 1° Un plan d'ensemble où seront indiquées « les diverses lignes à occuper et le système « d'organisation défensive à adopter pour chacune « d'elles ;

« 2° Des plans d'ensemble des localités ou des « ouvrages terrassés destinés à servir de points « d'appui ou de grand'gardes au sous-secteur;

« 3° Un mémoire où seront consignés les « divers détails que les plans n'auront pu repro- « duire, ainsi que la justification des mesures « proposées et l'évaluation approximative du « nombre de journées nécessaires pour l'exécu- « tion des mesures défensives projetées. »

Observation sur cet ordre.

Cet ordre laisse une initiative complète à l'auteur du projet quant à la détermination et au nombre des lignes de défense à fortifier. Le premier soin de l'officier chargé du travail sera donc de se concerter avec les subalternes auxquels incombe la mise en état de défense des secteurs voisins, pour que les travaux à exécuter se relient étroitement entre eux. C'est dans ce concert préalable que seront arrêtées les positions des diverses lignes à occuper — lignes qui, comme on le sait, peuvent être en nombre plus ou moins

Raccordement des divers sous-secteurs.

CHAP. XI.

considérable, selon la proximité et la force de l'ennemi, selon la nature plus ou moins favorable du terrain.

Visite du terrain.

Il est à peine nécessaire de dire que c'est sur le terrain même que cette opération devra avoir lieu. C'est sur le terrain également que l'officier arrêtera les détails de la mise en état de défense de chacune des lignes. A cet effet, muni d'une carte dont l'échelle ne devra pas être inférieure à 1/20,000, s'il est possible, ainsi que d'un carnet de poche pour prendre des notes et tracer des croquis, l'officier parcourra les diverses lignes de défense, indiquera sur la carte, au moyen de signes conventionnels, le tracé et l'espèce de retranchements dont il jugera devoir faire usage, et complétera ces indications par des notes et des croquis qu'il consignera dans son carnet.

Plan d'ensemble du sous-secteur.

Il résultera de ces opérations un plan d'ensemble du sous-secteur, lequel consistera, chaque fois que faire se pourra, en un fragment de carte. Ce n'est qu'en l'absence d'un document de cette nature dressé à une échelle convenable, que l'officier procédera à un levé à vue du sous-secteur qui lui est attribué, et il évitera avec le plus grand soin de perdre un temps toujours précieux, dans la paix comme dans la guerre, à tracer des calques ou des reports topographiques qu'une carte fournie par l'état-major ou par le commerce donne plus complétement et avec une plus grande exactitude. Quoi qu'il en soit, ce plan d'ensemble sera ultérieurement complété par des plans de détails et par des coupes, lesquels auront pour but d'éclaircir certains points qui, sans ces indications supplémentaires, demeureraient douteux.

Exemple précisant les indications à fournir.

Un exemple servira à fixer l'esprit du lecteur sur ces différents objets. Supposons que la mise en état de défense du sous-secteur proposé comporte une organisation défensive très-complète; que, par exemple, la ligne des tirailleurs, ne découvrant pas le terrain en avant à une assez grande distance, doive être précédée d'une ligne de sentinelles; que, située dans une position peu favorable et à proximité de l'ennemi, elle doive être appuyée à petite distance par des positions retranchées nombreuses et pour lesquelles le terrain offre des ressources facilement utilisables; qu'enfin, en arrière de ces positions — qui joueront le rôle de petits postes ou de soutiens, — il y ait lieu de créer un ou plusieurs points d'appui dont les fonctions seront celles de grand'gardes. Dans ce cas, après avoir

CHAP. XI.

indiqué sur le plan, au moyen de signes conventionnels, le tracé de ces différentes lignes, on dressera, en ce qui concerne la ligne de sentinelles, un plan avec profil des embuscades à établir ; en ce qui concerne la ligne des tirailleurs, des coupes dans les tranchées-abris continues, dans les abatis sur place, dans les haies, dans les murs rendus défensifs, etc., qui constituent la ligne de défense continue ou à faibles intervalles à occuper par la chaîne de tirailleurs. On agira de même pour les points d'appui secondaires ou petits postes, qui devront consister en constructions isolées, parcs, châteaux, fermes, etc., de peu d'étendue, ou par des ouvrages terrassés rudimentaires, pour lesquels on donnera quelques coupes, en ayant soin de ne pas s'engager dans des représentations trop compliquées. Ces prescriptions seront également observées pour les grand'gardes lorsque celles-ci seront constituées par des obstacles de même nature.

Plan d'ensemble de localités retranchées.

Mais lorsque les grand'gardes occuperont des groupes de constructions, tels que des villages ou des bourgs, il sera nécessaire de dresser des plans particuliers pour leur mise en état de défense. Ceci nous amène à dire quelques mots

Opérations à exécuter sur le terrain.

des projets d'organisation défensive des villages. Nous avons déjà vu qu'à moins de posséder un plan à une grande échelle (1/2,500 à 1/5,000) de ces derniers, il était nécessaire d'en faire un levé, levé pour lequel nous avons donné des indications de nature à simplifier le travail. C'est dans tous les cas sur le terrain même que l'organisation défensive du village sera arrêtée. On commencera par fixer la nature de l'enceinte, qui sera terrassée lorsque le village se trouvera en prise aux feux directs de l'artillerie ennemie, qui sera constituée par les maisons du pourtour de l'agglomération dans le cas contraire. Les constructions extérieures à l'enceinte seront démolies ou incendiées, à moins qu'on ne puisse les utiliser comme postes extérieurs, d'une véritable utilité tactique et défendables avec peu de monde. Dans la constitution de l'enceinte, on accordera une attention spéciale aux barricades, destinées à barrer les routes traversant le village et par lesquelles l'ennemi cherche toujours à y pénétrer. Ce point réglé, on décidera s'il y a lieu d'occuper la totalité des maisons ou seulement les constructions qui, par leur solidité ou par leur situation, ont une importance décisive au point de vue de la défense.

Constitution de l'enceinte.

Organisation de la défense intérieure.

CHAP. XI.

A moins de circonstances exceptionnelles, c'est à ce dernier parti que l'on s'arrêtera, attendu que l'occupation du village tout entier exigerait un déploiement de forces trop considérable. Dans le choix des constructions à retrancher, on n'oubliera pas de s'arranger de manière que le village présente plusieurs lignes de défense successives, complétées par des barricades intérieures organisées d'après les prescriptions de la théorie. Généralement, on ne placera pas de réduit proprement dit dans la position d'avant-postes, attendu que la défense devant se continuer dans la position de combat située plus en arrière, l'attention devra se porter sur les moyens de retraite et sur les facilités à offrir aux retours offensifs, plutôt que sur des points à l'intérieur du village, où les défenseurs courraient le risque d'être cernés et de devoir mettre bas les armes. Mais si le village fait partie de la position de combat, les conditions ne seront plus les mêmes et il y aura lieu de constituer un réduit solide, où les défenseurs pourront prolonger la résistance jusqu'à ce que les renforts fournis par les secteurs voisins ou éloignés viennent les dégager.

Cas dans lesquels il y aura lieu de constituer un réduit.

L'attention se portera tout d'abord sur le choix

Principes à observer dans l'organisation défensive du réduit.

de l'emplacement que devra occuper le réduit. Dans une position de combat servant à la fois de circonvallation et de contrevallation, on choisira une position centrale, également distante des parties attaquables du village. Si la ligne d'investissement ne comporte qu'une contrevallation, on placera au contraire le réduit vers la partie de l'agglomération la plus éloignée de la forteresse.

L'emplacement approximatif du réduit étant ainsi fixé, on cherchera la construction ou le groupe d'habitations qui, favorablement situé, réponde le mieux aux conditions spéciales que doit présenter ce dernier refuge de la défense. Dans le cas où, faute d'un édifice unique propre à servir de réduit, le choix se porterait sur un ensemble d'habitations, on recherchera un groupe nettement séparé du restant du village, d'une étendue aussi faible que possible et dont les maisons, accolées les unes aux autres ou reliées par des murs solides, constituent une enceinte facilement défendable. Les issues non condamnées seront protégées par des tambours demi-circulaires en terrassements, à moins qu'elles ne se trouvent dans des angles rentrants, ce qui leur assurerait une protection suffisante. Les églises, dont l'organisation défensive exige des travaux considérables, ne seront choisies comme réduits qu'à défaut d'autres constructions utilisables dans ce but. Enfin, les divers secteurs dans lesquels se décomposera la direction de la défense rayonneront vers le réduit, et toutes les mesures nécessaires seront prises pour assurer la retraite des troupes sur ce point.

Mémoire.

Nous arrivons enfin au mémoire, sur lequel nous ne jugeons pas utile de nous étendre aussi longuement que nous l'avons fait dans les chapitres précédents. En premier lieu, la matière que nous traitons ici exige, nous l'avons dit, qu'une plus grande latitude soit laissée à l'officier chargé de dresser les projets et, d'un autre côté, l'instruction pratique acquise par les exercices précédents doit être mise à profit. Cette instruction, en effet, présenterait peu de valeur et aurait même un résultat négatif si elle ne visait qu'à renfermer la conception intellectuelle dans une série de formules. Nous en attendons un résultat tout contraire : nous croyons que l'instruction pratique, tout comme l'instruction théorique, doit suivre une marche progressive, qu'elle doit être guidée au début, pas à pas d'abord, de plus en

Initiative laissée pour sa composition.

L'instruction pratique doit être progressive.

CHAP. XI.

Conclusion.

plus largement ensuite, jusqu'à ce que l'on arrive à une émancipation intellectuelle complète. Or, c'est là le but que nous nous sommes proposé et que nous espérons avoir atteint. Nous abandonnerons donc complétement au jugement, à l'initiative et à l'intelligence du lecteur la composition du mémoire destiné à compléter le projet de mise en état de défense du sous-secteur d'investissement. Cette dernière partie du travail permettra de juger de la manière dont il aura profité de celles pour lesquelles un guide complet lui a été offert.

APPENDICE

I

CROQUIS A EXÉCUTER

POUR SERVIR D'APPLICATIONS A L'ÉTUDE DE LA FORTIFICATION PASSAGÈRE

N. B. — Voir, pour les modèles, notre « Traité des applications tactiques de la fortification, » ainsi que les documents qui y sont renseignés.

---

1. *Camp de César sur l'Aisne.* — Le plan sera dressé à l'échelle de 1/5,000, le profil à celle de 1/200.

Remparts profilés pour l'artillerie et pour la mousqueterie, antérieurement à l'introduction des canons rayés. — L'échelle de ces profils sera de 1/200.

2. *Tracés divers de l'époque des Princes d'Orange.* — On représentera, par leur magistrale seulement, les ouvrages suivants : une flèche ou redan, une lunette ou bastion, un ouvrage à cornes, un couronné, une queue d'hironde, un bonnet de prêtre, une redoute carrée, un fortin étoilé, un fort bastionné, un fort à demi-bastions, une ligne à redans et à courtines droites, une ligne à tenailles et une ligne en crémaillère. Les dimensions absolues de ces

retranchements pouvant varier dans de très-larges limites, il ne sera pas fixé d'échelle pour leur représentation : on se bornera à observer les proportions et les relations angulaires des diverses lignes qui les constituent.

3. *Plan du siége d'Anvers, en 1584-85.* — Ce plan sera tracé à l'échelle de 1/100,000 et indiquera : *a*) les cours d'eau et les limites des inondations; *b*) les digues qui ont joué un rôle dans la défense ; *c*) la ville d'Anvers et les villages cités dans la relation du siége ; *d*) les retranchements élevés par les belligérants. Les forts seront indiqués par un signe conventionnel à côté duquel on écrira leur dénomination.

4. *Plan de la bataille de Fontenoy.* — Un plan de situation, à 1/100,000, indiquera la planimétrie du terrain des environs de Tournai en 1745 ; on y rapportera les dispositions prises par le maréchal de Saxe avant l'apparition des Alliés à Maubray. Le plan d'ensemble sera dressé à l'échelle de 1/40,000 ; la planimétrie y sera représentée par des indications rapides, les grands mouvements du terrain par des hachures largement traitées et expressives, les retranchements par un trait fort, et la position des troupes par des rectangles avec indications manuscrites.

5. *Plan des lignes Torres-Vedras.* — Sur ce plan, dressé à l'échelle de 1/160,000, on rapportera la planimétrie de la presqu'île, à l'exclusion du figuré du relief. Les retranchements élevés par les Anglais seront indiqués par des signes conventionnels [1].

[1] A ce propos, nous devons signaler un erratum dans la planche IV de notre Traité de fortification passagère. L'échelle du plan d'ensemble du camp retranché est de 1l570,000, et non de 1,57,000, comme on nous l'a fait dire par erreur.

6. *Plan de la ville de Sébastopol, comprenant les ouvrages élevés pour sa défense.* — Ce plan sera dressé à l'échelle de 1/20,000 et ne s'étendra, au delà du terrain occupé par l'enceinte de la ville et de la Karabelnaïa, que de ce qu'il sera nécessaire pour embrasser les redoutes de contre-approches. Les retranchements de la défense seront largement indiqués; ceux élevés par l'attaque ne seront pas représentés. Le relief sera figuré par un système de hachures expressivement et rapidement traitées.

7. *Plan de l'ouvrage Malakhow.* — L'ouvrage sera représenté à l'échelle de 1/2,000 pour le plan, de 1/200 pour les coupes. Celles-ci seront au nombre de deux; l'une sera faite dans la partie droite du front antérieur, l'autre dans le retranchement situé à proximité. Le relief sera figuré par des hachures. Les arêtes supérieures des masses couvrantes seront indiquées par un trait fort, et l'on évitera soigneusement de s'engager dans la représentation de détails, tels qu'intersections de talus, embrasures, etc.

8. *Plan du camp retranché de Düppel.* — Ce plan sera dressé d'après les indications données plus haut pour la position de Sébastopol.

9. *Études sur les angles morts.* — On dressera d'abord, à l'échelle de 1/200, un profil de retranchement dont le parapet aura 3 mètres de hauteur, 6 mètres d'épaisseur et dont la plongée sera inclinée à 1/8. Le fossé, d'une largeur de 10 mètres au niveau du sol et de 5 mètres au plafond, aura 3^{m}50 de profondeur et sera séparé du parapet par une berme large de 1 mètre. On ne figurera pas de glacis. On tracera ensuite, à l'échelle de 1/1,000: *a*) une tenaille dont l'angle rentrant sera de 120 degrés; *b*) un

front bastionné de 250 mètres de développement, avec une perpendiculaire du quart et dont les flancs feront des angles de 100 degrés avec les lignes de défense. On rapportera à ces tracés le profil déterminé antérieurement, et l'on couvrira de hachures les espaces non battus par le retranchement.

10. *Études sur les profils.* — On construira, à l'échelle de 1/200 et dans l'hypothèse d'un terrain ordinaire : *a*) un profil offensif pouvant résister à l'artillerie de siége, en prenant les tranchées de siége pour type ; *b*) un profil défensif, dont le parapet aura un relief de 2^m50, la berme 1 mètre de largeur et dont le fossé, de 9 mètres de largeur au niveau du sol, aura 3 mètres de profondeur ; ce fossé sera pourvu d'une palissade de 1^m80 de hauteur, plantée au pied de l'escarpe ; *c*) un profil défensif-offensif, qui sera établi sur les mêmes données que le précédent, avec cette différence que le fossé aura 1 mètre de largeur en plus et que le glacis aura un commandement de 1 mètre au-dessus du sol.

11. *Études sur la constitution intérieure des retranchements.* — On construira à la même échelle : *a*) un profil intérieur pour l'infanterie, dont le terre-plein de circulation sera défilé des coups inclinés à 1/5 par un parapet de 1^m80 de relief; le talus de banquette sera remplacé par des gradins pour la partie située au-dessous de la surface du sol ; *b*) un profil intérieur pour l'artillerie de position (pièces montées sur affûts exhaussés), dont le terre-plein de circulation, raccordé au terre-plein de défense par une rampe inclinée à 1/3, sera défilé des coups tombant sous l'inclinaison de 1/9; *c*) une coupe dans cette même batterie, parallèlement à la ligne de feu, et passant par le

terre-plein de défense. On y figurera des traverses, placées de pièce en pièce, de 3 mètres d'épaisseur en crête et dont les talus seront tenus sous l'inclinaison de 1/4 depuis le niveau du terre-plein jusqu'à celui de la ligne de feu. La hauteur de ces traverses sera réglée de manière à défiler des coups inclinés à 1/5, et sur 1^{m}80 de hauteur, les espaces intermédiaires.

12. *Études sur le tracé.* — On disposera sur une ligne de front formée d'une partie concave comprise entre deux parties convexes, une ligne de redoutes offrant divers types de tracé. Les intervalles entre les redoutes situées sur les parties convexes seront réunis par des courtines à dispositions variables. L'échelle de ce croquis sera indéterminée.

13. *Étude sur l'application de la fortification aux formes du terrain.* — On figurera, au moyen de hachures, dans la supposition d'une échelle de 1/50,000, une vallée principale sur laquelle viendront s'embrancher des vallons secondaires. Une ligne de front convexe, coupant normalement la première et obliquement les seconds, sera tracée, et l'on marquera, par des indications graphiques sommaires complétées par des indications manuscrites, le système défensif à y appliquer.

14. *Étude sur le défilement.* — Un retranchement rectiligne sera supposé établi dans une plaine offrant, dans diverses directions et à des distances variables, des mamelons que l'on indiquera par des cotes de hauteur et par des hachures. On déterminera l'inclinaison des lignes de site correspondantes à chacun de ces mamelons, et l'on en déduira, pour chaque secteur de feux, l'inclinaison des coups dont il faudra se défiler, l'inclinaison-type étant fixée

à 1/7 pour les feux directs et d'écharpe, à 1/5 pour les feux d'enfilade et de revers.

15. *Exercice sur l'exécution des terrassements.* — On construira un profil de campagne dont le parapet, de 1m50 de hauteur et de 5m60 d'épaisseur, sera précédé d'un fossé destiné à fournir les terres nécessaires à sa construction. Le relais moyen correspondant sera évalué.

On calculera ensuite le nombre de journées de 10 heures nécessaires pour construire le périmètre attaquable du fort n° 2, périmètre compris entre le saillant 1 et le saillant 5. Dans cette évaluation, on ne tiendra pas compte des travaux à exécuter dans le terre-plein intérieur.

16. *Exercices sur les fascinages et sur les matériaux divers.* — On fera, en perspective et à l'échelle de 1/40, les croquis des matériaux suivants : *a*) un piquet de 1m60 de longueur ; *b*) une fascine de Moerbeek ; *c*) un gabion de sape ; *d*) un gabion d'artillerie ; *e*) un gabion farci ; *e*) une fascine à revêtir ; *f*) une fascine à tracer ; *g*) un saucisson de 4m30 de longueur ; *g*) un gazon ; *h*) un sac à terre plein et un sac à terre vide. Ces divers croquis seront soigneusement cotés.

17. *Exercices sur les revêtements.* — On représentera en coupe et en élévation, à l'échelle de 1/50, des revêtements destinés à soutenir des talus de 1m60 de hauteur et formés : *a*) de gabions de revêtement ; *b*) de claies ; *c*) de gazons ; *d*) de sacs à terre.

18. *Étude sur la constitution des blindages.* — On représentera, en plan et en coupe, la charpente d'un blindage de 8 mètres de longueur comprenant trois travées, et soumis à des chocs longitudinaux dans les deux sens et transversaux dans un seul. Cette charpente supportera

un recouvrement établi d'après les prescriptions de Cormontaingne. Ces croquis seront dressés à l'échelle de 1/100.

19. *Étude sur les blockhaus, magasins et abris.* — On dressera le projet d'une caponnière destinée à flanquer le fossé dont il a été question ci-dessus, n° 10, litt. *b*. Le type Piron, convenablement modifié de manière à résister à l'artillerie de campagne, sera adopté pour cette construction, qui sera représentée par un plan à l'échelle de 1/500, et par une coupe transversale à celle de 1/50.

20. *Exercices sur les défenses accessoires.* — On représentera, en coupe et en élévation, à l'échelle de 1/100 : *a*) quatre dispositions différentes à employer pour la construction des palanques ; *b*) une palanque, précédée d'un fossé pourvu de défenses accessoires, destiné à en empêcher la destruction par la dynamite.

21. *Exercices sur les mines.* — On calculera la charge d'un fourneau qui, placé dans un terrain d'argile mêlée de tuf à 2m50 de profondeur, soit capable de produire un entonnoir de 3 mètres de rayon.

On supposera ensuite que l'on doive détruire un piédroit en bonne maçonnerie de 8 mètres de longueur et de 1m50 d'épaisseur, au moyen de fourneaux ordinaires placés à égale distance des parements et dont les entonnoirs se recoupent sur la moitié de leurs rayons. On calculera les charges partielles et la charge totale à employer ; on figurera, enfin, la disposition des fourneaux en plan et les entonnoirs à produire en élévation.

22. *Étude sur l'organisation défensive des obstacles du terrain.* — On représentera, à l'échelle de 1/5,000, l'organisation défensive d'un village situé en plaine en avant d'une ligne de bataille.

23. *Étude sur la fortification improvisée.* — Cette étude consistera dans un projet de redoute improvisée, dans l'hypothèse d'un terrain plan et d'une ligne de front rectiligne. L'ouvrage, établi pour une garnison de 450 hommes d'infanterie, ne sera pourvu ni de blindages ni de défenses accessoires. Un retranchement sera élevé pour la réserve, mais aucune communication couverte ne sera établie. Le plan en sera dressé à l'échelle de 1/2,000, les coupes à celle de 1/200. Sur le plan, on n'indiquera que le tracé de la ligne de feu, convenablement coté, et les arêtes supérieures des masses couvrantes.

24. *Étude sur la fortification provisoire.* — On dessinera, à l'échelle de 1/1,000 et au moyen d'indications sommaires, le plan du type de redoute appliqué par les Prussiens à la défense de Dresde, en 1866. A ce plan seront joints deux profils tracés à l'échelle de 1/200, passant, l'un par le front de tête à l'endroit d'une rampe, l'autre par la gorge, en évitant de couper le blockhaus réduit et l'abri. La balance du remblai et du déblai sera établie dans chaque profil par la compensation des surfaces du rempart et du glacis d'une part, du fossé d'autre part.

25. *Étude sur la fortification de campagne.* — L'exercice concernant la fortification de campagne consistera dans les travaux que cet ouvrage a pour but de faciliter, en offrant un guide aussi complet que possible tout en laissant à l'officier une part considérable dans l'exécution.

II

SUR UN TRAVAIL D'APPLICATION EXÉCUTÉ PAR LE RÉGIMENT DES CARABINIERS.

Cet ouvrage était presque entièrement imprimé lorsque M. le général-major de Savoye a bien voulu nous donner communication d'un précieux document relatif aux travaux d'application exécutés par les officiers du régiment des carabiniers à l'époque où ce corps se trouvait sous ses ordres. Ce document prouve que la nécessité, signalée dans notre préface, de compléter l'instruction théorique par l'instruction pratique est sentie par les officiers les plus distingués de notre armée; il démontre, d'un autre côté, que ces exercices peuvent embrasser un champ plus étendu que celui de la fortification passagère et aborder celui de la tactique pure et de la logistique, à la condition d'être dirigés par un esprit judicieux, pratique et profondément versé dans la science de la guerre. A ces divers titres, le document dont nous parlons est d'un haut intérêt pour tous ceux qui se préoccupent de l'instruction pratique dans les armées: c'est pourquoi nous en donnerons une analyse étendue.

L'hypothèse était fournie par un ordre censé émaner du général en chef et adressé au commandant du régiment des carabiniers, supposé fort de 6 bataillons à 4 compagnies de 250 hommes. Voici la teneur de cet ordre :

« L'ennemi occupe Malines, Termonde, Alost et les « villages environnants ; il menace Bruxelles, défendu par « nos troupes.

« Cependant une action générale ne paraît pas à prévoir « immédiatement, les deux armées ne pouvant ni l'une ni

« l'autre, par suite des pertes éprouvées dans les combats « antérieurs, tenter une attaque avant d'avoir reçu des « renforts et de s'être ravitaillées.

« En conséquence, le commandant en chef de l'armée de « Bruxelles a décidé de placer une partie de ses troupes en « cantonnement dans un certain rayon et d'observer une « *défense active;* son but est :

« 1° De défendre la ville à l'extérieur, c'est-à-dire d'em- « pêcher l'ennemi d'en approcher à distance de bombarde- « ment.

« 2° D'assurer en différents points la force et les bras « nécessaires à la construction des ouvrages de fortification « qui seront jugés utiles.

« 3° De garantir les communes environnantes des con- « tributions que l'ennemi ne cesse de prélever.

« 4° De pouvoir lancer rapidement au loin de fortes « colonnes mobiles.

« 5° Enfin de procurer aux troupes de bons quartiers « d'hiver.

« Les positions occupées seront assez rapprochées pour « se soutenir mutuellement et offriront un front suffisam- « ment étendu pour ne pouvoir être tournées. Cette dispo- « sition assurera une résistance assez prolongée pour per- « mettre, au moyen du télégraphe et du chemin de fer de « ceinture, d'envoyer à temps les troupes nécessaires sur « le point attaqué.

« Ces troupes seront cantonnées d'une manière avan- « tageuse et ayant leur retraite assurée, elles pourront « opposer une résistance à outrance, coopérer aux travaux « de fortification et tenter constamment des opérations « hardies dans la direction de l'ennemi.

« Le quart de cercle passant par Berchem-Sainte-« Agathe, Ganshoren, Jette et Laeken, a été assigné au « régiment des carabiniers fort de six bataillons, aux-« quels sont adjoints trois batteries de 6 pièces, 4 esca-« drons de cavalerie, l'ambulance et l'intendance néces-« saires. »

Afin de satisfaire à cet ordre, le commandant du régiment fixait ainsi qu'il suit les emplacements à occuper par les troupes sous ses ordres :

Le 1er bataillon, avec 2 pièces et 1/2 escadron, devait occuper Laeken ;

Le 2e bataillon, avec 2 pièces et 1/2 escadron, devait occuper Jette ;

Le 3e bataillon, avec 2 pièces et 1/2 escadron, devait occuper Ganshoren ;

Le 4e bataillon, avec 2 pièces et 1/2 escadron, devait occuper Berchem-Sainte-Agathe ;

Les 5e et 6e bataillons, avec 10 pièces et 2 escadrons, l'ambulance et l'intendance, devaient prendre position à Koeckelberg.

Des ordres particuliers, remis aux divers bataillons, spécifiaient les détails d'occupation du terrain. Comme exemple, nous reproduisons celui qui était donné au 1er bataillon :

Ordre remis au 1er bataillon. — « Le 1er bataillon, « occupant Laeken, reliera ses avant-postes à ceux du 2e à « la ferme de Verregat et assurera la surveillance jusqu'au « canal ; — ses avant-postes de cavalerie occuperont « Stroombeck, Neder-over-Embeck et Marli. — Il pourra « détacher des compagnies : 1° à l'Amour, 2° à Neder-« over-Embeck et 3° à Hassegen-Dries. »

Un ordre général, enfin, donnait des indications précieuses sur les devoirs à remplir par chacun. Le lecteur nous saura gré de le reproduire in extenso.

« Les circonstances nous forçant à observer une grande « étendue de terrain, ce n'est que par une sage et économe « répartition de vos troupes et par la surveillance constante « que vous exercerez et ferez exercer, que nous parvien- « drons à atteindre le but.

« Il faudra avoir reconnu d'avance les positions et « garder le terrain en avant, de manière à être informé de « l'approche de l'ennemi assez à temps pour prendre les « dispositions nécessaires.

« Vous me ferez parvenir le plus tôt possible un rapport « succinct des dispositions que vous aurez prises. Mais si, « comme il est probable, la situation se prolonge, il sera « nécessaire que vous m'adressiez un rapport très-détaillé « avec croquis.

« Désirant apprécier par moi-même la manière de ser- « vir, m'assurer de tous les détails d'exécution et déve- « lopper l'instruction des cadres, je vous prie de joindre à « l'appui : les ordres, rapports, croquis, télégrammes, « itinéraires, avis, etc., que vous vous ferez remettre de « chacun des détachements sous vos ordres ; le tout devra « former un ensemble complet de renseignements sur la « mission qui vous est confiée.

« Les ordres devront être rédigés avec le plus grand soin « et conformément aux prescriptions de l'article 51 du « règlement de campagne.

« Dans tout ordre, chaque prescription fera l'objet d'un « alinéa.

« Les recommandations pour la transmission des ordres

« sont applicables à l'envoi des rapports. Il faut y ajouter « encore quelques précautions.

« Les rapports expédiés dans une journée, par un chef, « doivent toujours être numérotés. Celui qui les reçoit a « ainsi le moyen de constater aisément s'il lui en manque « ou s'ils lui sont tous parvenus.

« Les chefs de détachement sont seuls autorisés à envoyer « des nouvelles télégraphiques.

« Vos détachements seront reliés au mien et le mien le « sera au quartier général par fils télégraphiques.

« En cas d'attaque de l'ennemi, retardez son approche « et tenez-le le plus éloigné possible. Il me sera facile « d'arriver à votre secours en une heure et les villages « fortifiés que vous défendez vous permettront facilement « de tenir ce temps-là. Toutefois il est préférable d'arrêter « l'ennemi au delà de ces villages.

« Si un détachement voisin du vôtre se trouve attaqué, « redoublez de surveillance, faites pousser au loin des « reconnaissances de cavalerie, pour vous assurer qu'il n'y « a pas de feinte et que vous n'êtes pas vous-même « menacé ; enfin, tenez la moitié de votre monde prêt à « marcher au canon. »

« Ne perdez jamais de vue, non plus, que toutes les « troupes de l'armée de Bruxelles et particulièrement « celles campées au Champ des Manœuvres, peuvent être « transportées à Laeken, Jette, Koeckelberg, etc., en peu « de temps, au moyen du chemin de fer de ceinture.

« La voie ferrée sera donc l'objet d'une surveillance con- « stante de la part de vos détachements.

« En cas de succès, si l'ennemi est forcé de se retirer, « vous n'entreprendrez aucune poursuite, à moins d'ordres

« supérieurs, mais vous tâcherez, au moyen de cavaliers « lancés sur toutes les routes, de ne pas perdre son contact « et de savoir dans quelle direction et où il s'est replié.

« Vous aurez soin de tenir au courant, heure par heure, « un livre de correspondance et un indicateur des faits « survenus avec le texte des ordres, documents, télé- « grammes, avis, etc., que vous aurez reçus ou expédiés, « pour servir au besoin de justification.

« Dans la dislocation de vos bataillons, vous aurez soin « de garder au centre qui vous est assigné, la compagnie « commandée par le plus ancien capitaine du bataillon, afin « qu'il puisse, en votre absence (*votre surveillance sur les « détachements vous forçant souvent à vous éloigner*), « ouvrir les dépêches, y répondre et prendre les mesures « d'urgence.

« Vous devez cependant, chaque fois que vous irez « visiter les avant-postes, indiquer l'itinéraire que vous « suivrez, afin que l'on puisse vous trouver.

« Le capitaine commandant cette compagnie sera « chargé, sous votre direction, de retrancher le village que « vous occupez, de régler des relations avec les autres, de « fournir les rapports demandés, etc.

« Il ne sera construit d'ouvrage considérable de fortifica- « tion improvisée pour la défense générale de la position « que sur les indications et les ordres de l'État-Major « général. Toute sonnerie est interdite dans toute l'étendue « du corps sous mes ordres. »

C'est sur cette hypothèse ainsi posée et développée que les officiers avaient à exécuter des travaux d'application. Un premier travail, que chaque officier devait fournir, consistait dans un rapport complet et détaillé sur l'installation du régiment ; un second travail était, au contraire, proportionné à l'importance du commandement exercé par les officiers des divers grades. Le lieutenant-colonel, prenant le commandement de toutes les troupes, devait résister à une attaque sérieuse ; chaque major, avec 2 bataillons, 4 pièces et 1 escadron, devait opérer une reconnaissance offensive sur Vilvorde, au delà de Meysse, sur Assche ou sur Ternath. Dans ces opérations, les capitaines prenaient successivement le commandement des bataillons et recevaient des majors des instructions sur une mission spéciale à remplir. Chaque capitaine prescrivait enfin des missions à ses subordonnés. Le premier travail devait être remis le 15 décembre, le second le 15 février.

Les croquis ou dessins devaient être dressés à l'échelle de 1/10,000. Les indications à y rapporter devaient être faites à l'aide des signes conventionnels adoptés par le Département de la Guerre. Toutes les pièces devaient porter en tête les mentions suivantes : le corps d'armée, la division, la brigade, le régiment, le bataillon, la compagnie, la date, l'heure, la localité et l'heure de réception. En outre, elles devaient être signées pour reçu. Tout rapport devait mentionner : l'ordre donné ; les recommandations ajoutées ; le compte rendu de l'exécution ; les heures de départ, d'arrivée, etc. ; les mesures de sûreté prises pour la marche ; la répartition des troupes ; la force et l'emplacement des gardes et des postes ; si ces postes étaient reliés ou retranchés ; les détails de construction ; le nombre et la position des sentinelles, des vedettes, leurs consignes ; la position des postes d'examen ; comment la surveillance était exercée ; les sentinelles doubles ; le détail du service des rondes, patrouilles, reconnaissances journalières, comptes rendus; la description du terrain; les rapports fournis après relèvement d'un petit poste, les notes remises par le chef de la garde descendante; le détail du service intérieur, gardes de police, piquets; les heures des prises d'armes; si les grand'gardes avaient été chargées de la surveillance des télégraphes; si les gardes avancées de cavalerie se conformaient à l'article 89 du règlement; si, une heure avant le jour, les gardes prenaient les armes; si un général s'était fait accompagner par un petit poste détaché; s'il s'était présenté un parlementaire, rapport circonstancié; s'il s'était présenté des déserteurs, gens suspects, — interrogatoire, — réponses; si la grand'garde ou le petit poste avait été attaqué — détailler la conduite tenue — pendant le jour ou pendant la nuit; si le poste retranché avait été attaqué — détailler la conduite; le compte rendu de la fin de la défense — sortie ou capitulation — détails; l'attaque d'un poste retranché.

Afin d'imprimer un caractère tout à fait pratique aux travaux, les questions à traiter avaient été prévues; nous les reproduisons ci-dessous à titre de renseignement :

« Conduire un détachement destiné à enlever un poste « important.

« Donner à conduire une colonne de prisonniers de « guerre.

« Conduire un détachement envoyé en démonstration.

« Supposer la rencontre de l'ennemi en reconnaissance « journalière.

« Prescrire des reconnaissances spéciales.

« Prescrire des reconnaissances de chemin de fer.

« Conduire une reconnaissance offensive.

« Prescrire de s'opposer à une reconnaissance ennemie.

« Employer des guides ou des espions.

« Confier la conduite d'une avant-garde.

« Conduire une arrière-garde.

« Passer un défilé.

« Supposer une attaque pendant le passage d'un défilé.

« Conduire un convoi et le défendre.

« Attaquer un convoi.

« Donner un ordre de marche dans un but déterminé.

« Régler le dispositif en présence de l'ennemi :

« 1° En marchant en avant, — supposer l'attaque ;

« 2° En marchant de flanc, — supposer l'attaque ;

« 3° En marchant en retraite, — supposer l'attaque.

« Prescrire la destruction d'un chemin de fer.

« Défendre un chemin de fer.

« Reconnaître un bois.

« Organiser la défense d'un bois.

« Attaquer un bois.

« Occuper un village.

« Attaquer un village.

« Défendre une rivière.

« Tenter le passage d'une rivière défendue.

« Envoyer l'adjudant-major en mission à cheval et en « parlementaire.

« Ordre intérieur donné conformément à l'article 38.

« Envoyer des ordonnances. »

Dans la brochure dont nous avons extrait ce précieux document, l'étude des ouvrages de Verdy du Vernois est recommandée presque à chaque ligne. Nous croyons aussi que la voie ouverte par cet éminent publiciste est la seule qui puisse conduire à cette instruction pratique que notre neutralité ne nous a pas fourni jusqu'ici l'occasion d'acquérir. Le travail exécuté par le régiment des carabiniers, sous la direction de son savant chef, nous paraît être une application des plus heureuses de cette méthode, et nous comptons y faire de larges emprunts dans notre enseignement. Nous regrettons même de n'avoir pas eu connaissance de cette application avant de composer cet ouvrage : bien que la matière traitée par nous fût différente, nous n'aurions pas moins pu en tirer des indications utiles au point de vue de la pratique de la guerre.

FIN

PARTIE ORIENTALE

DES

ENVIRONS DE BRUXELLES.

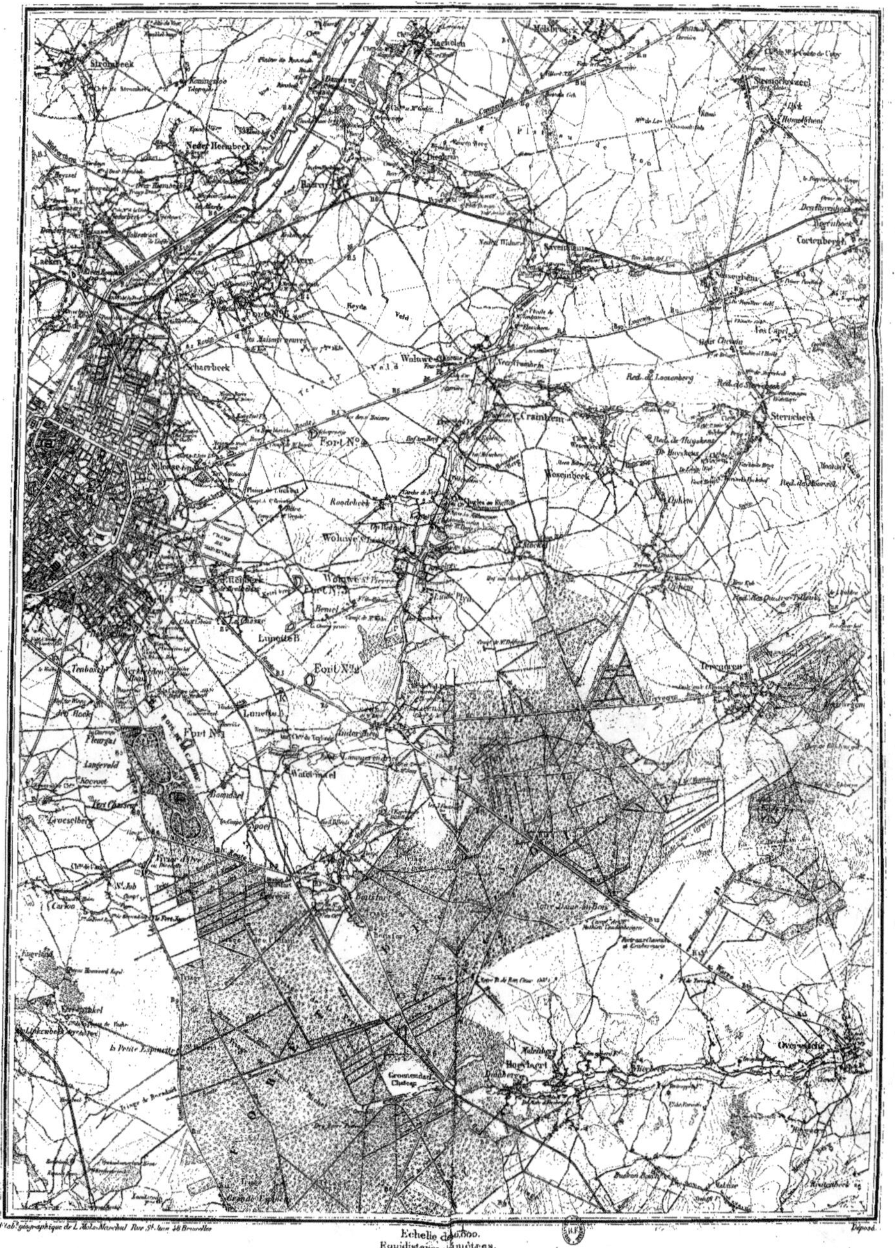

Etabt géographique de L. Mols-Marchal Rue St Jean 48 Bruxelles — *Déposé*

Echelle de [illegible].000.
Equidistance de [illegible] mètres.

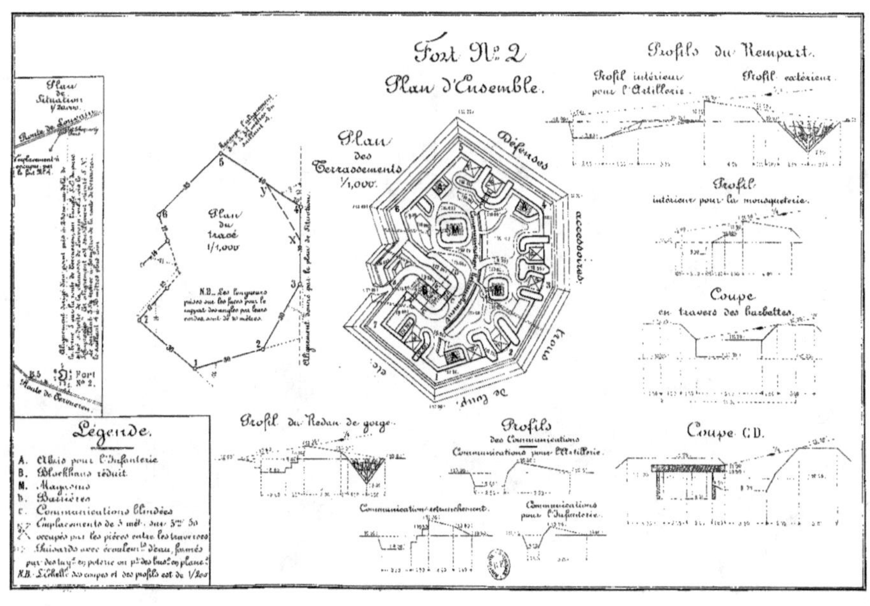
Fort N° 2
Plan d'Ensemble.
Profils du Rempart.
Profil intérieur pour l'Artillerie.
Profil extérieur.
Plan de Situation
Plan des Terrassements 1/1,000.
Défenses accessoires.
Route de Couy.
Plan du tracé 1/1,000
Profil intérieur pour la mousqueterie.
Coupe en travers des barbettes.
Légende.
A. Abris pour l'Infanterie
B. Blockhaus réduit.
M. Magasins
b. Batteries
c. Communications blindées
Profil du Redan de gorge.
Profils des Communications
Communications pour l'Artillerie.
Communication retranchement.
Communications pour l'Infanterie.
Coupe CD.
Fort N° 2.

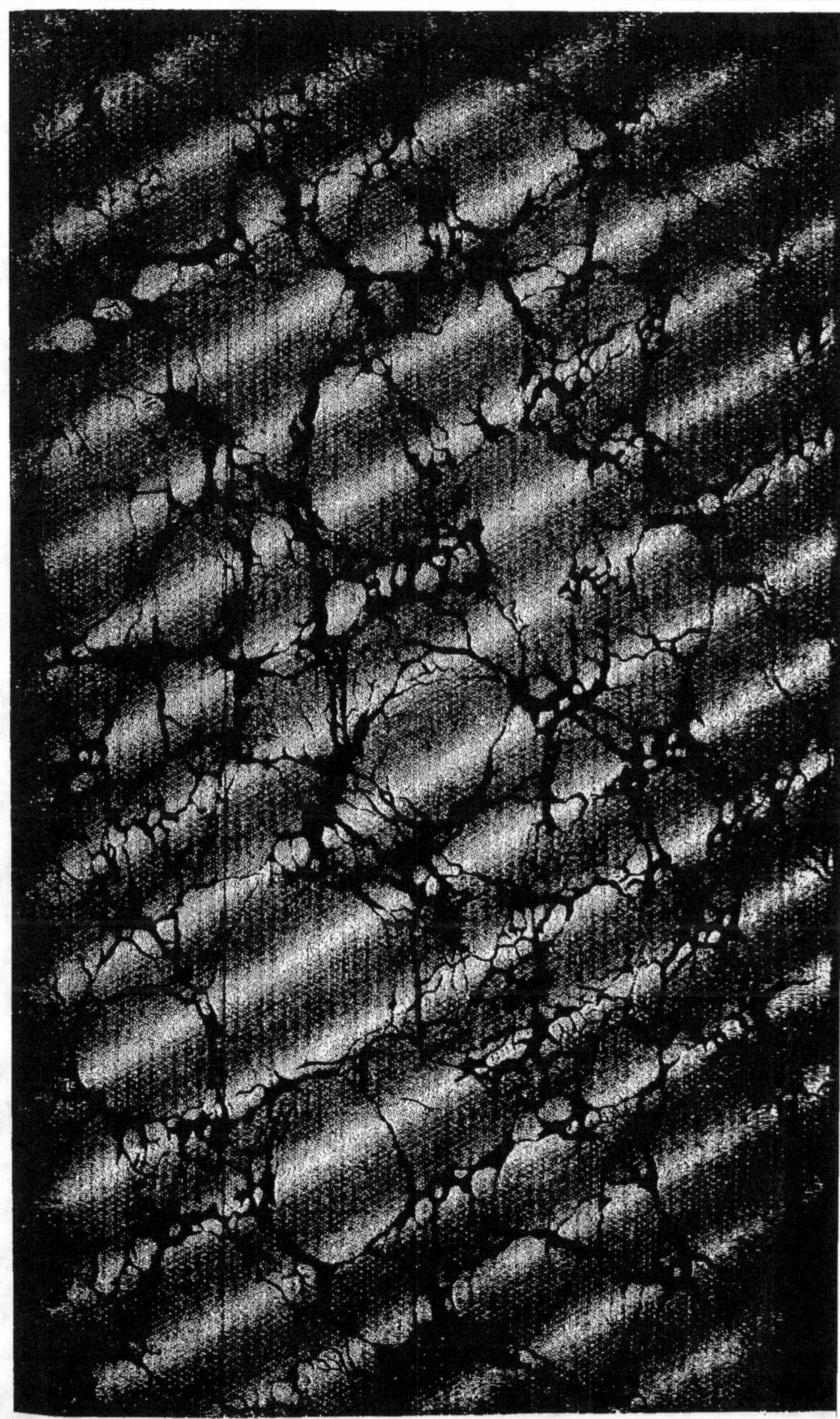

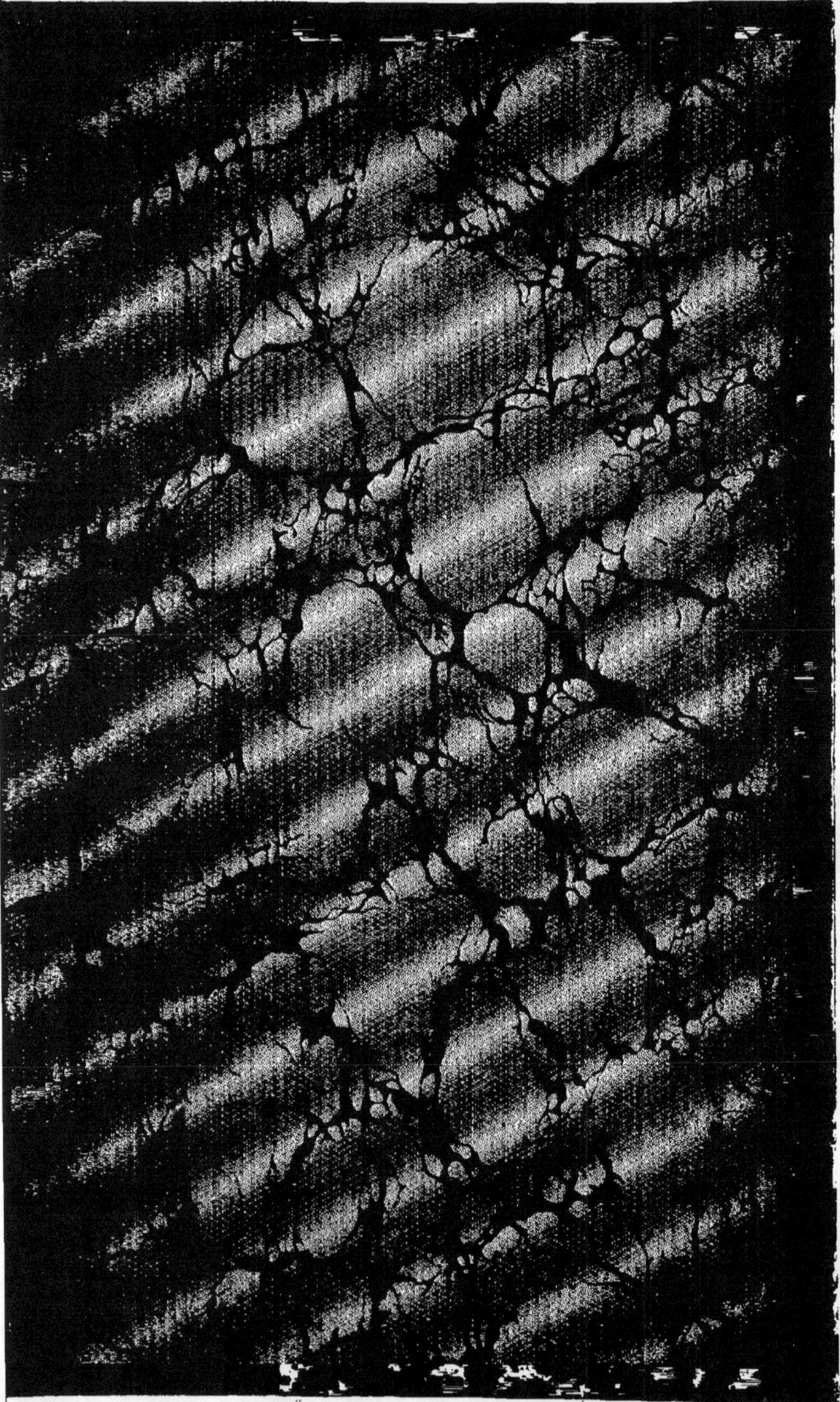

www.ingramcontent.com/pod-product-compliance
Lightning Source LLC
Chambersburg PA
CBHW071951270326
41928CB00009B/1406

* 9 7 8 2 0 1 9 6 0 0 0 2 0 *